Eine kulinarische

Entdeckungsreise

Chiemgau

Petra Wagner • André Chales de Beaulieu

Eine kulinarische Entdeckungsreise

Chiemgau

UMSCHAU

„Als der Herrgott die Erde aufteilte, stand der Oberbayer bei allem berechtigten Selbstbewusstsein doch mit der angeborenen Bescheidenheit des Agrariers als Letzter in der Reihe der Völker und Stämme.
So kam es, dass alles Land vergeben war bis auf das letzte, schönste Stück, das Gott eigentlich für sich behalten wollte, es nun aber großzügig herausgab: blumenübersäte Wiesen, sattgrüne Almen, wildreiche Wälder und klarste Gewässer voller Fische, dazu die schönen Bilderbuchdörfer mit den Kirchtürmen."

(Eine kleine Legende zu Oberbayern)

INHALT

Inhalt

HAMMER

Chiemgau

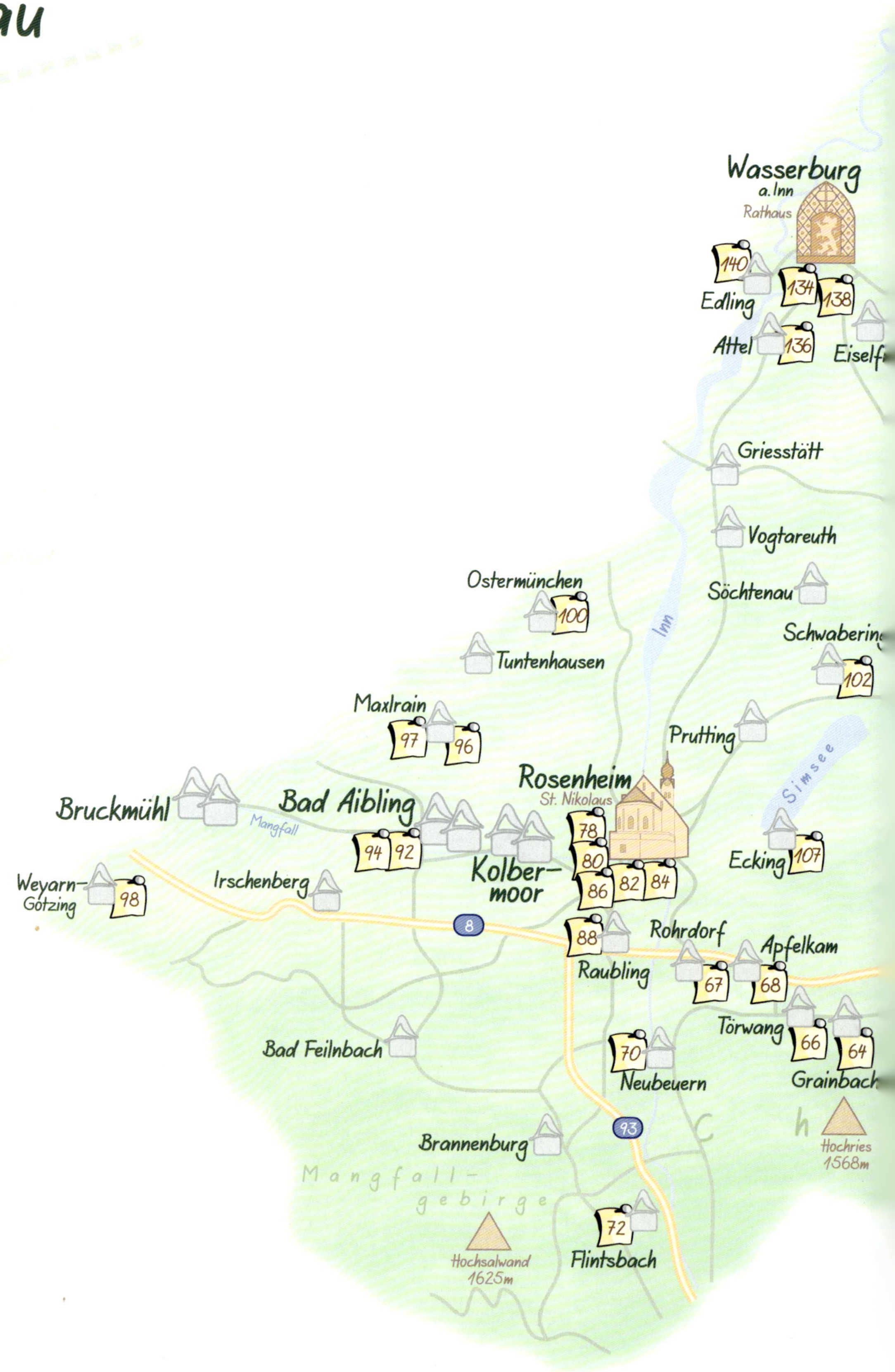

Wasserburg a. Inn
Rathaus
140
134
138
Edling
Attel
136
Eiself
Griesstätt
Vogtareuth
Söchtenau
Ostermünchen
100
Inn
Schwabering
102
Tuntenhausen
Maxlrain
97
96
Prutting
Simsee
Rosenheim
St. Nikolaus
Bruckmühl
Bad Aibling
Mangfall
78
80
86
82
84
Ecking
107
94
92
Kolbermoor
Weyarn-Götzing
98
Irschenberg
8
88
Rohrdorf
Apfelkam
Raubling
67
68
Törwang
66
64
Bad Feilnbach
70
Neubeuern
Grainbach
Hochries 1568m
93
Brannenburg
Mangfall-gebirge
72
Hochsalwand 1625m
Flintsbach

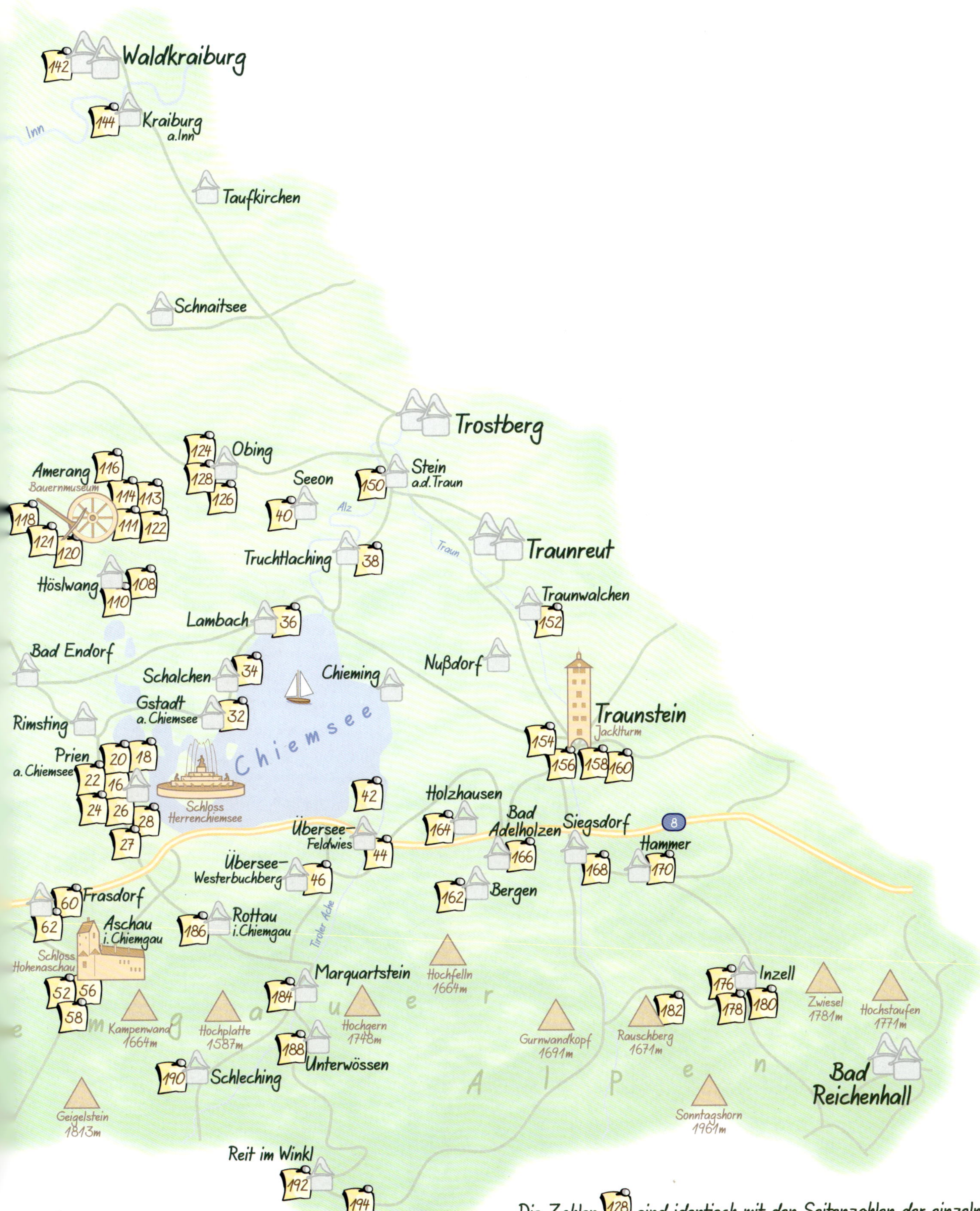

Die Zahlen 128 sind identisch mit den Seitenzahlen der einzelnen Betriebe in diesem Buch und bezeichnen ihre Lage im Chiemgau.

VORWORT

Baiern

Herrliches Land, erstrahlend in Anmut,
überreich an Wäldern, fruchtbar an Wein,
ergiebig an Eisen, an Gold und Silber und Purpur;
die Männer hochgewachsen und strotzend in Kraft,
aber gutmütig und handsam;
das Erdreich gesegnet mit Gaben, Zugvieh und Herden,
so viel, daß sie fast den Boden bedecken;
Bienen und Honig in Mengen;
in den Seen und Flüssen ein Gewimmel von Fischen;
das Land bewässert durch Quellen und Bäche;
Salz, was man nur braucht,
auch das Bergland fruchtbar und für die Weide bereitet;
gute Kräuter im Überfluß;
die Wälder prachtvoll besetzt
mit Hirschen und Elchen und Auerochsen,
mit Gemsen und Steinböcken und mit Wildzeug aller Art.

Bischof Arbeo von Freising (723 – 784)

Der Chiemgau ist eine Region, in der sich Tradition und Moderne in herrlicher Eintracht verbinden, in der sich auf engstem Raum faszinierende Naturschönheiten, kulturelle Sehenswürdigkeiten und kulinarische Perlen aneinanderreihen. Allen voran der Chiemsee, das Bayerische Meer – zweitgrößter See Deutschlands. Sein fast schon mystischer Zauber entsteht durch das harmonische Zusammenspiel mit seinem Umland. Die steilen Berggipfel der Chiemgauer Alpen mit der Kampenwand, dem Hochfelln, dem Hochgern sowie dem Geigelstein dienen ihm als attraktive Kulisse. Eingebettet liegt er zwischen den Landkreisen Traunstein und Rosenheim. Traunstein, die sympathische Stadt, die stilsicher ihr Brauchtum pflegt und sich doch zeitgemäß präsentiert. Rosenheim, die lebendige Stadt mit den hübschen Patrizierhäusern, Arkadengängen und Rokoko-Stuckfassaden, deren umtriebiges Straßenleben italienisch anmutet. Im Nordwesten wartet das mittelalterliche Städtchen Wasserburg, umzogen vom Inn, mit seinen versteckten Gassen und farbigen Häusern auf. Im Süden begrenzt das gewaltige Kaisergebirge Österreichs die Region, zu dessen Füßen das berühmte Reit im Winkl liegt: Bei der Fahrt im romantischen Pferdeschlitten, auf Langlaufskiern oder beim gemütlichen Spaziergang durch die schneesichere Hochebene werden Winterträume wahr. Im Sommer auf den sonnigen Almen mit dem grandiosen Blick in die Welt der Loferer Steinberge kann sich der Geist frei entfalten. Ganz in der Nähe liegen die Sportzentren Ruhpolding, bekannt für seine Biathleten sowie Inzell, dessen Eisschnellläufer internationalen Ruhm erzielen.
Die Kreativität und Offenheit, die einem überall begegnet, verblüfft zunächst. Bei näherer Betrachtung spürt man eine Energie, die vom See und von den Bergen ausgeht und den hier lebenden oder verweilenden Menschen Kraft spendet, sie inspiriert. Schon immer zog es Künstler in den Chiem-

gau, die vom Schauspiel der Natur gefangen waren – die sich dem Spiel der Wellen hingaben, sich von den Farben faszinieren ließen. Ihre zeitgenössischen Kunstwerke wetteifern mit den kunsthistorischen Schätzen der Chiemgauer Kirchen und Klöster um die Gunst des Betrachters: Ganz gleich, ob sich die Meisterwerke in ehrwürdigem Rahmen zeigen, sich im See spiegeln oder hoch auf dem Gipfel posieren – sie alle repräsentieren eine Region, in der alle Sinne ihre Erfüllung finden. Zu den Maler, Dichtern und Bildhauern gesellen sich kreative Feingeister, die ihre Künste am Herd ausleben. Dass sie dabei aus dem Vollen schöpfen können, liegt auf der Hand: Der See liefert fangfrischen Fisch, das angrenzende Berg- und Waldgebiet Köstliches aus der Jagd, die mineralhaltigen Quellwasser bieten die beste Basis für edle Brände, Biere und Mineralwässer. Die bayerische Küche – selbst Garant für höchste Esskultur – paart sich im Chiemgau in idealer Weise mit Einflüssen des nahen Österreichs sowie Italiens und bringt Gaumenfreuden der besonderen Art hervor. Allerorten lädt ein uriges Wirtshaus ein, verführt die gehobene Gastronomie zur gediegenen Einkehr – idyllisch am See, in der rauen Welt der Berge oder versteckt in einer kleinen Seitengasse. Bauernhäuser wurden zu Gasthäusern, später zu Wirtshäusern. Da, wo einst die Kühe ihre Heimstatt hatten, fühlen sich heute in den gemütlich umgebauten Gaststuben die Ge-

nießer wohl und bestaunen die böhmischen Gewölbe, die früher den Tieren in den langen, harten Wintern die behagliche Wärme sicherten. Die Bayern lieben ihr Land und ihre Tradition, auch wenn manches Althergebrachte neu interpretiert wird. Das Dirndl hat nach wie vor Hochsaison und so manches G´wand kommt hochmodern daher. Und zur Gaudi von allen lassen es die gestandenen Mannsbilder beim Goaßlschnalzen so richtig knallen.
Im Chiemgau trifft man auf Jahrhunderte alte Bäume und Gebäude, die einem – wie man meint – den Hauch der Historie mit all ihren Geschichten und Schicksalen mit jeder Brise um die Nase wehen; frisch gewaschen von Wind und Wetter. Doch wie die ungestümen Jahreszeiten und Naturgewalten über die Region hinwegfegen, voller Härte und Schönheit zugleich, und der See nach dem Sturm stiller und friedlicher als zuvor erscheint – so wird der Chiemgau mit jedem Tag ein bisschen schöner.

CHIEMSEE UND PRIEN

Der Chiemsee entstand wie viele andere Voralpenseen vor ca. 10 000 Jahren als Ausschürfung eines Gletschers. Anders als die meisten seiner Art ist er allerdings bis zu 14 Kilometer breit, im Schnitt 26 Meter, an seiner extremsten Stelle 74 Meter tief. Seine Fläche umfasst 80 Quadratkilometer, die man schön mit dem Fahrrad umradeln kann. An vielen Stellen bieten sich Plätze zum Innehalten, breite Strände, natürliche Wiesen oder von Schilf durchzogene Ufer. Eine Besonderheit ist die Mündung der Tiroler Ache in den See. Das Delta mit seinen weit verzweigten Schlamm- und Kiesbänken, dem verästelten System von Haupt-, Seiten- und Nebenarmen ist einzigartig und ist das besterhaltene Binnendelta in Mitteleuropa. Mit dem Rad oder vom Schiff aus lässt sich das Naturschauspiel gut bestaunen. Der Chiemsee ist nicht nur ein Paradies für Radler und Badefreunde, sondern auch bei Seglern sehr beliebt. Über 3000 Segelboote sind hier zugelassen, die an 26 Bootshäfen anlegen können. An sonnigen Tagen tummeln sich etliche davon auf dem See – Gott sei dank nie gleichzeitig. Jährliche Regatten begeistern auch die an Land Gebliebenen und wenn bei schönem Wetter die weißen Segel über den See gleiten, kommen auch bei eingefleischten Landratten maritime Gefühle hoch. Wer sich nun doch in die Wogen des Sees stürzen will, kann dazu beispielsweise in Prien, dem Hauptort des Chiemsees, ein Tret-, Ruder- oder Elektroboot ausleihen. Schön sitzt man auf der kleinen Landzunge mit Blick auf das unvergleichliche Szenario am See, schaut den Booten und Yachten zu, den Fährschiffen zu den Inseln nach, die hier im Priener Hafen Stock auslaufen. Gleich nebenan bietet das Strand- und Erlebnisbad Prienavera, das in einem imposanten, einer Welle ähnelndem Gebäude untergebracht ist, Badefreude und Wellness. So muss auch bei weniger schönem Wetter niemand auf den nassen Spaß verzichten. Wer nun im attraktiven Luftkurort Prien etwas Bummeln möchte, kann bequem mit der historischen, aus dem Jahre 1887 stammenden Dampflokomotive in Originalwagen ins nahe Zentrum fahren. Prien lockt mit edlen Boutiquen oder bittet auf einen schnellen Espresso in sympathische Cafes. Die Galerie im Alten Rathaus bietet Kunstbeflissenen wechselnde Ausstellungen namhafter Künstler, die stets mit viel Gespür ausgesucht und präsentiert werden. Im Sommer lockt die Seebühne im nahen Bernau-Felden viele Musikfreunde an. Vor der zauberhaften Kulisse des Sees, seiner Inseln sowie der untergehenden Sonne werden die Musicals, Kabaretts und Konzerte zu einem ganz besonderen Erlebnis. Und wer nach der frischen Seeluft hungrig geworden ist, findet in Prien mit Sicherheit beste Adressen, um genussvoll zu speisen.

HOTEL BAYERISCHER HOF

Hotel Bayerischer Hof
Familie Estermann

Bernauer Str. 3
83209 Prien am Chiemsee

Telefon 0 80 51 / 603-0
Telefax 0 80 51 / 6 29 17

Der Bayerische Hof in Prien hat Höhen und Tiefen erlebt. 2005 feierte er sein 100-jähriges Bestehen - die schicksalsreiche Geschichte des Hauses begann 1905, als der Großvater des heutigen Besitzers das Hotel kaufte. Die beharrlichen Inhaber überstanden zwei Weltkriege und wirtschaftlich schwierige Zeiten. Standhaft hielten sie an ihrem Hof fest, bauten ihn wieder auf und später um. Heute kann Helmut Estermann auf ein stattliches, renommiertes Haus schauen, in dem nach wie vor die Bürger der Stadt ihre Feste und Jubiläen feiern, die Vereine ihre Stammtische pflegen und viele Stammgäste immer wieder gerne kommen. Dass er die Tradition der Familie weiterführen würde, stand für Helmut Estermann immer fest. Nach der Lehrzeit zog er aus, um die Küchen und den Service in der Schweiz und England kennen zu lernen. Beeindruckt haben den jungen Koch vor allem die akribischen Schweizer, die stets auf sehr hohem Niveau auftischten. Seit 1964 steht Helmut Estermann nun am heimischen Herd und verbindet die feinen Einflüsse der französisch orientierten Lausanner Küche mit bayerischen Schmankerln zu einer eigenen, äußerst gelungenen Kochkunst.

Um seine Speisekarte zu studieren, braucht es einige Zeit, denn sie ist sehr umfangreich und bietet alles, was das Genießerherz in der Region kulinarisch zu schätzen weiß: Mehlspeisen wie Salzburger Nockerln und Bayerischen Kaiserschmarrn, Deftiges wie Spanferkel mit dunklem Bier gebraten, Schweinebraten oder Schweinshaxe, aber auch Feines wie Rehnüsschen in Pfefferrahm, Fasan mit Ananaskraut oder Rehrücken in Morchelrahm. Alles frisch zubereitet, fein abgestimmt und äußerst schmackhaft. Immer sind auch Chiemseefische sowie heimisches Wild auf der Standard- und der täglich wechselnden Empfehlungskarte zu finden. Der Hausherr,

der als passionierter Küchenchef 250 Kochbücher besitzt, kocht gerne auch leichte, mediterrane Gerichte mit viel Gemüse, frischen Kräutern und Olivenöl.
Der Bayerische Hof ist eine Institution und wird seinem Ansehen in jeder Hinsicht gerecht. Den Gast erwarten drei gemütliche, holzvertäfelte Stuben sowie ein modern gestalteter Rezeptionsbereich, der mit Schwung in einer kleinen Bar mündet, an der der Gast sein letztes Betthupferl zu sich nehmen kann.
„Die Liebe zum Beruf ist in unserer Branche unbedingt nötig - und die Liebe zum Detail. Es muss alles stimmen, alles bestens sein vom Salat bis zu den Knödeln", so der selbst auferlegte Qualitätsanspruch. Dass der im Bayerischen Hof mehr als erfüllt wird, wissen auch die Priener Wirte, die sich hier zum wöchentlichen Austausch treffen und „stundenlang übers Essen und Kochen fachsimpeln".

Chiemgauer Lammrücken in der Rosmarinkruste mit Speckbohnenröllchen, Zucchinioliven und gefüllter Kartoffel

Zutaten

1000 g Lammrücken am Stück, pariert, Knochen passboliert
Lammknochen für die Soße
200 g Gemüsewürfel aus Sellerie, Zwiebeln, Möhren, Tomaten 1 Lorbeerblatt
Salz, weißer Pfeffer

Für die Rosmarinkruste
3 Schalotten, geschält und gewürfelt
1 Rosmarinzweig, klein geschnitten
100 g Brotbrösel
1 Tl Dijonsenf
4 festkochende Kartoffeln
80 g Schalotten, gewürfelt
80 g Schinkenwürfel
Basilikum, Thymian, Majoran, klein geschnitten
1 El Crème fraîche

Zubereitung

Den Lammrücken salzen und pfeffern, die anfallenden Abschnitte klein schneiden. In der heißen Pfanne ohne Zugabe von Fett das Karree zunächst auf der Fettseite, dann rundum 5 Min. braten. Die Lammknochen mit anrösten. Das Karree herausnehmen, wenn es noch leicht rosa ist, in Alufolie ruhen lassen. Das Fett abschütten, das gemischte Gemüse dazugeben, anrösten, immer wieder mit etwas Wasser ablöschen, einkochen lassen und passieren. Für die Kräuterkruste Schalotten, Rosmarin und Brotbrösel mixen oder fein hacken, salzen und pfeffern. Den Lammrücken auf der Fettseite dünn mit Dijonsenf bestreichen, die Kräutermasse darauf geben. Den Braten im Backofen bei 200 °C ca. 5 Min. überkrusten. Pellkartoffeln kochen, schälen, oben aushöhlen. Das Ausgehöhlte zerdrücken, mit Crème fraîche, Kräutern, Schalotten- und Schinkenwürfeln mischen, mit Salz und Muskat würzen. Die Masse wieder in die Kartoffeln füllen, im Backofen bei 180 °C überbacken. Alles gemeinsam anrichten.

ZUM FISCHER AM SEE

Zum Fischer am See

Manfred Beer

Harrasserstr. 145
83209 Prien am Chiemsee

Telefon 0 80 51 / 90 76-0
Telefax 0 80 51 / 6 29 40

Manfred Beers Traumberuf stand schon früh fest: Koch wollte der aus Regensburg stammende Oberpfälzer werden. Nach seiner Ausbildung und ersten Wanderjahren strandete der junge Koch erstmals in Prien, doch es zog ihn zunächst wieder fort. Viele Jahre reiste er mit Passagierschiffen über die Meere, mit der SS Rotterdam, wo er als Chef Poissonnier für 1800 Passagiere die Fischküche führte, gar zweimal um die Welt. Dem passionierten Fischliebhaber konnte nichts Besseres passieren. Bei Aufenthalten in der Karibik oder in Südamerika lernte er die Vielfalt der Fischsorten, ihre Farben und Formen sowie die landestypischen Zubereitungsarten kennen und schätzen, etwa die Kombination von scharfen Gewürzen mit Früchten. Das kommt den Gästen in Prien heute zu Gute. Denn Ausflüge in die Küchen der Welt stehen bei Beer immer auf dem (Speise-)Plan. Seit 1984 kocht der Weltenbummler in dem direkt am See gelegenen Restaurant. „Die Berge, der See und der Menschenschlag – hier stimmte einfach alles“, so der sesshaft gewordene Küchenchef. Dass er sich in seinem Restaurant auf Fisch spezialisierte, verwundert nicht. Das Lokal schaut zudem auf eine lange Fisch-Tradition zurück. Bereits 1929 servierten hier die Fischer vom See ausschließlich ihren Fang. Präparierte Fische und alte Fotografien an den Wänden zeugen von dieser Zeit. Heute findet der Gast eine leichte regionale Küche vor, die neben dem Schwerpunkt Fisch auch Lamm, Wild und andere Fleischgerichte bietet. Im Eingangsbereich des in blauen Tönen gehaltenen Restaurants findet der Gast eine große Fischtheke, vor der nicht nur kleine Gäste fasziniert stehen bleiben und schauen. Die Fischkarte wartet mit Zander, Hecht, Brachsen oder Schratzen auf – anderenorts auch als Kretzer oder Egli bekannt – und ist mit ihren knapp 20 Gerichten beachtlich. Die Schuppentiere werden in klassischen Varianten, daneben aber auch auf asiatische, italienische, spanische oder karibische Weise dargeboten. „Jeder Fisch hat seinen eigenen Geschmack, den man nicht verfälschen, sondern hervorheben muss. So schmeckt die selten zu bekommende Esche nach Thymian, deshalb würzt man sie am besten auch damit. Die Seeforellen hier bei uns sind durch das Plankton, die Kleinstkrebse, die sie fressen, rotfleischig. Die Rutte und die Trüsche haben eine fantastische Leber, fast wie der Dorsch. Wir braten sie in Butter und servieren sie als Vorspeise auf Salat – ein Gedicht“, schwärmt Manfred Beer. Natürlich können diese seltenen Spezialitäten nur begrenzt angeboten werden. Eine weitere Besonderheit im „Fischer“ sind die süß-sauer eingelegten Brachsen oder Rotaugen. Diese in Streifen geschnittene, in Salz und Essig eingelegte, mit Dill, Wacholder und Lorbeer marinierte und mit Bratkartoffeln servierte Fisch-Variante ist eine Delikatesse. Unbedingt probieren sollte man auch den mit Gemüse gefüllten, am Stück gegarten ganzen Fisch, der erst am Tisch filetiert wird. Die Liste der besonderen Speisen könnte so weitergeführt werden. Alles schmeckt vorzüglich, was in der Region kein Geheimnis ist. Hervorzuheben ist noch der herrliche Panoramablick auf den Chiemsee und die umliegenden Berge, den man von allen Plätzen im Restaurant, von der direkt am See gelegenen großen Terrasse wie auch von allen 15 Hotelzimmern genießt. Trifft man Manfred Beer mal nicht in der Küche an, so findet man den reisefreudigen Koch vermutlich auf einem Fischmarkt oder – wie kürzlich – in einer der Küchen der Welt: Zwei Wochen lang kochte er in Peking in der Hotelfachschule mit, „um dort deren Kochkünste zu lernen, das habe ich mir gegönnt“, so der weltoffene Küchenchef.

Knusprig gebratene Chiemsee-Renke

Zutaten

4 Renken á 300 g, küchenfertig
Worcestersauce
Zitronensaft
Etwas Mehl
Salz
Pfeffer
Butter

Zubereitung

Fisch waschen, innen und außen gut salzen und pfeffern, mit Worcestersauce und Zitronensaft beträufeln, in Mehl wenden. In der heißen Pfanne in der zerlassenen Butter langsam auf beiden Seiten in 8 bis 10 Min. knusprig goldbraun braten. Mit gehackter Petersilie bestreuen und mit Zitronenscheiben garnieren. Als Beilagen passen Petersilienkartoffeln und bunte Blattsalate.

RESTAURANT MÜHLBERGER

Restaurant Mühlberger

Bernauer Str. 40
83209 Prien am Chiemsee

Telefon 0 80 51 / 96 68 88
Telefax 0 80 51 / 30 92 74

Inspiriert von der Sterneküche des Eckhart Witzigmann beschloss Thomas Mühlberger Koch zu werden, obwohl er eigentlich bereits Konditor war. Aber die Vielfalt der Aromen und des Geschmacks, mit denen beim Kochen jongliert werden kann, faszinierte den jungen Mann. Nach seiner Kochausbildung fragte er bei Witzigmann an und bekam den Zuschlag. So stieß Mühlberger in der berühmten Aubergine auf eine Riege von Köchen, die aus den jetzt bekannten Sterneköchen Hans Haas, Johann Lafer und Karl Ederer bestand.

Nach weiteren Stationen landete Mühlberger schließlich wieder in der Heimat, wo er 1989 in Prien sein eigenes Restaurant eröffnete. In der elegant gediegenen Atmosphäre, die mediterrane und rustikale Einflüsse auf gelungene Weise vereint, tischt Mühlberger seine nur schwer einzuordnende Sterneküche auf. Jede einzelne Geschmackskomponente seiner Kreationen soll sich in höchster Intensität entfalten, dabei aber mit den übrigen zu einem Gesamtkonzept verschmelzen. Die Variation der Aromen fasziniert ihn, weshalb er seine Speisen gerne immer wieder abwandelt. Am liebsten kocht er spontan, lässt sich während des Einkaufens, Vorbereitens oder auch des Kochens inspirieren. Dabei möchte er aufzeigen, dass traditionelle, überlieferte Gerichte so verändert werden können, dass etwas völlig Neues entsteht. So verfeinert er den leicht nussig-süßlich schmeckenden Spitzkohl mit der herbsüßen Vanille, verbindet diese Aromen mit der Würze des Krebses.
Die Kombination von Fisch und Fleisch – lange in deutschen Gefilden verpönt – führt für Mühlberger zu einer ungeahnten Geschmacksvielfalt. Beeindruckend auch die Komposition des Koteletts vom Spanferkel in Blaukrautsauce, für die Mühlberger das Blaukraut im Kalbsfond kocht und anschließend passiert. Die violette Farbe und der typische Krautgeschmack in perfekter Harmonie zum Jungschwein bilden ein unvergleichliches Geschmackserlebnis.
Sein Ideenreichtum scheint unendlich, die Umsetzung seiner innovativ-traditionellen Küche wurde entsprechend gewürdigt. 1991 erhielt er seinen ersten Stern. Nach einer kurzen Auszeit und dem Wiedereinstieg 1999 erkochte er ihn sich 2001 zum wiederholten Male. Für Mühlberger stellt die Sterneküche nichts Abgehobenes dar, vielmehr ist sie eine zeitgemäße, gesunde Küche, die auf Frische und beste Qualität setzt. Der Respekt vor dem Produkt steht bei ihm in der Rangfolge ganz oben. Eine gute Küche muss das Produkt so schonend

wie möglich behandeln, es verändern und damit erhöhen. Mühlbergers Anliegen ist es, die deutsch-bayerische Küche aufs Höchste zu veredeln - und sie auf diesem Wege zu adeln.

Variation vom Rehrücken

Zutaten

2 Rehrückenfilets à 500 g
4 Medaillons à 50 g vom Rehrücken
Gemüse, fein gewürfelt (1 Karotte, 1 Lauch, 1/2 Sellerie)
1 Wacholderbeere, zerhackt
300 g Sahne
1 Paket Strudelteig
1 Petersilienwurzel, 1 Karotte, der Länge nach in dünne Scheiben geschnitten
Olivenöl
100 g Butter
200 g Sahne
1 Eiweiß
Preiselbeeren
Salz, Pfeffer, Curry, Koriander, Zimt

Zubereitung

Reh parieren, die Abschnitte salzen, pfeffern, Wacholderbeeren dazugeben. Für die Farce die Hälfte der Abschnitte mit Eiweiß und wenig Sahne mischen, kalt stellen, mit der restlichen Sahne fein mixen, so lange wiederholen, bis die Sahne aufgebraucht ist. Das Gemüse in aufschäumender Butter anschwitzen, zu den Fleischwürfeln geben, mit Preiselbeeren, Salz, Pfeffer und etwas Curry würzen. Karotte und Petersilienwurzel in Salzwasser gar kochen, abschrecken und trocknen. Den Strudelteig auslegen, mit Olivenöl beträufeln, pfeffern und eine zweite Lage Teig darauf legen. In der Größe des Filets Farce aufstreichen, abwechselnd das Gemüse nebeneinander legen, das Filet darauf, salzen, pfeffern, Teig einrollen, Teigenden andrücken. In heißem Öl ca. 5 Min. beidseitig knusprig frittieren, abtropfen lassen. Aus der restlichen Fleischmasse kleine ovale Pflanzerl abstechen. Rehmedaillons salzen, pfeffern, in Butter und Öl zusammen mit den Pflanzerln kurz kräftig anbraten, warm stellen. Den Bratensatz mit Wasser ablöschen, anschließend mit Sahne, Butter, Salz, Pfeffer und Zimt sämig einkochen. Das Rehrückenpaket aufschneiden, alles gemeinsam anrichten.

HOTEL NEUER AM SEE

Hotel Neuer am See
Cafe Konditorei Restaurant
Familie Neuer

Seestr. 104
83209 Prien am Chiemsee

Telefon 0 80 51 / 6 09 96-0
Telefax 0 80 51 / 6 09 96-44

Wer in Prien zur kleinen Landzunge schlendern oder den Hafen aufsuchen will, der könnte Gefahr laufen, von seinem Vorhaben durch den aromatischen Duft feinster Konditoreiprodukte abgehalten zu werden. Das Café Neuer am See liegt direkt auf dem Weg und wird nunmehr in der vierten Generation von der Familie Neuer geführt. Konditormeister Andreas leitet den Betrieb seit 2000 gemeinsam mit seiner Mutter Thekla. Bekannt ist das Haus für seine hausgemachten Torten. Vor allem die Vielfalt der süßen Verführung sticht beim Betreten des hübschen Cafés ins Auge: Etwa 25 Torten und Kuchen konkurrieren hier um die Gunst des Gastes. Das Repertoire der Backstube umfasst bis zu 50 Variationen, die abwechselnd zum Verkauf kommen. Von der Schokoladengarnitur bis zu den Böden wird alles selbst gemacht, viele Rezepturen sind eigene Kreationen des einfallsreichen jungen Chefs, der auf eine leichte, zeitgemäße Zubereitung großen Wert legt. So bei der Quark-Fruchttorte, die mit frischen Früchten der Saison belegt wird, oder dem Ricotta-Orangen-Käsekuchen. Einen leichten Genuss versprechen auch seine Sahne-Fours, die kleinen, reich verzierten Törtchen, die er mit Schoko- oder Fruchtsahne statt mit Buttercreme füllt. Sehr beliebt ist die Chiemseer Nuss-Sahnetorte: Ein nach einem überlieferten Rezept gebackener Kuchen, auf dessen Nussboden Sauerkirschen gebettet sind, die von Eierlikörsahne gekrönt werden. Heimlicher Favorit ist das Meisterstück von Andreas Neuer, das er sich für seine Abschlussprüfung ausdachte. Die Schokolade-Birnen-Sahnetorte, bei der parfümierte Birnenspalten sowie helle und dunkle Schokoladenmousse zu einer herrlichen Geschmackskomposition zusammenfinden.

Mit Leidenschaft kreiert Andreas Neuer mehrstöckige Torten für besondere Anlässe wie Jubiläen und Hochzeiten. Dazu lässt sich der Konditormeister immer etwas Originelles einfallen, verziert die Feinbäckerei mit dem Firmenlogo aus Zuckerguss, bastelt für die Geburtstagstorte eines Dj's einen Plattenspieler aus Marzipan. Alle Torten sind Unikate, werden individuell nach den Wünschen der Kunden arrangiert und nie ein zweites Mal zubereitet.
Das junge Serviceteam im Cafe wie auch im Restaurant ist überaus freundlich, die sympathische Kathleen steht dem Gast bei der schweren Entscheidung an der Kuchenvitrine liebenswürdig zur Seite. Der hier angesiedelte kleine Bereich mit Hochtischen ist bei vielen Stammgästen beliebt, zudem ein idealer Ort, um dem munteren Treiben in der Konditorei zuzusehen. Gäste, die auf einen Plausch vorbeikommen, finden ihren Platz im Café, das im Bistrostil gehalten ist. Wer es rustikal-gemütlich liebt, kann im holzgetäfelten Restaurant zwischen dem Raucher- oder Nichtraucherbereich wählen. Auf den hungrigen Gast wartet eine breite Palette von Speisen, die vom bayerischen Schmankerl über das Rindercurry bis zum fangfrischen Fisch für jeden etwas bietet. Eine Besonderheit ist die Frühstückskarte, die bis in die frühen Abendstunden „Erweckendes" bietet. Ganz gleich, ob zum Auf- oder Untergang der Sonne – auf der großen Südterrasse kann der Gast ein ausgiebiges Frühstück einnehmen, beispielsweise die Schlemmerversion mit geräuchertem Lachs und Prosecco. Für Hotelgäste stehen 31 neu renovierte Zimmer bereit, die im modernen Landhausstil eingerichtet sind. Angenehme Träume verspricht die 40 Quadratmeter große, klassisch-elegant gestaltete Suite: Das Interieur in amerikanischer Kirsche, ein Südbalkon und das Marmorbad mit halbrundem Whirlpool garantieren einen entspannten Aufenthalt. Ob Sie nun mit feinen Torten feiern, schnell auf einen Capuccino vorbeikommen oder leckere Speisen schlemmen möchten – das „Neuer am See" ist für viele Anlässe der ideale Platz, immer auch eine Verzögerung des geplanten Ausflugs, mit Sicherheit aber einen abschließenden Besuch wert.

PRIENER REGIONALMARKT

Priener Regionalmarkt
Familie Kollmannsberger

Bernauer Str. 85
83209 Prien am Chiemsee

Telefon 0 80 51 / 96 63 26
Telefax 0 80 51 / 96 63 25

Für Liebhaber von Lammfleisch gibt es eine ganz besonders empfehlenswerte Adresse: Gleich am Ortseingang von Prien direkt am Verkehrskreisel gelegen, springt das schöne, mit viel Glas offen und transparent gestaltete Holzhaus dem Reisenden ins Auge, das den Regionalmarkt beheimatet. Die Liebe zur Landwirtschaft, zur Natur und den Tieren ist den Betreibern des Marktes gemeinsam, über die Kaninchenzucht lernten sich Martin und Julia Kollmannsberger kennen. Die beiden entschlossen sich, Schafe zu züchten - zunächst nur für den Eigenbedarf. Doch immer mehr Nachbarn und Bekannte fragten nach dem besonders zarten und aromatischen Lammfleisch. Zum ersten Schaf kamen vier weitere, die sich wieder vermehrten, so dass schließlich die Entscheidung anstand, die Zucht ganz oder gar nicht zu betreiben. Familie Kollmannsberger entschloss sich für ersteres. Auf dem eigenen Grund erbauten sie den 200 Quadratmeter großen Regionalmarkt mit der Idee, gesunde Lebensmittel aus der Region an einem Knotenpunkt zu präsentieren: Der Kunde findet eine Vielzahl unterschiedlicher regionaler Produkte vor, die von heimischen Erzeugern hergestellt werden. Ergänzt wird das regionale Angebot durch ein breites Bio-Sortiment, das auf Kundenwunsch nach und nach erweitert wurde. 2003 eröffneten sie ihr helles, offen einsehbares Ladengeschäft, das sich gleich einer regen Nachfrage erfreute. Käse und Milch, selbst gemachte Marmeladen wie die Kürbis-Apfel-Marmelade, Schnäpse und Liköre von einem Priener Brenner, Honig von befreundeten Imkern sowie Obst und Gemüse aus biologischem Anbau stehen zur Auswahl. Und natürlich alles rund ums Lamm: Fleisch aus Keule und Schulter zum Schmoren oder Koteletts und Filets zum Kurzbraten, Lammbratwürstel, pikant oder klassisch abgeschmeckt, Lammleberwurst sowie Felle, Wolldecken, Wollflortierchen, aber auch Schafmilchseife und Schafmilchschokolade. Das Lammfleisch besticht durch seinen ausgesprochen aromatischen Geschmack und eine einzigartige Zartheit. Die Qualität des Fleisches kommt nicht von ungefähr. Die Tiere stehen im Sommer auf Wiesen rund um Prien und Frasdorf, werden vor allem mit Gras, Heu und Getreide gefüttert. Da der studierte Agrarwissenschaftler Martin Kollmannsberger die

Lämmer auch selbst am Hof schlachtet, sichert er ihnen bis zum Ende ein stressfreies Leben.
Wer jetzt Appetit bekommen hat, kann im Markt auch gleich etwas probieren. Mehrere Tische und Stühle stehen für die hungrigen Gäste bereit. Täglich serviert Julia Kollmannsberger zwei wechselnde Gerichte wie das Lammpfandl, ein mit Rosmarin und Thymian gewürztes Geschnetzeltes mit Knoblauchtopfen oder den Kaspressknödel, eine Spezialität aus dem nahen Tirol. Stets gibt es den altbayerischen Leberkäse sowie Kaffee und hausgemachten Kuchen. Getränke aus der Region wie Säfte, Quellwasser oder Biobier runden das Angebot ab. Im ersten Stock direkt unter dem offen einsehbaren Dachstuhl finden ganze Gruppen Platz. Den schönen Raum stellen die Inhaber auch für Veranstaltungen, Seminare oder Feiern zur Verfügung. Mit dem Priener Regionalmarkt haben die Kollmannsbergers ihre Lebensphilosophie beruflich umgesetzt, sich über die Arbeit mit Tieren und Bio-Produkten selbst verwirklicht. Wer auf entspannte Weise heimische und gesunde Lebensmittel von Direktvermarktern einkaufen möchte, der ist mit einem Besuch im Priener Regionalmarkt gut beraten.

Lammkotelett mit Kartoffelpüree und Karotten-Pastinaken-Gemüse

Zutaten

12 Lammkoteletts
800 g mehlige Kartoffeln
0,5 l bis 0,75 l Milch
500 g Karotten
300 g Pastinaken
1 kleine Zwiebel
Rahm
etwas Gemüsebrühe
Salz, Pfeffer, Zucker, Muskat
Lammgewürz (eigene Mischung, ähnlich den Kräutern der Provence)
Anis, ganz

Zubereitung

Die Koteletts mit Lammgewürz, Salz, Pfeffer und Olivenöl marinieren, kühl stellen. Kartoffeln schälen, würfeln und in der Milch bei schwacher Hitze kochen (immer wieder umrühren, damit nichts anbrennt). Karotten, Pastinaken und Zwiebeln schälen und würfeln. Zwiebeln in Butter anschwitzen, Gelbe Rüben- und Pastinakenwürfel dazugeben, mit anschwitzen, mit Brühe aufgießen. Mit etwas Anis, Salz und Zucker abschmecken, bei schwacher Hitze garen. Zum Schluss etwas Rahm dazu geben. Lammkoteletts nicht zu scharf in der Pfanne mit Olivenöl anbraten, bei schwacher Hitze durchgaren oder rosa halten, je nach Belieben. Wenn die Kartoffeln gar sind, mit Pürierstab durchrühren, mit Muskat, Salz und Pfeffer abschmecken.

CAFÉ JULIANA

Café Juliana
Juliane Brenner

Hochriesstr. 20
83209 Prien am Chiemsee

Telefon 0 80 51 / 96 18 98

Wer in Prien für kurze Zeit der Hektik des Alltags entfliehen und genussvoll auftanken will, dem sei der Besuch des Café Juliana empfohlen. Die kleine, etwas andere Espresso-Bar überrascht mit ihrer Vielfalt an Kaffeespezialitäten und einer ganz besonderen Atmosphäre. Die Inhaberin, die Münchnerin Juliane Brenner, erfüllte sich 1998 mit der Eröffnung der Bar einen lang gehegten Wunsch. „Einen Treffpunkt, an dem man sich ungezwungen unterhalten und dabei exzellenten Kaffee trinken kann", wollte die Mutter dreier Kinder damit schaffen. Das ist ihr aufs Beste gelungen. Bei ruhiger, loungiger Musik kann der Genießer zwischen einer milden oder kräftigen Kaffeemischung wählen, seine Wünsche hinsichtlich Schaum oder Milch äußern – alles wird so zubereitet, wie es der Gast am liebsten mag. Zur süßen Begleitung stehen Kekse, Bio-Gebäck oder Schokolade in verlockender Auswahl bereit. Überhaupt gibt es bei näherem Hinsehen vieles zu entdecken. Das „illustre" Publikum - vom Schüler bis zum Schauspieler - findet ein beeindruckendes Angebot an exotischen Kaffeesorten, darunter den Jamaika Blue Mountain, der als der Champagner unter den Kaffees gilt, den Äthiopischen Wildkaffee sowie 20 weitere, speziell für die Inhaberin geröstete Mischungen und Bohnen. Daneben stehen 15 verschiedene Trinkschokoladen zum Probieren oder zum Mitnehmen bereit, ebenso wie feine Tees, Zubehör wie Tassen und Kannen sowie eine exquisite Palette an feinen, handgeschöpften Schokoladen, die mit Chili oder anderen ungewöhnlichen Aromen verfeinert wurden. Besonders nett sitzt es sich auf der dick gepolsterten Fensterbank, von wo der Gast einen wunderbaren „Rundblick" über das Geschehen im Cafe hat, das nie hektisch wird. Oder aber auf der kleinen, lauschigen Terrasse. Hier ist für die Kleinen eine Schaukel um den alten Apfelbaum gespannt. Für die, die aus diesem Alter bereits heraus sind, bleibt immer noch die Möglichkeit, einfach die Seele baumeln zu lassen.

Von außen ist die alte Mühle nicht gleich als solche zu erkennen, beim ersten Schritt auf den alten, aus dem Jahre 1903 stammenden Holzdielen im Inneren des Hauses meint der Besucher jedoch das gleichmäßige Rattern der alten Mahlräder zu vernehmen. Doch vorbei sind die Zeiten - was der Gast hört, ist zwar das vom Wasser des nahen Weihers angetriebene Wasserrad, doch dieses versorgt die drei Generationen der Familie Schuster heute mit Strom. Der Großvater des Mühleninhabers Andreas Schuster nahm 1903 die Getreidemühle erstmals in Betrieb. Die Mahlwerke stehen heute noch parat und Andreas Schuster erklärt Interessierten gerne, wie das ausgeklügelte System von Rädern, Lederriemen und Transportbechern funktionierte und wie das Korn über mehrere Stockwerke durch Siebe und Mahlwerke zu Mehl gemahlen wurde. Heute kann der Kunde im kleinen Mühlenladen alles rund um das Getreide kaufen: hochwertige, reine Mehle in bester Qualität, Getreidekerne und -flocken fürs Müsli, Dinkelprodukte, Nudeln, hochwertige Öle wie das steirische Kürbiskernöl oder naturbelassenes Salz. „Unsere Kunden schätzen bei uns die hohe Qualität der Produkte, die reinen Mehlsorten, die frei von jeglichen Zusätzen sind", so Andreas Schuster. Die rege Nachfrage für Zutaten zum Brotbacken hat die Priener Mühleninhaber dazu gebracht, auch Rezepte anzubieten. „Das Brotbacken findet immer mehr Anhänger, zum einen ist es preiswert und zum anderen ist die Qualität unvergleichlich, das Brot bleibt viel länger saftig und frisch. Aber vor allem ist es für Allergiker unverzichtbar, denn nur so können sie wirklich sicher sein." Damit beim Backen auch alles gelingt, testet Irmgard Schuster viele Rezepte, verfeinert sie teilweise mit Bärlauch, Kräutern oder sogar mit Sekt.
Eine Besonderheit ist das Rezept für den einfach himmlisch schmeckenden süßen Weißwurstsenf, dessen wichtigste Zutat, das Senfmehl, im Mühlenladen erhältlich ist. Die Schusters legen insgesamt großen Wert auf eine gesunde Ernährung. Ihr Gemüse kommt aus dem eigenen Garten, das Fleisch stammt von den sieben eigenen, auf der Weide grasenden Rindern, „denn so wissen wir, was wir essen. Diese Einstellung liegt uns zum einen als bodenständige Landmenschen im Blut, zum anderen ist es auch Idealismus - vor allem aber schmeckt es einfach besser."

Kunstmühle - Kumpfmühle
Andreas Schuster

Kumpfmühle 12
83209 Prien am Chiemsee

Telefon 0 80 51 / 15 68
Telefax 0 80 51 / 15 24

FISCHRÄUCHEREI REITER

„Auf dem See gibt es jeden Tag etwas zu sehen, das gestern noch nicht da war und morgen nicht mehr da sein wird", so Josefa Steinbeißer. Bereits ihre Urgroßeltern waren Fischer auf dem Chiemsee. Das Recht zum Fischen vererbt sich von Generation zu Generation, Josefa ist mit ihren 82 Jahren die älteste Fischerin am Chiemsee. Einst heiratete die junge Frau einen Bergbauernsohn und schaffte es in einem Jahr „gleich zwei tolle Hechte an Land zu ziehen: ihren Mann und den mit 1,20 Metern größten Hecht in ihrem Leben". Mittlerweile wirft ihr Schwiegersohn Michael Reiter die Netze aus. Nach dem Einholen wird der Fang küchenfertig an Kunden und die Gastronomie verkauft, vor allem aber in der idyllischen, am See gelegenen hauseigenen Fischerhütte köstlich zubereitet. Renken, Aal, Brachse, Hecht, Zander, Forelle und Saibling – alles, was der Fang an Land brachte, wartet hier auf den hungrigen Spaziergänger, Radfahrer oder einfach auf den Fisch liebenden Genießer, der sich zwischen Fischfilet im Bierteig, Fischpflanzerl oder -Sülze entscheiden muss. Eine Spezialität ist der Steckerlfisch, bei dem hauptsächlich Renken auf Buchenspießen über dem offenen Holzfeuer grillen. Schon allein der Duft entzückt den Feinschmecker. Ebenso zu empfehlen sind die frisch geräucherten Fische, die Michael Reiter in Salzwasser einlegt und anschließend in der Kammer rund dreieinhalb Stunden räuchert.
Ihr typisches Aroma verdanken sie glühenden Buchenspänen, die zudem für die goldglänzende Farbe sorgen. Ein Genuss, der seinesgleichen sucht, und im Biergarten vom Schein der untergehenden Sonne auf stimmungsvolle Weise begleitet wird. Ein idealer Platz, um an lauen Sommerabenden den Tag ausklingen zu lassen. Aber auch in der etwas kühleren Jahreszeit ist die urgemütliche, gut beheizte Hütte einen Besuch wert. Ungefähr ab Ostern ist sie täglich geöffnet, „bis es die Leut' auf den Berg zieht", so Brigitte Reiter.

Fischräucherei Reiter
Michael und Brigitte Reiter

Karpfenweg 5
83209 Prien am Chiemsee

Telefon 0 80 51 / 41 39 oder 63 431
Telefax 0 80 51 / 41 39

Hansl
Tilla

DER CHIEMSEE UND SEINE INSELN

Der Chiemsee ist reich an Fischen. 17 Fischer fahren täglich aus, um ihren Fang einzuholen. Im Netz finden sich vor allem Renken, aber auch Brachsen, Karpfen und Hechte. Um den Bestand zu sichern, sorgt in Prien eine Aufzuchtstation für den nötigen Nachwuchs. Hier züchtet Horst Schaber neben gängigen Fischen auch seltene wie den Perlfisch, der nur in den Seen des Salzkammergutes und im Chiemsee zu finden ist. Der See ist nicht ganz ungefährlich. Und das nicht nur aufgrund der nahen Berge, die mit ihren Fallwinden für schnell wechselnde Wetterlagen und Sturm sorgen. Der See verfügt auch über viele Untiefen, Erhöhungen wie Inseln – die allerdings nicht bis zur Wasseroberfläche reichen.

Die sichtbaren Erhebungen im See sind die eigentlichen Attraktionen: Herren- und Frauenchiemsee. Während das Schloss Herrenchiemsee jährlich Tausende Besucher auf die Insel lockt, geht es auf Frauenchiemsee noch beschaulich zu. Der „Kini" – wie die Hiesigen ihren König Ludwig II nennen – liebte Kunst und Kultur, aber auch die kulinarischen Genüsse. Überliefert ist, dass er besonders gerne Süßspeisen aß. Dazu ließ er sich im Spiegelsaal eindecken und speiste flaniert von 2000 Kerzen, die in 35 Lüstern und 44 Kandelabern steckten, meist allein. Der „Kini kimm't" ist heute noch ein üblicher Ausspruch, der einst respektvoll ausgerufen wurde, wenn sich der König ankündigte und seine Diener in hektische Betriebsamkeit versetzte, die für das Anheizen der Öfen und Vorbereiten der Räume zu sorgen hatten. Auf der benachbarten Fraueninsel ist solcher Umtrieb unbekannt. Sie ist ein echtes Kleinod, der Besucher findet hier Ruhe und Muse, kann gemächlich an Fischerbooten und Netzen vorbei flanieren, sich in den zahlreichen kleinen Töpfereien umschauen, um sich zum Schluss in einem der reizvollen Inselrestaurants kulinarisch zu laben. Die Insel ist stark geprägt vom Kloster Frauenwörth, dem ältesten noch bestehenden benediktinischen Frauenkloster, dessen ehemalige Äbtissin und Königstochter Irmengard aufgrund ihrer großen Wohltätigkeit heilig gesprochen wurde. Sie gilt als die Schutzpatronin des Chiemgaus, ihre in der Klosterkirche untergebrachte Grabstätte wurde zum Wallfahrtsort.

Weniger glücklich verlief der Sage nach die Liebesgeschichte zwischen einer hier zugehörigen Nonne und einem Mönch vom Herrenchiemssee, die sich heimlich des Nachts trafen. Der junge Mönch ertrank jedoch bei unruhiger See, wonach sich auch die junge Nonne das Leben nahm – auch deren Grab ist auf der Insel zu finden und erinnert an ihr trauriges Schicksal.

WIRTSHAUS AM SEE

Wirtshaus am See
Familie Nussbaum

Seeplatz 3
83257 Gstadt am Chiemsee

Telefon 0 80 54 / 2 24
Telefax 0 80 54 / 90 89 72

Rund um den Chiemsee wetteifern viele Plätze um die Auszeichnung, den schönsten Blick auf den See und die Berge zu bieten. Wir wollen hier keine Partei ergreifen – doch gäbe es eine Rangfolge, dann stünde unsere heutige Station mit Sicherheit weit vorne: Von Gstadt aus hat man einen sagenhaften Blick auf die Fraueninsel, die Berge und den See. Gleich hinter dem kleinen Bootssteg, an dem die Fährschiffe auf dem Weg zu den Inseln Halt machen, liegt das sympathische Wirtshaus am See. Auf seiner Terrasse sitzt man wie auf einem Logenplatz, von dem aus man das Spiel der Wellen, den Wechsel der Farben und des Lichts wunderschön beobachten kann, wenn die untergehende Sonne das Bayerische Meer in gleißendes Rot hüllt. Damit nichts von diesem atemberaubenden Schauspiel ablenkt, wurde die Ausstattung des seit 2004 neu bewirtschafteten Wirtshauses bewusst schlicht gehalten. Konzipiert als ein Ort der klassischen Wirtshaustradition, die eine ungezwungene Kommunikation ermöglicht, sollte es der Genießer dennoch nicht versäumen, die Küche des

Österreichers Norbert Lindlbauer zu verkosten. Er verbrachte seine Lehrjahre bei seinem Vorbild Karl E. Eschlböck in Mondsee. Lindlbauer verbindet Elemente der bodenständigen österreichischen und der bayerischen Küche, interpretiert sie in feinster Weise und legt großen Wert auf eine auch optisch ansprechende Präsentation. Spezialitäten wie den Grammelknödel, bei dem ausgelassener Speck mit Zwiebeln und Gewürzen zur Fülle eines Kartoffelknödels werden, oder den Innvierteler Speckknödel, bei dem kleine Knödel aus geräuchertem Speck im Semmelknödel stecken, serviert er mit Sauerkraut. Fein auch das gesottene Spanferkelbrüstl oder die leicht geräucherten Schweinsbäckle mit frischem Meerrettich. Besonders zu empfehlen ist die Spanferkelsülze mit Zwiebelvinaigrette, die er mit einer Spur Kürbiskernöl beträufelt, weiterhin der Schweinskrustenbraten, der gekochte Tafelspitz mit Krensauce und die obligaten Chiemseefischgerichte. Dabei hat Qualität höchste Priorität, das Fleisch stammt aus ausgesuchter, artgerechter Haltung, so beispielsweise vom Schwäbisch-Hällischen Landschwein.
Das Herz eines jeden Kenners der österreichischen süßen Küche schlägt bei der Dessertauswahl höher, vor allem während der österreichischen Wochen: Strudel in allen Variationen, Millifleckl, eine Art „Milchlasagne", sowie Halbgefrorenes aus Holler oder Erdbeeren runden den kulinarischen Genuss ab und stimmen den Genießer absolut zufrieden. Die friedvolle Harmonie, die den Gast nun erwärmt, kann kaum mehr erschüttert werden, auch nicht vom gelegentlichen Hämmern, das auf einen erneuten Fassbieranstich des Wirts hindeutet. Fasziniert schaut man auf das Spektakel der Abendsonne, die die Fraueninsel in ein magisches Licht hüllt und eine unvergleichliche Stimmung schafft, wenn die Konturen der Berge verschwimmen, die Farben weicher werden und der See von hell- zu dunkelblau übergeht. Wer noch mehr Romantik sucht, kann auch weiter unten auf der Wiese direkt am See sitzen – in Vollmondnächten bei Kerzenschein ein fantastisches Erlebnis. Später, wenn dann langsam die Lichter auf der Fraueninsel angehen, kann einen nichts mehr aus der Ruhe bringen. Verklärt kehrt man heim und weiß – man kommt wieder.

Blunz'nstrudel mit Weinsauerkraut

Zutaten

250 g Mehl
1 Prise Salz
1–2 EL Öl

Blunz'nmasse

750 g Blunz'n (Blutwurst)
300 g mehlige Kartoffeln, gekocht
100 g geräuchertes Wammerl, gewürfelt
2–3 Knoblauchzehen, gewürfelt
1–2 Zwiebeln, gewürfelt
150 g Lauch, in Streifen geschnitten
2–3 Eier
frischer Majoran, gehackt
Salz, Pfeffer, Muskat
ca. 50 g zerlassene Butter

Zubereitung

Aus Mehl, Salz und Öl den Strudelteig herstellen, 20 Min. ruhen lassen. Blutwurst enthäuten, würfeln. Die Hälfte der Kartoffeln durchpressen, restliche würfeln. Speckwürfel auslassen, Zwiebel zugeben und glasig rösten, Knoblauch und Lauch beigeben, kurz mitschwitzen. Kartoffeln, Blutwurst, Eier, Zwiebel-Speck-Gemisch und Majoran zu einer homogenen Masse vermengen, würzen.
Den Strudelteig ausziehen und mit Butter bestreichen, Blunz'nmasse darauf geben und den Teig fest einrollen. Auf einem mit Backpapier belegten Backblech im Ofen ca. 35 Min. bei 180 °C backen. Dazu passen Weinsauerkraut und karamellisierte Apfelscheiben.

LANDGASTHOF SCHALCHENHOF

Landgasthof Schalchenhof
Justina und Georg Bichler

Schalchen 1
83257 Gstadt

Telefon 0 80 54 / 2 30
Telefax 0 80 54 / 79 32

Der Schalchenhof wurde anno 1680 erstmals urkundlich erwähnt. Zunächst als landwirtschaftliches Gut betrieben, wurde der Hof nach und nach zur Pension mit voller Verpflegung umgebaut. Wo einst Kühe und Pferde ihre Heimstatt hatten, sitzen heute die Gäste unter dem dekorativen, viel Atmosphäre und Wärme spendenden böhmischen Gewölbe. Die Lage auf der kleinen Anhöhe ist einmalig und bietet einen beeindruckenden Panoramablick auf den Chiemsee und die angrenzende Gebirgskette. Eine Besonderheit, die jährlich viele Besucher anlockt, ist die hauseigene Kapelle, die der gläubige, 2005 verstorbene Seniorchef als Dank an die Mutter Gottes erbaute, „weil es uns so gut geht", erzählt Justina Bichler. Von dieser Einstellung zeugen auch die vielen holzgeschnitzten Heiligenfiguren in der Gaststube wie die Heilige Notburga, die Schutzheilige für das Essen, die heilige Elisabeth, die ihr Gold an die Armen verteilte, die heilige Justina, die einst gesteinigt wurde und der heilige Georg, der als Drachenbändiger bekannt ist. Das Haus vermittelt einen gemütlichen, familiären

Eindruck. Man sitzt wie Zuhause in der guten Stube, was nicht von ungefähr kommt, denn „ein Wirt braucht kein Wohnzimmer, er hat ja seine Gaststube", erklärt die Seniorchefin. In der Küche des Schalchenhofs hat die bayrische Seele ein Zuhause; Innereien wie gebackene Leber, saure Nieren, Züngerl und gefüllte Kalbsbrust sind ebenso auf der Speisekarte zu finden wie Nudelgerichte und Wild von heimischen Jägern sowie Chiemseefische in allen Variationen. Eine Spezialität ist der Kaiserschmarrn, dessen Teig die Seniorchefin heute noch nach eigenem Rezept rührt.
Idyllisch sitzt man im großen Garten, windgeschützt mit Blick auf den See. Die großen Palmen, Zitrus- und Olivenbäume sowie der rund 50 Jahre alte Rebstock, der das Haus umrankt, schaffen ein mediterranes Flair. Dem badefreudigen Hotelgast steht ein 300 Meter langer, hauseigener Strand zur Verfügung, an dem relaxt oder von dem aus getaucht werden kann. Der See erreicht hier nach einigen Metern und etlichen Felsvorsprüngen eine Tiefe von 36 Metern. Auf Wunsch organisieren die Bichlers Kurse sowie Ausrüstungen. Für die kleinen Gäste steht ein 500 Quadratmeter großer Spielplatz zur Verfügung. Weitab von der Straße kann der Nachwuchs hier ungestört herumtollen, während die Eltern den schönen Panoramablick und die bayrischen Schmankerl entspannt genießen.
Auch an ältere oder gehbehinderte Gäste wurde gedacht: Das Haus ist barrierefrei ohne Steigungen ebenerdig ausgebaut.
Im Schalchenhof hat man aber nicht nur eine menschliche, sondern auch eine künstlerische Ader. Schon der Seniorchef war überaus belesen. Die Seniorchefin malt für ihr Leben gern, alle Blumenbilder im Haus wie auch die bemalten Bauernschränke stammen von ihr. Die jetzige Chefin Justina Bichler schreibt und sammelt Gedichte sowie Lebensweisheiten, die sie in liebevoller Kleinarbeit in die Speisenkarten integriert. Der Schalchenhof ist ein Haus mit Herz und Sinn für die Gastlichkeit: „Wenn das Gasthaus voll ist, dann ist das für uns die schönste Musik", so die Wirtsleute.

Gefüllte Kalbsbrust

Zutaten

1 kg Kalbsbrust
200 g Zwiebeln, gehackt
etwas Majoran, frische Petersilie
Salz, Pfeffer
7 Semmeln
8 Eier
0,5 l Milch
etwas Öl zum Anbraten
2 Zwiebeln, 2 Karotten zum Schmoren
Etwas Brühe

Zubereitung

Knochen aus der Kalbsbrust auslösen. Gehackte Zwiebeln in der Pfanne glasieren, mit den Gewürzen und Kräutern mischen. Semmeln entrinden, würfeln, in die heiße Mischung geben, Milch erwärmen, dazu gießen. Vom Ofen nehmen und die Eier unterheben. Abschmecken, die Kalbsbrust damit füllen und mit Spießen oder langen Nadeln verschließen. Rundum salzen und pfeffern, in heißem Öl kurz von allen Seiten anbraten.
In eine ofenfeste Form geviertelte Zwiebeln und geschnittene Karotten füllen, die Kalbsbrust auflegen und mit etwas Brühe auffüllen.
Bei ca. 160 °C 2,5 Stunden garen. Aufschneiden, auf Tellern anrichten, mit Kartoffelsalat und bunten Blattsalaten servieren.

HOTEL RESTAURANT MALERWINKEL

Hotel Malerwinkel
Cafe Restaurant
Anni Loh

Lambach 23
83358 Seebruck-Lambach

Telefon 0 86 67 / 88 80-0
Telefax 0 86 67 / 88 80-44

Der Malerwinkel der Anni Loh ist im Chiemgau weithin bekannt und gilt als Institution. Das Haus mit seinen verschiedenen Stuben, dem lichtdurchfluteten Wintergarten, den idyllischen Terrassen und dem neuen, bezaubernden Panorama-Cafe lässt keine Wünsche offen und wird von Chiemgauern wie auch von reisenden Gästen gern besucht. Die Lage direkt am See ist faszinierend; sie zog schon früher viele Maler an, die am Ufer ihre Impressionen bildlich festhielten. Aber auch das, was die gelernte Hotelfachfrau aus dem einstigen Schiffshäuserl entstehen ließ, ist bewundernswert. 2007 feiert Anni Loh ihr 40-jähriges Jubiläum, ihr Haus steht für Kontinuität. 1967 übernahm die junge Chiemgauerin das kleine, damals direkt an der Straße gelegene Gasthaus. In den nächsten Jahrzehnten baute sie immer wieder um und an, die Straße wurde umgeleitet, jetzt kann der Gast völlig ungestört die entspannende Ruhe und den traumhaften Panoramablick auf Berge und See genießen. Die Wahl des Platzes fällt dabei schwer – alle Räume sind hell, sonnig und liebevoll dekoriert; großflächige Fenster lassen den Blick über das Spiel von Wellen und Sonne gleiten. Die hellblau gestrichenen, „beherzten" Stühle der ursprünglichen Stube erinnern noch an die Zeit, als Anni Loh selbst in der Küche stand. Seit 1978 kommt diese Aufgabe ihrem Küchenchef Heinz List zu, der seither für gleich bleibende, hervorragende Qualität sorgt. Seine Küche zeichnet sich durch Frische und eine immense Vielfalt aus. Vom Salat mit Entenbruststreiferl über Carpaccio vom Hirschrücken bis hin zur Entenleber mit getrüffeltem Kartoffelpüree stehen an die 16 Vorspeisen zur Auswahl. Als Hauptgericht findet sich von der gefüllten Aubergine über den bayerischen Tafelspitz bis zum Lammkarree mit Oliven-Orangenbutter oder dem Kalbsteak mit Trüffel-Sahnesauce Deftiges wie auch Feines zur Auswahl. Auch der Fischliebhaber hat die Qual der Wahl zwischen Saibling, Zander, Doraden, Loup de Mer oder „Meeresviecherln". Marktfrische Gemüse mit Pasta und eine reichhaltige Salatauswahl runden das äußerst umfangreiche Angebot ab. Die Karte wird alle drei bis vier Tage ergänzt oder neu kombiniert. Bekannt ist der Malerwinkel für seine hausgemachten Kuchen, allen voran die köstliche Himbeerschmandtorte und der feine Käsekuchen, der nach einem überlieferten Rezept gebacken wird. An Wochenenden muss der Gast sich zwischen 15 bis 20 Sorten entscheiden, wobei jede Leckerei einzigartig und in der jeweiligen Variante nur hier zu bekommen ist. Glanzstück des Hauses ist sicherlich das 2005 fertig gestellte Panorama-Café, dessen verglaste Fassade dem traumhaften Blick einen schönen Rahmen verleiht. Kunstvoll mit Kerzenständern aus Italien, ausgefallenen Leuchtern und bestickten Raffrollos ausstaffiert sowie stilvoll eingerichtet, ist es ein idealer Platz zum Feiern, zum fürstlich Dinieren – oder einfach, um die Seele baumeln zu lassen. Dazu eignet sich auch die große, auf zwei Ebenen angelegte Terrasse. Der Malerwinkel, der früher schon Künstler inspirierte, verheißt auch heute noch malerische Blickwinkel.

Thunfisch mit Balsamico-Zwiebeln und Thymiankartoffeln

Zutaten

8 Thunfischfilets à 80 g
24 Grillzwiebeln oder Schalotten, geschält
12 getrocknete Tomaten
60 g Rosinen
0,1 l Gemüsebrühe oder Fischfond
2 EL Olivenöl
4 cl Balsamico-Essig
20 g Butter
schwarzer Pfeffer, Meersalz, Zucker
800 g kleine Kartoffeln (Siglinde)
1 Bund Thymian
30 g Butter
Je 1 Fenchel, Paprika, Aubergine, Zucchini, gewürfelt
1 Knoblauchzehe

Zubereitung

Thunfischfilets salzen, pfeffern, in Olivenöl kurz beidseitig anbraten. Zwiebeln anbraten, mit Zucker bestreuen und karamellisieren lassen, etwas Butter zugeben. Mit Balsamico-Essig ablöschen und mit etwas Gemüsebrühe oder Fischfond aufgießen, reduzieren, Rosinen unter die Sauce geben. Thunfischfilets mit Balsamico-Zwiebeln überziehen, mit getrockneten Tomaten dekorieren. Kartoffeln mit Schale dämpfen, schälen, Butter zerlassen, fein gehackten Thymian und Kartoffeln dazugeben, durchschwenken und leicht bräunen lassen. Gemüse mit Knoblauch in 2 EL Olivenöl kräftig anbraten, salzen und pfeffern. Alles gemeinsam anrichten.

GASTHOF ZUR POST

Gasthof zur Post
Franz Posch und Elisabeth Fassnauer

Chiemseestr. 2
83376 Truchtlaching

Telefon 0 86 67 / 80 92 36
Telefax 0 86 67 / 80 92 37

Heute verlassen wir die Ufer des Chiemsees, um einen kleinen Abstecher in das nahe Hinterland zu unternehmen. In Truchtlaching treffen wir auf einen nicht alltäglichen Wirt. Der Gasthof betreibt Understatement, was seine Ausstattung betrifft. Gemütlich kommt er daher, in warmen Tönen und mit viel Holz wirkt er rustikal und dennoch leicht. Die stilvoll eingedeckten Tische lassen bereits erahnen, welche Meisterhand hier in der Küche tätig ist. Franz Posch, Inhaber und Küchenchef der Post, schnupperte nach seiner Ausbildung im Jägerhof in Bernau den Duft von Münchner Sternehäusern. Nach weiteren Stationen im Prienser Golfclub und in der Klosterwirtschaft von Seeon übernahm er 1999 das nur wenige Kilometer vom See entfernt gelegene Wirtshaus. Seine Kochkunst pflegt zwar die bayerische Tradition, unterliegt aber auch mediterranen Einflüssen. Franz Posch ist ein bayerisches Mannsbild wie aus dem Bilderbuch. Sein Temperament ist dementsprechend; in der Küche jedoch herrscht eine geordnete Unordnung, die feinste Kreationen hervorbringt. Auffallend ist die Intensität der Aromen. Wir beginnen mit der Fischlasagne, die abwechselnd Rösti, Spinat sowie Seeteufelfilets schichtet. Angerichtet wird sie mit Selleriestroh und zweierlei Saucen. Alles ist geschmacklich perfekt aufeinander abgestimmt, das Rösti knusprig, der Fisch auf den Punkt gegart, die Saucen schlichtweg

köstlich. Es folgt ein grüner Spargelsalat mit Black Tiger-Garnelen, der von feinen Parmesanhobeln gekrönt wird – ein in sich ausgewogenes Gericht, in dem alles optimal harmoniert. Ebenso das Carpaccio vom Rinderfilet, das mit Orangenspalten kombiniert ein köstliches Geschmackserlebnis darstellt. Die nachfolgende Tomatencremesuppe mit Basilikum ist intensiv im Aroma, ebenso wie die getrüffelte Blumenkohlsuppe.
Das Hirschfilet auf Rosenkohl an Sauerkirsch-Rosmarin-Sauce macht seiner Hauptrolle alle Ehre – eine wahre Delikatesse. Das Dessert aus dreierlei Mousses sowie einem Parfait von der Passionsfrucht mit zweierlei Saucen schließt das Menü in himmlischer Weise ab und ist zudem äußerst dekorativ angerichtet. Weitere Spezialitäten aus dem Reich des Franz Posch sind der aromatische Cappuccino vom Hummer oder Fasan mit Trüffelpüree, aber auch der Schweinsbraten mit röscher Kruste sowie Edelfische in allen Variationen. Im Sommer sitzt man idyllisch im Biergarten oder in einem Teil des Gartens, der mit Oleanderkübeln und dem weißes Segeltuchdach mediterranes Flair aufkommen lässt. Am Stammtisch in der Stube sitzen derweil die Einheimischen und führen ihre Dispute; im oberen Stock probt der ansässige Theaterverein sein neues Stück, das dort auch aufgeführt wird. Franz Posch schafft es, vermeintlich Widersprüchliches zu vereinen: Sein Küchenstil kommt einer bayerisch-mediterranen Allianz gleich, die Urwüchsiges und Feines verbindet – und eigentlich ganz so ist wie er selbst.

Gebratener Zander auf Pfifferlingen mit Gemüsestrudel-Säckchen

Zutaten

4 Zanderfilets à 200 g (mit Haut)
Fischkarkassen für Fischfond
350 g Pfifferlinge, geputzt, evtl. halbiert
250 g gemischtes Gemüse der Saison, gewürfelt
200 g Strudelteig
20 Lauchstreifen
200 g Sahne
etwas geschlagene Sahne
etwas Butterschmalz
50 g Butter
Salz, Pfeffer
Wacholderbeeren
Lorbeerblätter
Zitrone
Trüffelöl
0,2 l Wasser
0,05 l Weißwein

Zubereitung

Aus Fischkarkassen, Wasser, Weißwein, Wacholderbeeren, Lorbeerblättern und Zitronescheiben einen Fond zubereiten, passieren, mit Sahne aufgießen und mit kalter Butter binden. Gemüse blanchieren. Strudelteig ausrollen, in 10 cm große Quadrate schneiden (20 Stück). Mit Gemüsewürfeln füllen, zu Säckchen formen und mit Lauchstreifen zubinden. Zander mit Zitrone und Salz würzen, auf der Haut kross anbraten, wenden und im Ofen bei 180 °C ca. 5 bis 8 Min. garen. Strudelsäckchen bei 180 °C in der Fritteuse oder in reichlich heißem Fett goldgelb frittieren. Pfifferlinge in Butterschmalz anbraten, salzen, mit kalter Butter verfeinern. Fischsauce mit Trüffelöl und 1 EL geschlagener Sahne verfeinern. Pfifferlinge auf Tellern anrichten, Zander darauf betten, mit Säckchen umlegen, mit Fischsauce nappieren.

KLOSTER SEEON

Orte, an denen Klöster stehen, waren stets Inseln der Ruhe und Gastlichkeit. Das Kloster Seeon ist solch ein Platz, der sich ganz der Kultur verschrieben hat. Gegründet wurde es als Benediktinerkloster 994 von Pfalzgraf Aribo. Die Mönche betrachteten die Wissensvermittlung sowie die Pflege von Kunst und Kultur als eine ihrer Aufgaben. Dieser geistigen Tradition fühlt sich der Bezirk Oberbayern verpflichtet, der die Klosteranlage im Rahmen der Denkmalpflege renovierte und 1993 wiedereröffnete. Das Kultur- und Bildungszentrum Kloster Seeon ist heute ein Tagungshotel und veranstaltet auch eigene Kurse, Konzerte und Ausstellungen. Im 11. Jahrhundert waren die Mönche für ihr Scriptorium bekannt, ihre Schreibwerkstatt, die auch für Kaiser Heinrich II. Bücher anfertigte und mit kunstvollen Initialen ausstattete. Heute kann in Kloster Seeon das Schreiben mit Gänsefeder und selbst angerührter Tinte und die farbige Gestaltung von Initialen wieder erlernt werden. Künstler aus der Region bieten Kurse im gestalterischen Bereich an und präsentieren ihre Werke in Ausstellungen.

Das Kloster selbst ist ein historisches Anwesen. Interessant ist die im Inneren gelegene Rokoko-Kapelle St. Nikolaus, die nur im Rahmen von angemeldeten Führungen besichtigt werden kann. Frei zugänglich ist die Klosterkirche St. Lambert mit reicher Freskenausstattung, Kreuzgang und Kapitelsaal. Die Seeoner waren stets auch der Musik sehr zugewandt. So fanden sich berühmte Komponisten wie Wolfgang Amadeus Mozart ein, der mehrmals zu Besuch war und für das Inselkloster zwei Offertorien (Musik für Orchester und Chor) komponierte. An ihn erinnert die jährlich zur Osterzeit stattfindende Mozartwoche mit Konzerten und Exkursionen. Neben Klassik und Volksmusik sind heute aber auch zeitgenössische Klänge wie Jazz im Kloster zu hören.

Wem nach so viel kultureller Feinkost der Sinn nach kulinarischen Genüssen steht, dem sei ein Besuch der historischen Klostergaststätte ans Herz gelegt. Küchenchef Dieter Fembacher sorgt mit seiner feinen bayerischen Küche dafür, dass auch die heimische Küchentradition ihre Renaissance erfährt. Alles ist hausgemacht – von den Fonds über die Suppen

Kloster Seeon
Kultur- und Bildungszentrum
des Bezirks Oberbayern

Klosterweg 1
83370 Seeon

Telefon 0 86 24 / 8 97-0
Telefax 0 86 24 / 8 97-4 20

bis zu den Saucen – und schmeckt vorzüglich. Gerichte wie Semmelschmarrn und marinierte Kalbsstelze finden sich auf der wöchentlich wechselnden Karte ebenso wie der obligatorische Schweinsbraten oder saisonale Gerichte wie Schwammerln und Spargel. Mit Abstechern ins Italienische ist ebenso zu rechnen wie mit Exkursionen in die kulinarische Vergangenheit. Dieter Fembacher stöbert dazu gerne in alten Unterlagen, um althergebrachte Klosterrezepte zu finden und sie in zeitgemäßer Weise umzusetzen. Das beindruckende Gewölbe im gotischen Keller, in dem einst Bier und Wein lagerten, schafft dafür das passende Ambiente. Auf speziellen Wunsch führt die Gemeinde hier standesamtliche Trauungen durch. Sitzen kann der Gast auch wunderbar auf der am See gelegenen Terrasse.
Für einen Besuch in Seeon gibt es immer einen Grund - das Kloster ist eine Oase der Ruhe und Besinnlichkeit, die Kunst und Kultur hochleben lässt - und dabei selbst ein sinnlicher wie musischer Hochgenuss ist.

Carpaccio vom Lachs mit Zitronenvinaigrette

Zutaten

200 g frischer Lachs
Parmesan

Saft von 1 Zitrone
4 EL Olivenöl
Meersalz
frischer Dill, gehackt
geriebene Zitronenschale
Prise Zucker

Zubereitung

Den Lachs entgräten und enthäuten, geriebenen Parmesan auf den Fisch streuen, in Alufolie einrollen. Mindestens 4 Stunden gefrieren lassen, dann mit der Schneidemaschine hauchdünn aufschneiden und anrichten. Restliche Zutaten zu einer Vinaigrette vermischen, über den Lachs träufeln und anrichten.

Mohnparfait

Zutaten

Baumkuchen vom Bäcker
8 Eigelbe
100 g Zucker
40 g Mohn, am Vortag in 2 cl Rum eingeweicht

0,25 l Sahne, steif geschlagen

Zubereitung

Baumkuchen dünn aufschneiden, eine Kastenform damit auslegen. Eigelbe mit Zucker im Wasserbad schaumig schlagen, anschließend im Eiswasser kalt schlagen. Mohn-Rum-Mischung dazugeben, Sahne unterheben. Die Masse in eine Kastenform füllen und mindestens 4 Stunden gefrieren lassen.
Dann stürzen, aufschneiden und mit Fruchtsalat nach Belieben anrichten.

HOTEL CHIEMGAUHOF

Hotel Chiemgauhof
Christof und Sabine Imdahl

Julius-Exter-Promenade 21
83236 Übersee

Telefon 0 86 42 / 89 87-0
Telefax 0 86 42 / 89 87-99

Der Chiemgauhof mit seinem idyllischen Biergarten liegt abseits der großen Straße direkt am See und kann sich einer herrlichen Aussicht erfreuen – ein typisches Traditionshaus würde man denken, doch der schmucke Gasthof ist in allem etwas anders. Einst pachtete der in Übersee lebende Chiemseemaler Julius Exter das Blockhaus, um es als Sommerakademie für seine Schüler zu nutzen. Viele Gemälde im Haus sind stille Zeugen dieser Zeit. Der Großvater des heutigen Inhabers baute das Haus aus; später übernahm es seine Tochter Hanni mit ihrem Mann Heinz Imdahl. Der gelernte Metzger sang nicht nur gern, sondern auch besonders gut – was ihm eine zweite Karriere als Opernsänger einbrachte und ihn als Bariton auf die Bühnen der Welt katapultierte. Die ebenso kreativen Söhne Martin und Christof entwickelten in jungen Jahren die Kultmarke Windsurfing Chiemsee. Das Label wurde mittlerweile verkauft, heute führt der ausgebildete Hotelfachwirt Christof mit seiner Frau Sabine das Haus in der vierten Generation. Der Gastraum, den die Imdahls als ihr Wohnzimmer verstehen, ist beseelt von Erinnerungsstücken aus dem ereignisreichen Leben der Familie. Sie hauchen dem herrschaftlichen Chiemgauhof die Atmosphäre eines Welthafens ein. So die Mitbringsel des Globetrotters Christof Imdahl wie der antike französische Metzgertisch im Eingangsbereich, die hölzerne, aus Mexiko stammende Theke sowie der imposante Schamanenspiegel aus Arizona. Die Hirschgeweihe an den Wänden sind Jagdtrophäen von Heinz Imdahl, die Bilder stammen von befreundeten Malern. Die Stimmung am Abend ist unbeschreiblich, wenn Kerzen und dezente Lampen den Gastraum in ein zauberhaftes Licht rücken. Der phantastische Blick über den See hin zu den Chiemgauer Alpen und den Inseln krönt dieses eindrucksvolle Vergnügen, das bei Sonnenuntergang seine Vollendung findet. Das atemberaubende Schauspiel lässt sich wunderbar vom malerischen Biergarten aus beobachten oder kann in der trendigen Sundowner Bar bei einem farblich passenden Cocktail bewundert werden.

Die Küche von Christof Imdahl ist bewusst puristisch gehalten, je simpler ein Gericht daherkommt, umso lieber ist es dem Juniorchef. Die Karte wechselt täglich und bietet Speisen, die bayerisch orientiert, dabei aber italienisch, indonesisch und kalifornisch beeinflusst sind. So finden sich auf der Karte Kalbshaxen, Zanderfilet mit geröstetem Gartengemüse und Wildgerichte aus eigener Jagd ebenso wie Pasta-

variationen. Für beste Fleischqualität beim Rind sorgt die eigene Galloway-Zucht, deren Tiere unweit vom Haus auf der Weide grasen. Der Chiemgauhof ist auch bestens gewappnet für Events, Veranstaltungen oder Hochzeiten. Wer gleich über Nacht bleiben möchte, dem stehen 18 individuelle Hotelzimmer zur Verfügung, die mit schönem Mobiliar aus Bali, Japan, Kanada oder Afrika ausgestattet sind. Der Gast kann aber auch das 140 Quadratmeter große Dachgeschoss buchen oder es sich in einer der drei etwas kleineren Suiten gemütlich machen. Entspannende Momente bieten der Wellness-Bereich mit Sauna und Schwimmbad sowie der hauseigene Natursandstrand. Ein Besuch im Chiemgauhof verheißt stets genussreiche Stunden: Ob Sie das Farbspektakel eines Sonnenuntergangs bestaunen oder unter dem verschmitzten Grinsen des Wirtshausgründers, das sein Porträt dem Gast zuwirft, im stimmigen Ambiente der Gaststube fein schlemmen - der Chiemgauhof ist mit Sicherheit einer der schönsten Plätze am Chiemsee.

Tagliata von der Rinderlende auf Rucola mit kalt gepresstem Olivenöl und Zitrone

Zutaten

600 g abgehangene Rinderlende
250 g Rucola
0,125 l Olivenöl
4 halbe Zitronen
4 EL Teriyaki-Sauce

Zubereitung

Fleisch am Stück salzen und pfeffern, beidseitig scharf anbraten, ca. 7 Min. bei 160 °C im Backofen medium rare garen. Rucola auf Tellern anrichten, mit Olivenöl beträufeln, die Zitronenhälften umlegen, Tagliata ruhen lassen. Danach in 5 mm breite Streifen schneiden und fächerartig auf dem Rucola anrichten. Je 1 EL Sauce aufs Fleisch träufeln, etwas Parmesan darüber hobeln, mit Tomatenwürfeln dekorieren und mit frischem Baguette servieren.

WIRTSHAUS D'FELDWIES

D'Feldwies
Wirtshaus AG
Vorstand W. Gschwendner

Greimelstr. 30
83236 Übersee-Feldwies

Telefon 0 86 42 / 59 57 15
Telefax 0 86 42 / 59 57 20

Bei der Wiederbelebung der Wirtschaft D'Feldwies handelt es sich um eine ungewöhnliche Geschichte. Das rund 500 Jahre alte Haus wurde 1554 erstmals namentlich erwähnt. Jahrhundertelang war hier eine Tavernwirtschaft untergebracht. Zu der damaligen Zeit reichte der Chiemsee noch bis auf 200 Meter an die Taverne heran, vom Ufer betrieben die Fischer einen Fährdienst zu den Inseln. Reisende sowie Pfarrer und Bauern, die zur Überbringung ihrer Abgaben zu den Klöstern übersetzen mussten, übernachteten in der Regel in der Nacht davor in der Taverne. Mit der Säkularisation wurden 1803 die Inselklöster aufgelöst, womit der Gästestrom zu den Inseln abriss. Ein erneuter Aufschwung zeichnete sich um 1900 ab, als Maler wie der bekannte Julius Exter nach Übersee kamen und der Ort sich zu einem bedeutenden Kulturzentrum entwickelte.

Es folgten schlechtere Zeiten für das Haus; häufige Besitzerwechsel führten dazu, dass es lange leer stand, bis es 2004 in einer einmaligen Aktion wiedereröffnet wurde. Die Gemeinde Übersee kaufte das Haus; eine Aktiengesellschaft wurde gegründet, um zusätzlich zu den Geldern der Städtebauförderung sowie den Spenden von Bürgern und Vereinen weiteres Kapital für die Renovierung zu erlangen. 1500 Aktien zu je 100 Euro wurden ausgegeben, hinzu kamen rund 7500 Stunden Eigenleistung von Schreinern, Malern, Installateuren und Kirchenmalern, die die originalen Fresken an der Außenfassade restaurierten. Seit 2004 erstrahlt das Wirtshaus wieder in neuem altem Glanz. Wo einst die Großväter saßen, sitzen heute die Aktionäre mit der gleichen Freude vor ihrem Bier. Serviert werden gemäß Tageskarte traditionelle Schmankerln wie saures Züngerl oder Nieren, Ochsenbrust mit Meerrettichsauce, Schweinsbraten und Wirtshausgulasch sowie deftige Brotzeiten und Dampfnudeln.

Das helle Bier wird aus dem Holzfass gezapft und auch sonst ist hier vieles so, wie es früher in einem Wirtshaus zu sein pflegte. Im großen Saal finden Aufführungen des ansässigen Theater- und Trachtenvereins statt, daneben aber auch moderne Kleinkunstveranstaltungen. 17 unterschiedliche Lichtstimmungen sind mit der neu installierten, hochmodernen Beleuchtungsanlage möglich. Idyllisch und ganz wie es sich für ein richtiges Wirtshaus geziemt ist der 400 Quadratmeter große Biergarten, in dem man wunderbar die Zeit vergessen kann – D'Feldwies ist ein Wirtshaus, in dem es sich aufs Beste historisch schwelgen und bayerisch schlemmen lässt.

Gefüllter Ochsenschwanz mit Semmelknödeln und Frühlingsgemüse

Zutaten

1 Ochsenschwanz mit Knochen (ca. 2 kg)
1 Schweinenetz (beim Metzger vorbestellen)
250 g Wurzelgemüse
250 g Zwiebel
etwas Zitronenschale
5 Lorbeerblätter
5–6 Pimentkörner
0,5 l Rotwein
0,5 l Rinderbrühe
etwas Öl
Salz, Pfeffer

Fülle 1:
350 g Hackfleisch
Kräuter
1 Ei

Fülle 2:
1 Ei
je 80 g Schinken und Käse in Scheiben

Zubereitung

Den Ochsenschwanz in Stücke schneiden und von allen Seiten in Öl gut anbraten. Zwiebel und Wurzelgemüse dazugeben und mitrösten. Salzen und pfeffern, ein Stück Zitronenschale dazugeben, Lorbeerblätter und Pimentkörner hinzufügen. Mit Rotwein und Rinderbrühe aufgießen und ca. 2,5 Stunden bei geschlossenem Deckel schmoren lassen. Die Stücke herausnehmen und auskühlen lassen, dann das Fleisch von den Knochen lösen. Entweder runde Plätzchenformen oder eine größere Ringform von etwa 8 cm Durchmesser auf das Schweinenetz setzen und die Ochsenschwanzstücke entlang des Randes setzen, in die Mitte die Füllung geben, den Ring entfernen und alles in das Schweinenetz einschlagen.

Für die Füllung 1 das Hackfleisch würzen, mit Kräutern und 1 Ei zu einer Masse verkneten und mit dem Spritzbeutel in die Mitte des Ringes geben. Für die Füllung 2 aus 1 Ei ein Omelett zubereiten, mit je 1 Scheibe Schinken und Käse belegen. Zusammenrollen und in die Mitte des Ringes setzen, in das Schweinenetz einschlagen.
Die fertig eingeschlagenen Stücke in der Pfanne anbraten und im vorgeheizten Backofen ca. 20 Min. bei 150 °C braten.

GASTHOF ALPENHOF

Gasthof Alpenhof
Cafe Pension
Familie Martin Bachmann

Westerbuchberg
83236 Übersee

Telefon 0 86 42 / 89 40-0
Telefax 0 86 42 / 89 40-33

Heute besuchen wir eine ganz besondere Adresse. Gar nicht weit vom See und der südlich davon verlaufenden Autobahn entfernt führt eine Abzweigung von der Hauptstraße zwischen Übersee und Grassau hinauf zum Westerbuchberg; ein kleines Schild an der Straße weist den schmalen, steilen Weg. Ganz oben, nahe der 1000 Jahre alten Peter-und-Paul-Kirche findet der Feinschmecker einen Ort, zu dem sich eine Pilgerschaft wahrlich lohnt: der schmucke Gasthof Alpenhof. Der Blick auf die schöne Fassade und in die vordere, rustikale, beinahe hüttenähnliche Stube verrät noch nicht, welch grandioses Schauspiel sich von der großzügigen Sonnenterrasse aus bietet: Ein Alpenpanorama, wie es auch im Chiemgau nur schwer zu finden ist, das mit der Silhouette der Chiemgauer Alpen bis hin zum Kaisergebirge aufwartet. Man wähnt sich hier in luftiger Höhe, doch man bewegt sich auf gerade einmal 600 Metern Höhe. Auch die Küche wartet mit ähnlich gelungenen Überraschungen auf. Stammgäste schwören auf die Fischsuppe von Chiemseefischen, die auch in der kleinen Version zu haben ist. Wir empfehlen besonders neugierigen Genießern das Vorspeisenmenü, bei dem sich die Küchenkunst des Inhabers und Küchenchefs Martin Bachmann in ihrer Geschmacks- und Aromenvielfalt in bester Weise erschmecken lässt. Unter zwölf Hors d´oeuvre muss der Gast sich für vier entscheiden, was bei den viel versprechenden Positionen gar nicht leicht fällt. Wir treffen unsere Wahl, werden jedoch von der zuvorkommenden, stets souveränen Servicedame bei der Wahl der Reihenfolge umgestimmt, was sich im Nachhinein als absolut richtig herausstellt. Wir beginnen mit dem Spargelgröstl, wohinter sich angebratener, weißer Spargel verbirgt, der mit getrockneten Tomaten und Pinienkernen, Bärlauch und Oliven eindeutig italienisch angehaucht daherkommt und fein abgestimmt ist. Das Carpaccio vom Fisch, verfeinert mit Pesto, getrockneten Tomaten und Parmesan, ist ebenso mediterran inspiriert. Der kleine Rostbraten, den wir als nächsten Gang verspeisen, ist derart aromatisch und zart, dass er förmlich auf der Zunge zergeht. Herrlich die Variante, ihn mit einer Zwiebel-Senfcreme - die eher ein Schaum ist - zu gratinieren und in einer Meerrettichsauce anzurichten. Der Tafelspitz-Gemüse-Salat mit Staudensellerie ist in Kürbiskernöl mariniert und steht den Vorgängern in nichts nach. Es folgt die Rehlasagne, die mit Sellerie und Pilzen arrangiert wird. Uns strömt ein herrlich intensives Aroma entgegen. Der Geschmack der Pilze harmoniert in idealer Weise mit dem der blanchierten und angeschmorten Selleriescheiben. Das Rehfilet an Taleggio-Trüffelölsauce ist schlichtweg ein Gedicht. Den krönenden Abschluss bildet das Scampi-Sauté im Gemüse-Espresso. Dieses zum Schluss zu verkosten, war die richtige Entscheidung, denn das Gericht - mit Kreuzkümmel und Safran veredelt - ist ein

äußerst gelungenes, asiatisch-orientalisch anmutendes Geschmacksfeuerwerk, das keinen weiteren Rivalen mehr duldet.
Die Kochkunst von Martin Bachmann besticht durch eigenwillige, asiatisch-mediterran angehauchte Interpretationen von klassischen süddeutschen sowie österreichischen Gerichten, die er auf den Punkt zubereitet. Er zelebriert seine Gerichte, die stets in einem stimmigen Farbenspiel komponiert sind. Sie werden in optisch sehr ansprechender Form in Schälchen und Gläsern angerichtet, die wiederum auf großen, tiefen Tellern stehen. Die Gäste wissen die Kreativität des Küchenchefs zu schätzen, das Haus ist längst kein Geheimtipp mehr. Reservierungen am Wochenende sind obligatorisch, vor allem wenn einer der begehrten, elegant eingedeckten Tische auf der Terrasse mit Panoramablick gewünscht wird. Ganz gleich, ob der Gast nun lukullische Höhen erklimmen oder die Schönheit des Bergpanoramas bestaunen möchte - der Alpenhof empfiehlt sich für jede Art von Gipfelstürmern.

PRIENTAL UND WESTLICHE CHIEMGAUER BERGE

Der Landstrich südwestlich des Chiemsees zieht sich entlang dem Flüsschen Prien in Richtung Österreich, wo im Grenzgebiet einst viel gewildert und geschmuggelt wurde. Der Weg führt uns zunächst nach Aschau, wo wir uns zu Füßen der imposanten Kampenwand befinden. Der 1669 Meter hohe Gipfel, den man mit der Seilbahn bequem in 14 Minuten erreicht, ist der markanteste aller Chiemgauer Berge. Von hier oben bietet sich ein grandioser Ausblick, der ins Chiemgauer Tal sowie nach Süden in die österreichischen Alpen mit dem Wildem Kaiser reicht – bei klarer Sicht sogar bis hin zum Großglockner. Um zum zwölf Meter hohen Gipfelkreuz zu gelangen, das 1951 zum Gedenken an die Chiemgauer Opfer der Weltkriege aufgestellt wurde, muss man etwas kraxeln, doch der herrliche Blick entschädigt für alle Mühen. Im Winter eignet sich die Kampenwand gut zum Skifahren; im Sommer finden sich neben Wanderern und Kletterern auch Drachenflieger sowie Paraglider ein. Eine sportliche Besonderheit stellt der jährlich stattfindende Kampenwandlauf dar, bei dem die Sportler steile 830 Höhenmeter überwinden müssen. 2005 schaffte der Sieger des Laufes die Strecke in 34,34 Minuten.

In Aschau – Feinschmeckern vor allem wegen des dort ansässigen Gourmettempels bekannt – bietet sich mit dem Schloss Hohenaschau auch für den Kulturinteressierten ein lohnenswertes Ziel. Erhaben thront es seit dem 12. Jahrhundert auf dem hohen Bergrücken, erbaut von Konrad und Arnold von Hirnsberg. Wechselnde Adelsge-

schlechter erweiterten den Besitz. Mitte des 16. und 17. Jahrhundert fanden Umbauten im Stil der Renaissance und des Hochbarocks statt; damals entstanden u.a. die barocke Schlosskapelle und das Benefiziatenhaus, in dem das heutige Prientalmuseum untergebracht ist. Letzter Besitzer war der Industrielle Baron Theodor Freiherr von Cramer-Klett. Heute kann der Besucher die Schlossanlage wie auch das Prientalmuseum besichtigen, in dem die Geschichte des Schlosses sowie die Ära der Eisenherstellung dokumentiert ist. Auf dem Weg weiter entlang der Prien gelangt man nach Sachrang, das an der Grenze zu Österreich liegt. Im Laufe der Jahre verschoben sich die Grenzen immer wieder, was Stoff für viele kuriose wie auch tragische Geschichten um Wilderer, Schmuggler und andere zwielichtige Gestalten lieferte. Eine davon ist dem Wildbichl gewidmet, dem Wirt des heute noch existierenden 1200 Jahre alten Gasthofes, der auf dem Weg nach Südtirol zum Einkaufen von seinem Knecht erschlagen und beraubt wurde. Die Schlucht mit den sechs Meter hohen Felswänden – die alte Wildbichlerstraße – vermittelt noch immer ein unheimliches und beklemmendes Gefühl. Sie ist den Einheimischen bestens bekannt und fordert auch dem heutigen Reisenden eine gehörige Portion Mut ab. Häufig erzählt wird auch die Geschichte vom Schindelberger Hof, durch dessen Haus einst die Landesgrenze führte - die Küche war Tirol zugeordnet, die gute Stube Bayern. Es versteht sich von selbst, dass in diesem Haus so mancher Handel unter der Hand stattfand. Im Sachranger Müllner-Peter-Museum kann der Interessierte Szenen aus der Zeit des 17. Jahrhundert und dem Leben des Müllner Peter nacherleben. Er war ein Revoluzzer und Komponist, dessen Musik heute wieder aufgeführt wird, und er hinterließ Aufzeichnungen zur Heilkunde. Große Verdienste erwarb er sich, indem er die auf der Grenze stehende Ölbergkapelle vor dem Verfall rettete. Bis heute findet alljährlich im September eine grenzüberschreitende Wallfahrt statt, bei der Gebirgsjägerschützen beider Länder salutieren.

Beim Verlassen des Tals in Richtung Rosenheim gelangt man nach Frasdorf. Die Gegend ist bekannt für ihr mineralhaltiges Wasser, das sich durch viele Gesteinsschichten seinen Weg suchen muss. Hier treffen wir auf die Legende von der Frasdorfer Wassertrinkerin, die 50 Jahre lang nichts außer dem hiesigen Quellwasser zu sich genommen haben soll. Zur Klärung der Umstände wurde sie nach München gebracht und untersucht, doch die Amtsärzte konnte keinerlei Betrug feststellen. Die Einheimischen führen das auf ihr besonders gesundes Quellwasser zurück. Wem nach so viel Sagen und Mythen der Sinn nach Realem steht, der kann sich im Bilderbuchdorf Neubeuern an dem von zwei Toren begrenzten Marktplatz sowie den reizvollen Lüftlmalereien erfreuen. Der Chiemgau ist auch bekannt für seine Volkstheater. Fast jede Gemeinde wartet mit einer eigenen, meist aus Laienschauspielern bestehenden Theatertruppe auf; neben traditionellen werden durchaus auch moderne Stücke gespielt. In Flintsbach am Inn wird diese Chiemgauer Tradition seit vielen Jahren am Leben gehalten und gepflegt. Das ansässige Flintsbacher Volkstheater wurde 1675 gegründet und kann sich somit rühmen, das zweitälteste Theater in Deutschland zu sein.

PRIENTALER BERGBAUERNLADEN

Wer frische Lebensmittel in bester Qualität direkt vom Erzeuger kaufen möchte, dem sei ein Besuch des kleinen sympathischen Bergbauernladens in Aschau empfohlen. Er ist Teil eines grenzüberschreitenden Öko-Kultur-Modells, das die extensive und traditionelle sowie die ökologische Landwirtschaft fördert. Jeden Freitag versammeln sich hier die teilnehmenden Prientaler Erzeuger, um ihre Produkte feilzubieten: hausgemachte Kuchen, die vor Ort genossen oder mitgenommen werden können, Brot, Wurst- und Fleischwaren, ungespritztes Obst und Gemüse sowie Biokäse aus Tirol. Im Bergbauernladen kauft man nicht nur sehr gut ein, sondern findet auch einen Ort vor, an dem immer Zeit für einen Plausch ist – man kennt sich oder lernt sich kennen. Die Bauern geben gern Einblicke in ihr landwirtschaftliches Leben und Schaffen. Wer mehr darüber erfahren will, kann an den von Landfrauen geführten Rundgängen zum Thema „Bauernland und Bauersleut“ teilnehmen. Ein Besuch im Bergbauernladen ist somit nicht nur kulinarisch wertvoll, sondern leistet auch ein Beitrag zum Erhalt der regionalen Landschaftsstrukturen – und dass der Spaß dabei nicht zu kurz kommt, davon können Sie sich am nächsten Freitag überzeugen.

Prientaler Bergbauernladen

Hans-Clarin-Platz 5
83229 Aschau im Chiemgau

Telefon/Telefax 0 80 52 / 95 89 17

Sennereigenossen-schaft Hatzenstädt

Wenn Wolfgang Schwaiger an der Weide steht und nach der Gams, der Kirsch und der Kranz ruft, dann spricht er nicht etwa mit den Bäumen, sondern er ruft nach seinen im Freien weidenden Kühen, damit sie heim zum Melken kommen. Bei weiteren 47 Bauern rund um die Almen Ritzgraben, Praschberg und Gränzing wiederholt sich dieses Schauspiel zweimal täglich. Sie alle gehören zur Sennereigenossenschaft Hatzenstädt, die zentral inmitten der drei bis 1100 Meter hohen Almen liegt. Innerhalb von nur 30 Minuten treffen 1700 Liter frisch gemolkene Milch von insgesamt 600 Kühen zweimal täglich in Kannen via Seilbahn oder Traktor in der Sennerei ein, wo sie schon erwartet und sofort „versorgt“ werden. 1,5 Millionen Liter verarbeitet die Sennerei jährlich und stellt daraus herrlich würzige und cremige Hart- und Schnittkäse her – seit 1991 in Bio-Qualität. Und das mit Erfolg; nicht nur die Kunden sind begeistert, sondern auch die offiziellen Prüfer: 1990 wurde der Hatzenstädter Emmentaler zum Weltmeister aller Käse und aller Klassen gewählt. Kein Wunder angesichts der glücklichen Kühe, die mindestens 200 Tage pro Jahr auf den von wilden Kräutern wie Klee, Wiesenraspel und Löwenzahn durchzogenen Almen grasen und sich rundum wohl fühlen dürfen. Der Hof von Wolfgang Schwaiger steht bereits seit über 300 Jahren im Familienbesitz und wurde schon immer mit Milchvieh bewirtschaftet. Das Voralpengebiet mit seinen ergiebigen Niederschlägen und saftigen grünen Wiesen bietet dafür ideale Voraussetzungen. Das schmeckt man auch den Käsen an, dem würzigen, sechs Monate gereiften Bergkäse, dem milden, vier Monate ruhenden Emmentaler und dem halbfetten Albbauernkäse, die genauso wie die täglich frisch hergestellte Sauerrahmbutter in der Sennerei erworben werden können. Jeder Bauer kennt seine Kühe und jede Kuh ihren Bauern – auch seinen Seelenzustand. „Ist er nervös, dann spitzen sie die Ohren und lassen die Milch einfach langsamer laufen“, so der Tiroler Senner, „Kühe sind sehr sensibel – weiblich eben.“

Naturlandhof Hamberger Hof

Von Aschau kommend führt ein Abzweig kurz vor Sachrang zu unserer heutigen Station nach Innerwald. Hier liegt der Biobauernhof von Wasti Pertl idyllisch eingebettet zwischen Spitzstein, Klausenberg, Mühlhörndl und Geigelstein. Der selbständige Schreiner umsorgt auf dem elterlichen Hof elf Rinder der seltenen, aber widerstandsfähigen Pinzgauer-Rasse sowie Fleckvieh und eine kleine Schar von Legehennen. Sebastian Pertl ist Ökobauer aus Überzeugung; die artgerechte Tierhaltung stellt für ihn eine Notwendigkeit dar – für die Tiere wie auch für den Menschen. Den Sommer verbringen die Rinder auf der bis zu 1600 Meter hohen Hochalm am Geigelstein, wo sie sich mit saftigem Gras und mit würzigen Almkräutern wie Frauenmantel, Spitzwegerich oder Enzian satt fressen können. Dementsprechend schmeckt das Fleisch, es ist nicht nur traumhaft zart, sondern auch höchst aromatisch. Für den Gast stehen im über 200 Jahre alten Bauernhof drei liebenswerte, neu ausgebaute Gästezimmer bereit. Die Ferien auf dem Lande beinhalten eine herzliche Aufnahme, Hofführungen und Kinderbetreuung – ein reichhaltiges Frühstück mit frisch gelegtem Ei sowieso.

Sennerei Hatzenstädt
Wolfgang Schwaiger

Gränzing 24
A-6342 Niederndorferberg

Telefon + 43 53 73 / 617 46

Naturlandhof
Hamberger Hof
Sebastian und Angela Pertl

Mühlhörndlweg 5
83229 Sachrang

Telefon 0 80 57 / 4 66

Obstanbau Annemarie Hofstetter

Das Backen war seit jeher das Hobby von Annemarie Hofstetter. Bekannt und heiß begehrt sind ihre nach eigenen Rezepten gerührten Kuchen, allen voran der Käsekuchen und der Rahmapfelkuchen, für den sie den Hatzenstädter Topfen mit Zucker, Zimt und Mandeln erhitzt und ... mehr wird nicht verraten. Immer freitags sind ihre hausgemachten Leckereien im Bergbauernladen zu bekommen. Manchmal sind sie allerdings auch schnell wieder weg, wie etwa die Rohrnudeln. Um das köstliche Hefegebäck, das lauwarm am besten schmeckt, ofenfrisch im Laden aufzutischen, steht die Schlossführerin um 5 Uhr in der Frühe auf. Ihr ungespritztes Obst bezieht Annemarie Hofstetter aus dem eigenen, mit 165 Bäumen bestückten Obstanbau, darunter viele alte Sorten wie den Bonapfel, den Jakob-Fischer-Apfel, die Bieler- und die Wangenheimer Zwetschge. Ihr Obst verfeinert sie auch zu Marmeladen, die ohne Gelierzucker, dafür mit viel Frucht und ein bisschen Rum, manchmal auch mit ein wenig Lebkuchengewürz zubereitet werden. Eine besondere Spezialität ist die Bratapfelmarmelade, für die die Äpfel zunächst im Rohr geschmort werden.

Obstanbau und Landwirtschaft Maria und Johann Reichhold

Maria Reichhold war lange Dorfhelferin in der Gemeinde – zu Hause hilft sie nun ihren frei laufenden Hühnern im täglichen Kampf gegen Fuchs und Habicht. Ihre Hühner picken nur selbst gemischtes Futter, bekommen keine industriell gefertigten Mischungen. Sie legen zwar weniger Eier, diese sind dafür aber gesünder, so die Einstellung der Bäuerin. Genauso hält sie es beim Obstanbau: Der zitronengelbe Zitronenapfel oder der Schweizer Glockenapfel gedeihen ungespritzt und kommen – ebenso wie Eier und Kräuter – ganz natürlich in den Bergbauernladen. Ab Mai bestückt sie das kleine Ladengeschäft zudem mit Fleisch ihrer Ziegen, aus dem sie Spezialitäten wie die Ziegenwurst herstellen lässt. In dieser Zeit ist auch ihre auf 1000 Höhenmetern gelegene Hofalm auf dem Weg zum Hochries geöffnet, auf der sie 90 Jungrinder weiden lässt. Die gemütliche Alm bietet vorbeikommenden Wanderern kleine Brotzeiten sowie Kaffee und hausgemachte Kuchen oder Schmalznudeln.

Obstanbau
Annemarie Hofstetter

Mitterbichl 1
83112 Frasdorf

Telefon 0 80 52 / 22 49

Landwirtschaft
Maria und Johann Reichhold

Bachgraben 2
83112 Frasdorf

Telefon 0 80 52 / 51 33

Schnapsbrennerei Lorenz Obermüller

Wer zum Abschluss eines guten Essens gerne noch ein gehaltvolles Früchtchen zu sich nimmt, ist im Hanslhof gut aufgehoben. Im Priener Hofladen sowie im Bergbauernladen sind die aromatischen Brände von Lorenz Obermüller zu erstehen. Die Obstwiesen rund um seinen Bauernhof liefern eine reiche Ernte, aus der Landwirt Lorenz Obermüller Hochprozentiges brennt: An rund 100 Obstbäumen gedeihen Zwetschgen, Äpfel, Birnen, Kirschen wie auch Renekloden (eine besondere Pflaumensorte), die Bauer Obermüller bis zu sechs Wochen in Eichenholzfässern eingemaischt gären lässt. Nach dem Brennen reifen die edlen Destillate bis zu drei Jahren, so vor allem der milde Williams Christ-Birnenbrand. Eine Besonderheit ist der klare Kräutergeist, dessen Rezeptur mit 22 Kräutern wie Zitronenmelisse und Nelken einst vom Großvater entwickelt wurde. Neu im Sortiment sind Liköre aus Brombeere, Erdbeere, Birne und Kräutern, die zwar süß sind, im Nachklang aber an Hochprozentiges erinnern. Die Brände und Liköre werden in unterschiedlich großen Flaschen sowie in feiner oder schlichter Aufmachung angeboten – ganz nach Bedarf, denn ein geistvoller Abschluss findet immer seinen Anlass.

Fischerei Anton Lackerschmid

Die Lackerschmids haben Fischerblut in den Venen – seit 1918 fischt die Familie im Chiemsee. Ein raues Leben, bei dem im Sommer wie im Winter gegen 5 Uhr früh der Berg (im Wasser) ruft. Ja, der Chiemsee hat viele Untiefen, die Lackerschmids kennen sie alle, den Mühlberg, den Feldener Berg und den Eichen, denn beim Auslegen der Netze müssen auch die bedacht sein. Gefangen werden je nach Jahreszeit Renke, Brachse, Aal, Hecht und Zander. Verkauft wird der Fang an die Gastronomie, im Bergbauernladen sowie im eigenen kleinen Verkaufsraum – frisch oder über Buchenholz geräuchert. Jeder Fisch hat seine eigene Rezeptur, seine spezielle Würze.
Wenn der Fischerberuf auch hart und zuweilen sogar gefährlich ist, so scheint er doch der Gesundheit sehr zuträglich zu sein, denn alle Familienmitglieder erzielten ein hohes Alter von 90 Jahren und mehr. Vielleicht liegt dies schlichtweg an der Schönheit der Natur, die der Fischer zu früher oder später Stunde für sich allein hat – wenn er morgens der Sonne entgegen oder abends in ihren verblassenden Strahlen zurückkehrt.

Schnapsbrennerei
Lorenz Obermüller

Leiten 3
83209 Prien am Chiemsee

Telefon 0 80 51 / 6 39 88

Fischerei
Anton Lackerschmid

Birkenallee 43
83233 Bernau am Chiemsee

Telefon 0 80 57 / 74 37

RESIDENZ HEINZ WINKLER

Residenz Heinz Winkler

Kirchplatz 1
83229 Aschau im Chiemgau

Telefon 0 80 52 / 17 99-0
Telefax 0 80 52 / 17 99 66

In Aschau treffen wir heute auf einen Ausnahmekoch, dessen Auszeichnungen sich durchweg in der Superlative bewegen: drei Sterne des Guide Michelin, bis heute insgesamt 19-mal verliehen, erster italienischer Drei-Sterne-Koch überhaupt, mit 31 Jahren jüngster Drei-Sterne-Koch der Welt sowie erster Sterne-Küchenchef, dem das Bundesverdienstkreuz verliehen wurde. Damit nicht genug – doch die Auflistung seiner Preise würde den Rahmen sprengen. Aufgewachsen in Brixen als jüngstes von zehn Kindern spürte der Südtiroler früh den Ernst des Lebens, der ihn jedoch auch früh antrieb, sein hochgestecktes Ziel zu realisieren – nämlich Küchenchef eines berühmten Hauses zu werden. Nach vielen Jahren in renommierten Häusern in der Schweiz sowie in Frankreich bei Paul Bocuse kam Winkler 1978 zu Eckart Witzigmann ins Tantris, das er nach wenigen Monaten im Alter von 27 Jahren übernahm. Schnell entwickelte er seinen eigenen Stil, kombinierte die Speisen anders, war Vorreiter für viele Küchenmethoden, die heute Usus sind. Vieles drehte er schlichtweg um, füllte beispielsweise den Lachs nicht mehr, sondern umhüllte ihn. Zwei Jahre nach der Übernahme des Tantris wurde sein kreativer und innovativer Küchenstil mit dem zweiten Stern, ein Jahr später mit dem dritten Stern gekürt. 1988 setzte er mit der Cuisine Vitale einen weiteren Meilenstein: die Küchen-Philosophie, die für einen gesunden Genuss plädiert, bei dem dank der leichten, frischen Zubereitungsart sowie dem Einsatz wohltuender Kräuter ein Schlemmen ohne Reue möglich wird.

Nach 13 Jahren in München beschloss Heinz Winkler, sich selbständig zu machen. Auf der Suche nach dem passenden Haus empfahl ihm ein Freund die Aschauer Post, die er eher zufällig in Augenschein nahm – und die ihn auf Anhieb faszinierte. Das Haus umarmte ihn förmlich, so der Sternekoch. Das Bizarre daran: In der Chronik des Hauses aus dem Jahr 1620 wird von einem Südtiroler Koch berichtet, der bereits zu Lebzeiten einen Namen hatte und der die Geschicke der Chiemgauer Gastronomie entscheidend prägte. Eine beeindruckende Parallele zur heutigen Situation - Heinz Winkler führte das Haus in die Topliga der besten Hotelrestaurants Deutschlands. Seine Kochkunst ist legendär; er zelebriert eine klassisch inspirierte Küche, die in Perfektion reduziert und weglässt. „Ich verbinde lediglich einzelne Komponenten, die gut miteinander harmonieren“, so seine bescheidene Umschreibung für die exzellenten Kompositionen: Berühmt seine Kartoffelmousseline mit Perigord-Trüffel, sensationell die gebratenen Jakobsmuscheln in Rosinen-Kapernsauce oder das lauwarme Carpaccio vom Hummer mit Zitronengras-Vinaigrette. Gleich Perlen an einer Schnur reihen sich weitere Kostbarkeiten auf der Speisekarte: exquisit der Loup de mer in der Salzkruste mit Senfkörner-Estragon-Sauce, das Filet vom St. Petersfisch im Zucchinimantel mit Koriandersauce sowie die Bresse-Taubenbrust in der Brotkruste. Das Ambiente der Residenz präsentiert sich im mediterranen Gewand: Tempel, Säulen sowie gemalte toskanische Landschaften prägen das leicht und heiter wirkende Erscheinungsbild - und doch haftet allem etwas Aristokratisches an. Das imposante Bergpanorama der Kampenwand, das sich dem Genießer von der stilvollen Terrasse sowie vom Gartensalon aus zeigt, holt den verklärten Schlemmer wieder zurück ins voralpenländisch Bayerische. Die Residenz Heinz Winkler ist ein Genusstempel, der uns für die Dauer eines Besuchs zu Hohepriestern des göttlichen Geschmacks macht.

Panaché von Edelfischen mit Kerbelbutter

Zutaten

4 Flusskrebse, abgekocht und ausgebrochen
120 g Lachsfilet
120 g Rotbarbenfilet
120 g Seezungenfilet
120 g Steinbutt
(alle Fische in gleich große Stücke à 40 g schneiden)
0,25 l Nage-Sauce
100 g geschlagene Sahne
100 g gezupfter Kerbel
100 g Butter
Salz, etwas Weißwein, Zitronensaft
einige Kirschtomaten
(enthäutet, entkernt und geviertelt)

Zubereitung

Für die Kerbelbutter die Butter weich werden lassen, im Mixer mit dem gezupften Kerbel verrühren. Durch ein Haarsieb passieren und mit etwas Salz und Zitronensaft abschmecken. Nage-Sauce aufkochen und die Kerbelbutter untermischen. Zum Schluss die geschlagene Sahne unterheben, evtl. mit etwas Weißwein abschmecken. Die Fischstücke salzen und über Dampf garen, auf Küchenkrepp trocken tupfen und auf vorgewärmten Tellern anrichten. Mit der Kerbelsauce nappieren. Tomatenstücke in etwas Olivenöl anschwitzen, salzen und auf die Fischfilets geben. Das Gericht vor dem Servieren noch mit etwas gezupftem Kerbel garnieren.

BURGHOTEL MIT RESTAURANT ZUR BURG

Burghotel Aschau
Restaurant zur Burg
Heribert Lang

Kampenwandstr. 94
83229 Aschau im Chiemgau

Telefon 0 80 52 / 9 08-0
Telefax 0 80 52 / 9 08-200

Das ganz im alpenländischen Stil erbaute Burghotel in Aschau liegt ziemlich genau zwischen zwei der interessantesten Attraktionen im Chiemgau: Auf der einen Seite ragt das hoch gelegene, trutzige Schloss Hohenaschau auf, auf der anderen Seite die mächtige Kampenwand. Das Haus stammt aus dem 18. Jahrhundert. Anfang des 20. Jahrhunderts kam der schmucke Hotelbau dazu, der im Laufe der Jahre immer wieder ergänzt und modernisiert wurde. Heute verfügt das Burghotel über mehrere stim-

mungsvolle, heimelige Stuben sowie über 80 moderne, mit neuestem Komfort ausgestattete Zimmer. Gleich neben dem Eingangsbereich kann der Gast im gemütlich-rustikalen Bauernstüberl Platz nehmen, sich alternativ im hellen Kaminstüberl, im eher elegant gehaltenen Burgstüberl oder im Restaurant niederlassen. Schön sitzt man im Wintergarten; in der warmen Jahreszeit lockt der große, von Kastanien überdachte Biergarten mit herrlichem Blick auf die zerklüftete Kampenwand. Der kleine, eiserne Zwerg im Brunnen, der einst die Eisenwerksarbeiter vor Leid beschützte, wacht heute über das Wohl der Gäste.
Die Küche des Burghotels wartet mit einer vielseitigen Karte auf: Sie umfasst Deftiges wie das mit Schinkenspeck und Bergkäse gefüllte Aschauer Schnitzel oder das Brauergulasch, Wildspezialitäten wie die Rehmedaillons an Steinpilzrahmsauce und den Gamsbraten, und schließlich Feines wie das Wallerfilet in Butter oder die Meerbarbe auf Zitronengras-Sauce. An Feiertagen sowie zu besonderen Anlässen kann der Gast auch exquisite Menüs genießen, die bestens für Familienfeiern wie Hochzeiten geeignet sind. Auch für Tagungen, Seminare und andere Veranstaltungen bietet das Burghotel den idealen Rahmen. Auf Wunsch organisiert das Hotel Events mit einem sportlichen Begleitprogramm: Der Hochseilgarten sowie die nahen Berge bieten ausreichend Möglichkeiten zum Klettern oder zu geführten Wanderungen. Damit der aktive Gast sich von den sportlichen Strapazen wieder völlig erholen kann, steht ihm der hoteleigene Wellness-Bereich mit Sauna und Massagen zur Verfügung. Im Burghotel Aschau findet der Gast neben kulinarischen Leckereien Erholung und Entspannung pur.

Gamsbraten mit Kartoffelknödeln und Blaukraut

Zutaten

Gamsbraten:
1 Gamskeule (mit Knochen ca. 2 kg)
gemischtes, gewürfeltes Gemüse
(2 Möhren, 1 Zwiebel, 1 Stange Lauch)
4 Lorbeerblätter
10 Wacholderbeeren
2–3 Senfkörner
0,5 l Rotwein

Blaukraut:
1 kg Blaukraut
1 säuerlicher Apfel (Boskop o.Ä.)
0,1 l Rotweinessig
1 EL Butter
1 Zwiebel, gewürfelt
25 g Zucker
0,2 l Rotwein
0,125 l Brühe
1–2 Nelken, 1 Zimtstange

Kartoffelknödel (ca. 12 Stück):
2 EL Weißbrotwürfel
20 g Butter
700 g rohe, geschälte Kartoffeln
(mehlige Sorte)
0,1 l Milch
300 g gekochte, abgezogene
Pellkartoffeln vom Vortag
80 g Mehl
3 Eigelbe
Salz, Pfeffer und Muskat

Zubereitung

Gamskeule in heißem Öl kross anbraten. Gemüse mit anbraten, mit Rotwein ablöschen, reduzieren lassen, mit Wasser oder Rinderbrühe auffüllen. Lorbeerblätter, Wacholderbeeren und Senfkörner dazugeben, salzen, pfeffern und 2–3 Stunden schmoren lassen, bis sich das Fleisch vom Knochen löst.
Kohlkopf von den äußeren Blättern und vom Strunk befreien, in feine Streifen schneiden, salzen, Rotweinessig zugießen, ca. 2 Stunden ziehen lassen. Butter zerlassen, Zwiebel, geriebenen Apfel und etwas Zucker darin glasig dünsten. Das Blaukraut mit der Flüssigkeit zufügen, kurz anschmoren. Rotwein, Brühe, Zimtstange, Nelken und Lorbeer hinzufügen, 30 Minuten im geschlossenen Topf garen.
Brotwürfel in Butter goldbraun braten. Rohe Kartoffeln fein reiben, mit kaltem Wasser übergießen, mit den Händen oder mit einem Schaumlöffel ausdrücken. Den Vorgang wiederholen, um die Kartoffelstärke auszuwaschen. Masse in einem festen Tuch (Leinen) auspressen, mit aufgekochter Milch übergießen, abkühlen lassen. Gekochte Kartoffeln durchpressen, mit Mehl und Eigelben zur rohen Kartoffelmasse geben, alles gründlich verkneten. Salzen, pfeffern und mit Muskat abschmecken.
Handtellergroße Stücke abteilen, flach auseinander drücken, Brotwürfel in die Mitte geben, Teig darüber schließen und glatte Knödel formen. Die Knödel in Salzwasser aufkochen, bei kleiner Hitze etwa 20 Minuten ziehen lassen.
Gamskeule herausnehmen, den Fond weiter kochen lassen, abschmecken und mit Mondamin abbinden.

KOSLOWSKI'S KOCHEN & KUNST IM ALPENHOF

Koslowski's Kochen & Kunst im Alpenhof
Werner Koslowski

Hauptstr. 31
83112 Frasdorf

Telefon 0 80 52 / 22 95
Telefax 0 80 52 / 51 18

Der Chiemgau zieht von jeher Künstler an, die sich von den faszinierenden Licht- und Farbspielen inspirieren lassen. Dazu gesellen sich kreative Feingeister, die ihre Künste auch am Herd ausleben. Bei einem wahren Multitalent sind wir heute zu Gast. Der feinfühlige, sensible Koch und Künstler Werner Koslowski bietet seinen Gästen im Alpenhof deutlich mehr als kulinarische Hochgenüsse. Beim Blick in das elegante Restaurant mit seinem warmen, behaglichen Ambiente fällt dem aufmerksamen Gast sofort der Flügel auf, der sich an zentraler Stelle in der Gaststube befindet. Der Opernliebhaber Koslowski veranstaltet gerne Musikabende, zu denen er namhafte Sänger und Pianisten einlädt. Deren musikalische Darbietungen untermalt der Mozartliebhaber mit dem passenden Gourmetmenü. Aus Passion und zur eigenen Inspiration spielt der Maler und Sänger Koslowski aber auch selbst – stimmt für sich oder seine Gäste schon mal kurzerhand eine Arie an.
Werner Koslowski – der erst seit rund zehn Jahren sein musikalisches Talent pflegt – ist

ein vielseitig begabter Mensch, der Musik und Kunst als Ausgleich zur Hektik am Herd benötigt. Geboren in den USA und aufgewachsen in Haag bei Wasserburg wusste er früh, dass er Koch werden wollte. Viele namhafte und besternte Adressen waren Station seiner Laufbahn, bis er sich 1989 mit dem idyllischen Landhaus selbständig machte. Zum Anwesen gehört ein 1500 Quadratmeter großer, wunderschöner Garten mit altem Baumbestand, von dessen geschmackvoll eingedeckter Terrasse man bis zur Kampenwand sieht. Kunst und Kultur begegnen dem Gast in jeder Nische: Skulpturen im kleinen Park und die vom Hausherrn stammenden Aquarell- und Pastellbilder schaffen eine heitere, beschwingte Atmosphäre, in der man sich gerne den ästhetischen wie auch den kulinarischen Genüssen hingibt. Das Fenster zur Küche, von dem aus der Patron das Geschehen im Restaurant im Auge hat, gewährt dem Gast Einblicke in das „Allerheiligste“: Voller Vorfreude beobachten wir das professionelle Treiben, lauschen dem leisen Klappern der Schüsseln und Töpfe. Werner Koslowskis Küche inszeniert klassische Gerichte, die er bayerisch-mediterran interpretiert. Dabei will er die Aromen jedes einzelnen geschmacklichen Solisten optimal hervorbringen und so verfeinern, dass sie mit den anderen Komponenten zu einem Gesamtkunstwerk verschmelzen – was ihm mit spielerischer Leichtigkeit gelingt. Schon der Gruß aus der Küche ist ein Gedicht: die Soupe de Poisson mit Croutons und Rouille ist exzellent und intensiv im Aroma. Sie erinnert an genüssliche Stunden in Südfrankreich. Ebenso köstlich mundet der Chiemseehecht in Wasabi gebraten auf Zucchini-Nudeln in Meerrettichsauce. Auch dieses Arrangement ist hervorragend komponiert, die leichte Schärfe des Wasabi harmoniert ideal mit dem perfekt auf den Punkt gegarten Fisch. Auf der Karte findet der Gast weitere Delikatessen wie die Semmelknödel-Ravioli mit Steinpilzen, bei denen die Nudelfülle aus Semmelknödeln, Trüffelöl und Parmesan besteht, oder das Brezenknödel-Carpaccio, eine mediterran veredelte Variante des bayerischen Essigknödels. Der Service – allen voran die charmante Lydie Lacaze-Labarrère aus Lyon – ist dezent, absolut aufmerksam und äußerst zuvorkommend. Die gelöste Stimmung im Alpenhof hat spätestens jetzt den schlemmenden Gast erfasst. Schauen, riechen, schmecken, fühlen und hören: Im Alpenhof kann der Gast mit allen Sinnen genießen – was der Leitspruch des Hauses sein könnte. Doch Werner Koslowskis Anliegen ist es schlichtweg, den Menschen glücklich zu machen – nicht mehr und nicht weniger.

Panzanella (Toskanischer Brotsalat)

Zutaten

4 Scheiben Schwarzbrot
etwas warme Fleischbrühe zum Einweichen
1 blaue Zwiebel
1 Fleischtomate
3 EL Kräuteressig
3 EL gutes Olivenöl
1 kleine Dose Thunfisch in Salzlake
1 EL Kapern
10 schwarze Kalamata-Oliven, in Scheiben geschnitten
10 Kirschtomaten
Blattsalate zum Anrichten
4 Wachteleier
Kräuter (Thymian, Rosmarin, Lorbeer)

Zubereitung

Schwarzbrot in Fleischbrühe einweichen. Tomate blanchieren, abziehen, in Würfel schneiden. Zwiebel in Juliennes schneiden, Thunfisch abgießen. Eingeweichtes Brot mit Tomatenwürfeln, Zwiebeln, Kapern, Thunfisch, Oliven, Essig und Olivenöl zu einem feinen Salat vermengen, mit Salz und Pfeffer aus der Mühle abschmecken. In einen Ring pressen, mit Blattsalaten, in heißem Fett gebackenen Kräutern, Kirschtomaten und gekochten Wachteleiern garnieren.

SCHNAPS-SPEZIALITÄTEN JOHANN GUGGENBICHLER

Chiemgauer
Schnaps-Spezialitäten
Johann Guggenbichler

Oberacherting 1
83112 Frasdorf

Telefon 0 80 32 / 7 07 99 47
Telefax 0 80 32 / 7 07 99 48

Hochprozentiges wurde in Bayern schon immer gern getrunken. Auch heute besiegelt das Stamperl so manchen Handel oder feierlichen Anlass. Kein Wunder also, dass hierzulande das Brennen eine lange Tradition hat. Spricht der Bayer vom Schnaps – und in diesem Fall auch wir –, dann versteht er darunter nicht eine billige Spirituose, sondern ein zu 100 Prozent aus vergorener Maische gebranntes und völlig naturbelassenes, hochwertiges Destillat. Johann Guggenbichler ist ein solcher Brenner, der es in allerbester Weise versteht, exzellente Schnäpse zu destillieren. Das Brennrecht liegt seit 1829 auf seinem Hof, der schön auf einer Anhöhe bei Frasdorf sitzt und einen herrlichen Blick auf die Chiemgauer Alpen bietet. Bis vor einigen Jahren standen hier noch 20 Milchkühe im Stall. Heute wird der Betrieb extensiv bewirtschaftet und anstelle der Kühe grasen auf den Bergwiesen Damhirsche. Der studierte Diplom Ingenieur Johann Guggenbichler fährt tagsüber nach München zur Arbeit, seine edlen Brände entstehen zu Hause nach Feierabend und am Wochenende. Doch als Nebenjob versteht der charmante Frasdorfer seine brennende Leidenschaft nicht, vielmehr ist er mit Herz und Seele dabei. Das Destillieren könne man zwar erlernen, so der Brenner, doch allzu leicht sei es eben auch nicht, denn Fehlerquellen lauern überall. Die umschifft der junge Schnapsbrenner allerdings mühelos dank seiner jahrzehntelangen Erfahrung. Schon als zehnjähriger Junge begann er, dem Vater beim Brennen zu helfen. Fortbildungen und Messen sowie eigenes Experimentieren machten ihn zu einem versierten Experten. Wichtig für einen guten Schnaps sind die optimale Qualität der Früchte, die reif und gesund sein müssen, der richtige Zeitpunkt der Ernte sowie das korrekte und saubere Einmaischen. Aroma

und Geschmack der Brände stammen bei Johann Guggenbichler allein aus der Frucht, Zusätze oder Schönungen sind für ihn tabu. Die Güte des Wassers spielt zudem eine wichtige Rolle, denn damit wird das hochprozentige Destillat verschnitten. Das Frasdorfer Wasser ist für seinen hohen Anteil an Mineralien bekannt. Johann Guggenbichler schöpft dieses lebendig und frisch schmeckende Heilwasser aus der eigenen Quelle und schwört auf seine qualitätssteigernde Wirkung.
Zum Hof gehören zwei Hektar Obstwiesen, auf denen u.a. alte Birnensorten wie die Kaiserbirne, die österreichische Weinbirne, die Kletzen- und Conferencebirne sowie die Köstliche von Charneaux gedeihen, die sortenrein oder als Cuvée destilliert werden. Die besten Birnen eines Jahres vereint der Brenner zur Cuvée „Beste Birne" – ein himmlischer Schnaps, der in seiner geschmacklichen Intensität seinesgleichen sucht. Im Gaumen entfaltet er seine volle Harmonie, hier begegnet uns die Frucht in schönster Weise: weich, dabei kraftvoll und nicht ohne einen wunderbar langen Nachhall zu hinterlassen. Das aromareiche Bukett, das im leer getrunkenen Glas verbleibt, gleicht einem teuren Parfüm, dessen Duft noch im Raum schwebt, obwohl die Trägerin ihn längst verlassen hat. Besonders fein sind auch der Gravensteiner Apfel- und der Zwetschgenbrand, die Johann Guggenbichler mehrere Jahre im Eichenfass reifen lässt. Seine Kirsch-, Mirabellen- und Schlehenbrände ruhen bis zu fünf Jahren, die Williamsbirne und die Quitte bis zu zwei Jahren. Neben den Bränden gibt es auch Fruchtliköre, die aromatisch und nicht zu süß sind, und den wohlschmeckenden Kräuterlikör, der seine angenehme Wirkung 30 Kräutern wie Schafgarbe, Ingwer, Anis und Minze verdankt. Zu dem vielseitigen Sortiment gehören noch heiß begehrte Raritäten, die nur in kleinen Mengen gebrannt werden. So der nach samtigem Marzipan duftende Schlehenbrand, der erdige und würzige Vogelbeerenbrand sowie der mit einem ganz eigenen Charakter ausgestattete Quittenbrand. Alle Destillate sind in unterschiedlich großen Flaschen erhältlich, deren geschmackvolle Etiketten vom benachbarten Küchenkünstler Werner Koslowski gestaltet wurden. Entzückend und ideal für all jene, die sich nur schwer unter den köstlichen Früchtchen entscheiden können, sind die kleinen, mit 0,1 Litern befüllten Flaschen, die sich verpackt in der geschmackvollen Holzkiste auch bestens als Präsent eignen.

GASTHOF ALPENROSE

Gasthof Alpenrose
Familie Lerche

Kirchplatz 2
83122 Grainbach / Samerberg

Telefon 0 80 32 / 82 63
Telefax 0 80 32 / 82 63

Das Hochtal des Samerbergs ist – obwohl nicht weit vom See entfernt – eine idyllische Welt für sich, die vor allem durch Ruhe und natürliche Schönheit besticht. Früher ging es hier weniger beschaulich zu; die Region war arm, man musste schauen, wie man zurechtkam. So existieren viele schaurige Geschichten, wie die vom Urgroßvater Wagner, der beim Wildern hinterrücks erschossen wurde. Die Zeiten sind lang vorbei – nur das Spruchband über der Haustür der Alpenrose zeugt noch von der einst eher düsteren Stimmung im Tal. Bereits 1580 wurde das Haus als Gasthaus erwähnt, die Wörndls kauften das Gut 1868. Seither ist das Anwesen im Familienbesitz, mittlerweile in der fünften Generation. Heute stehen mit Sohn Florian, seiner Mutter Maria Lerche sowie der Oma Maria Wörndl gleich drei Generationen gemeinsam am Herd. Was dem kulinarischen Genuss aber keinen Abbruch tut. Zu den bewährten Rezepten der Seniorchefin, die für ihre Mehlspeisen bekannt ist und heute noch die Dampfnudelteige mit der Hand schlägt, gesellen sich die ungewöhnlichen Kreationen des Juniors. Seine Ausbildung absolvierte Florian Lerche in der Steiermark sowie in österreichischen Sternehäusern, bevor er zu Hause die heimische Karte in eine frische Brise mediterraner und steirischer Geschmacksnuancen hüllte. Der junge Koch brät das Schnitzel im Kürbiskernmantel oder füllt es mit Schinken, Käse und Schwammerln, überbackt seinen Saibling mit einer hausgemachten Kräuterkruste, serviert das Thunfischsteak auf Rucola-Fettucine oder einen ganzen Loup de Mer in der Salzkruste mit Limonenrisotto. Das Fundament in der Grainbacher Küche bilden aber nach wie vor die bodenständigen, traditionellen Gerichte, die Florian mit gutem Gespür verfeinert oder in neuer, optisch ansprechender „Verpackung" präsentiert. So die Kalbsvögerl, die Rouladen, die er zu getrüffeltem Kartoffelpüree reicht. Eine Besonderheit in der Alpenrose ist der alte Holzofen, in dem ein offenes Feuer lodert und für die nötige Hitze zum Garen von ganzen Bratenstücken wie Schweinsbraten, Haxn und gefüllter Kalbsbrust sorgt. Bis die Spezialitäten aus der durch ein Fenster einsehbaren Küchen wohl duftend auf dem Tisch landen, macht sich eine wunderbar authentische Wirtshausatmosphäre breit. Dafür sorgen neben dem Charme der gemütlichen Stuben die feschen Dirndln - unter ihnen auch Julia, die zierliche Tochter des Hauses, - die ganz in Tracht gehüllt mit wehenden Röcken die kulinarischen Genüsse auftischen. Wirtin Maria Lerche empfiehlt dazu in ihrer ruhigen, liebenswerten Art die passenden, edlen Tropfen. Wunderschön sitzt man auf der überdachten, von Ranken umschlungenen Veranda, lauschig im idyllischen Biergarten unter den Linden mit Blick auf die aufwändige Lüftlmalerei am Haus und die abends schön illuminierte St. Ägidius Kirche schräg gegenüber. Die Alpenrose in Grainbach gehört zu der Sorte von Gasthäusern, in denen man sich rundum wohl fühlt, die mit einer hervorragenden bayerisch-verfeinerten Küche und einem überaus herzlichen Service für einen gelungenen, äußerst stimmungsvollen Abend sorgen.

Kalbshaxn aus dem Holzofen mit geschmortem Gemüse und Salbeikartoffeln

Zutaten für 8 Personen

2–2,4 kg Kalbshaxe mit Wadl und Knochen
Salz, frisch gemahlener Pfeffer, Salbeiblätter
200 g Butterschmalz
2 l Gemüsebrühe
500–800 g Kalbs- und Schweineknochen
16 Babykarotten, ganz belassen
8 Selleriestangen
1 Kopf Romanesco, in kleine Röschen zerteilt
8 Peperoni, mild
2 Fenchel, in Fächer geschnitten
2 große Zwiebeln, gewürfelt
3 Knoblauchzehen, zerdrückt
frischer Thymian, Rosmarin und Salbei

Zubereitung

Butterschmalz in Reindl geben, Knochen und gesalzene, gepfefferte, mit Salbei eingeriebene Haxe drauflegen. Bei 160 °C ca. 2,5 Std. schmoren, immer wieder mit Butter übergießen, Knochen mit Brühe ablöschen. Kalbshaxe herausnehmen und zugedeckt ruhen lassen. Die Knochen mit Zwiebeln und Knoblauch im Reindl anbraten, mit Brühe aufgießen und auskochen lassen. Nach ca. 30 Min. mit Mehlteigerl abbinden. Die Sauce passieren, wegstellen. Nach und nach Fett abschöpfen, darin das Gemüse mit Thymian und Rosmarin anbraten, Fett abgießen, mit etwas Brühe und Sauce ablöschen. Gemüsepfanne für ca. 8 Min. ins Rohr schieben, bis die Flüssigkeit reduziert ist. Fleisch vom Knochen lösen, aufschneiden, mit Sauce und Gemüse anrichten. Als Beilage passen angebratene, mit gehacktem Salbei bestreute Kartoffeln.

ZUM ENTENWIRT

Zum Entenwirt
Peter Schrödl

Samerstr. 5
83122 Samerberg

Telefon 0 80 32 / 88 15
Telefax 0 80 32 / 84 79

Vor den prächtigen Bergen der Chiemgauer Alpen erstreckt sich eine liebliche Hochebene, deren Höhepunkt der rund 700 Meter hohe Samerberg ist. In seinem Hauptort Törwang finden Genießer auch in lukullischer Hinsicht einen Gipfelpunkt. Beim Entenwirt dreht sich alles um das edle Federvieh. Der einfallsreiche Wirt hat die Kunst des Entenbratens zur höchsten Vollendung gebracht, seine Enten sind herrlich knusprig, äußerst aromatisch, das Fleisch zart und saftig. Peter Schrödl fertigte dazu einen speziellen „Garschrank“, eine Art Grill an. Das Geheimnis der perfekt gebratenen Ente liegt in der speziellen Brattechnik begründet sowie in der besonderen Gewürzmischung, über die sich der Entenwirt in Schweigen hüllt. Wer nicht glauben mag, dass er stets knusprig, goldbraune Enten auf den Tisch zaubert, der sollte dem gemütlichen Wirtshaus unbedingt einen Besuch abstatten und je nach Appetit eine viertel, die halbe oder eine ganze Ente verspeisen. Sie wird von Schrödl auf dem Servierwagen portionsgerecht zerteilt und mit feinem hausgemachtem Blaukraut sowie glänzenden Kartoffelknödeln angerichtet. Eine weitere Spezialität ist die Entenleber, die auf Feldsalat mit gerösteten Schwammerln oder in Zweigeltsauce serviert wird. Daneben kocht Peter Schrödl auch Entenbrühen, eine rosa gebratene Entenbrust, Entenhaxerl, Entengröstl und Entenpflanzerl. Für die wärmere Jahreszeit kreiert der Küchenchef Entenmaultaschen und Entenrostbratwürstl. Zum Mitnehmen stehen köstliche Entensulz, Entengriebenschmalz und fein abgeschmeckte Entenstreichleberwurst bereit. Natürlich findet der Gast auch allerlei Leckeres von sonstigem Getier auf der Karte; der Kenner bleibt jedoch beim „Wesentlichen“. Das gilt auch für die Liebhaber einer eher leichten Küche: Die gebratene Bauernente ist überaus bekömmlich, das Fleisch mager. Die herrlich duftende Sauce wird aus einem hausgemachten Fond hergestellt, für den Entenknochen und -hälse geschmort werden. Das ausgebratene Fett hat hier keinen Zugang, was einen Genuss ganz ohne Reue sicherstellt. Und wer zum Abschluss doch etwas zur Unterstützung der Verdauungstätigkeit sucht, dem sei der nach einem geheimen Rezept gebrannte Kräuterlikör empfohlen, der „Entenjäger“ – denn: Ente gut, alles gut.

Heute besuchen wir ein bayerisches Traditionshaus, wie es authentischer nicht sein könnte. 1803 kaufte Andreas Stocker das Grundstück und schuf damit die Basis für das heutige Anwesen. Schon früh hatte das Bauernhaus einen Ausschank; später wurde es auch als Poststelle genutzt. Das Gut erbte stets der älteste Sohn, bis 1993 der Erstgeborene verzichtete. Theresa Albrecht, zweitälteste von fünf Kindern, sprang ein. Die gelernte Hotelbetriebswirtin hatte bereits einige Jahre in der Luxushotellerie gearbeitet, bevor sie die Metzgerausbildung und die Meisterprüfung absolvierte, um für die Führung des Hauses bestens gerüstet zu sein. Ehemann Thomas Albrecht, Diplom-Ingenieur für Luft- und Raumfahrttechnik, hilft tatkräftig mit und sorgt für einen reibungslosen technischen Ablauf. Zur Post gehören neben 104 Gästezimmern ein Restaurant mit drei Stuben samt großem Biergarten, ein geräumiger Festsaal, eine großflächige Metzgerei, eine 180 Mastbullen bewirtschaftende Landwirtschaft, eine Imkerei sowie eine Brennerei – in der Post stammt ein Großteil der aufgetischten Waren aus der eigenen Produktion, der Rest aus der Region. Die Küche ist klassisch bayerisch mit kleinen Ausflügen in die feine Kulinarik. Der Schlemmer findet knusprige Schweine- und Krustenbraten, aromatisches Lamm und Spanferkel, frische Forellen, Zander und Lachs sowie eine täglich wechselnde Karte vor. Für hungrige Mannsbilder steht der Bayerische Teller bereit, der mit Wammerl, Braten, Schweinswürsten, Sauerkraut, Semmel- und Leberknödeln alles versammelt, was ein bayerisches Gemüt besänftigen kann. Immer sind aber auch vegetarische Gerichte wie Blattspinat mit Spiegelei oder feine Speisen wie Schweinefilet mit Steinpilzrahm oder Châteaubriand mit Strohkartoffeln zu finden. Auch der Service lässt nichts zu wünschen übrig, die Küche ist durchgehend bis spät abends geöffnet. Ein gut sortiertes Weinangebot mit zehn offenen Weinen rundet das rundum gelungene Angebot ab. In der Post ist die bayerische Lebensart in schönster Weise zu Hause – wer sie studieren möchte, sollte einen Besuch in Rohrdorf nicht versäumen.

Hotel zur Post
Familie Albrecht

Dorfplatz 14
83101 Rohrdorf

Telefon 0 80 32 / 18 30
Telefax 0 80 32 / 58 44

LANDGASTHOF GUT APFELKAM

Landgasthof Gut Apfelkam
Stephan Brandl und Madlen Plato

Unterapfelkam 3
83101 Rohrdorf-Apfelkam

Telefon 0 80 32 / 53 21
Telefax 0 80 32 / 70 76 38

Mit Sicherheit ist das Gut Apfelkam eine der besten Adressen im Chiemgau. Die Küche des Stephan Brandl ist weit über die Region hinaus bekannt. Geboren wurde der Küchenmeister im Bayerischen Wald, wo er kurz darüber nachdachte, ob er nun Dachdecker oder doch lieber Koch werden sollte. Zu unser aller Glück hat er sich für letzteres entschieden. Nach seiner Ausbildung prägte ihn vor allem die klassisch französische Küche des Drei-Sterne-Kochs Jean Claude Bourgueil im Düsseldorfer „Schiffchen", die er über zwei Jahre mitgestaltete.

Danach machte er sich Ende 2001 gemeinsam mit seiner Lebensgefährtin Madlen Plato mit dem heimeligen Landgasthaus Gut Apfelkam selbständig. Der schmucke Gasthof bietet mit seinem rustikalen Ambiente, das in schönem Gegensatz zu den elegant eingedeckten Tischen steht, den idealen Rahmen für ein Brandlsches Menü. Bezaubernd sitzt man auch im verträumten Garten, der im Sommer heiß begehrt ist.

Inspiriert von der Sterneküche setzte Stephan Brandl von Anfang an auf eine

nach seinen Ideen abgewandelte französische Gourmet-Küche, die Erlesenes wie französische Tauben, Jakobsmuscheln oder Hummer auffährt. Der Küchenchef möchte mit seinen Kompositionen überraschen. So kombiniert er Hummer mit Sternanis oder dämpft ihn in Kamillenblüten, verblüfft mit federleichten, aufgeschäumten Saucen, die in ihrer Geschmacksintensität den Genießer in den siebten Schlemmerhimmel versetzen. Das Griebenschmalz vom Aal – eher schon eine feine Mousse – ist ein absoluter Hochgenuss. Der Kaisergranat auf grünem Apfel mit Zitronengras ist eine in sich stimmige, geniale Kombination ebenso wie der mit Latschenkiefer im Salzteig gebackene Rücken vom Maibock, die mit Salbei gegrillte Challans-Entenbrust und -leber sowie das Filet vom Steinbutt im Limonensud mit Püree von Amalfi-Zitronen. In der Brandlschen Küche wird alles täglich frisch selbst zubereitet, das Brot, die Senfe, Saucen und Pralinen. Was die Speisen nicht nur überaus delikat, sondern eben auch leicht macht. Dies erfordert nicht nur kreatives Können, sondern auch viel Einsatz: Nach dem „Einkaufsbummel" am frühen Morgen durch die Münchner Markthallen steht Stephan Brandl etwa sechs Stunden in der Küche, bis alle Köstlichkeiten vorbereitet sind. Doch den leichten Weg suchte Stephan Brandl nie, eher den schwersten, denn nur der führt zum bestmöglichen Ergebnis – so der Küchenchef.
Was auch entsprechend gewürdigt wurde: Bereits 2003 erhielt er den begehrten Michelin-Stern. Stephan Brandl arbeitet akkurat, ist hoch konzentriert - wie bei seiner einstigen Liebhaberei, dem Spring- und Dressurreiten, das Reiter und Pferd viel abverlangt, ganz zur Freude der Zuschauer – und versetzt nun den Genießer in wahre Freudentaumel.

Gefülltes Pfälzer Täubchen in Portweinjus mit Selleriemousse, Rahmwirsing und Kartoffelplätzchen

Zutaten für das Täubchen

2 Tauben à 500-550 g, gerupft und von Kielen befreit
4 Scheiben Gänseleber
100 g Geflügelfarce
4 Scheiben Perigord-Trüffel
Salz, Pfeffer
Butter zum Anbraten

Zubereitung

Tauben auf der Brust liegend entlang der Karkasse vorsichtig auslösen, flach hinlegen und leicht plattieren, an den Brüsten entlang halbieren. Die Fleischseiten salzen und pfeffern, mit etwas Geflügelfarce bestreichen.

Obenauf die gesalzenen und gepfefferten Gänseleberscheiben legen. Nun die Seite mit der Keule über die Gänseleber ziehen, an überlappender Haut zusammennähen, salzen und pfeffern. In schäumender Butter goldgelb braten, auf einem Backblech im Ofen bei 240 °C ca. 8 Min. fertig garen.

Zutaten für die Portweinjus

0,4 l Rinderbrühe
50 g getrocknete Steinpilze
etwas Bombay-Gin
0,1 l Madeira
0,1 l roter Portwein
0,1 l schwarzer Trüffelsaft
300 g Süßrahmbutter

Rinderbrühe aufkochen, die Steinpilze darin zugedeckt ca. 20 Min. ziehen lassen, abseihen, den Fond um die Hälfte reduzieren, mit Gin flambieren. Nebenbei Madeira und Portwein getrennt zu sirupartiger Konsistenz reduzieren, zum Steinpilzfond geben, mit Trüffelsaft abschmecken, mit Butter montieren.

Zutaten für die Selleriemousse

1 kleine Knolle Sellerie, geschält und geachtelt
Saft von 1 Zitrone
30 g Butter
etwas Meersalz
Butter zum Montieren

Den Sellerie mit Wasser bedecken und mit den übrigen Zutaten gar kochen. Pürieren, mit Butter montieren.
Die Taube entlang der Brust aufschneiden, auf vorgewärmte Teller setzen, mit Portweinjus nappieren. Selleriemousse in Nocken trappieren, schwarze Trüffel darauf platzieren.

AUERS SCHLOSSWIRTSCHAFT

Auers Schlosswirtschaft
Astrid Hilse

Rosenheimer Str. 8
83115 Neubeuern

Telefon 0 80 35 / 26 69
Telefax 0 80 35 / 35 34

Zwischen Inntal und Samerberg liegt das liebreizende Dorf Neubeuern. Hoch oben thront das Schloss, zwei Tore führen zum sehenswerten Marktplatz, der von reichlich verzierten Erkerhäusern umringt ist. Verlassen wir den Ortskern, kommen wir zu einer nicht minder empfehlenswerten Adresse. Auers Schlosswirtschaft ist ein kleines Juwel in der Chiemgauer Gastroszene. Die Wirtin Astrid Hilse hat sich ganz der gesunden Küche verschrieben und beweist, dass diese äußerst kreativ und absolut delikat sein kann. Als Bankkauffrau fand sie nicht so recht ihre Erfüllung, weshalb sie ins Hotelgewerbe umsattelte und in Sternehäusern – unter anderem in Rottach-Egern – arbeitete. Die Idee reifte in ihr, eine gehobene Küche ohne Schnickschnack zu präsentieren, die aber erschwinglich bleiben sollte. Über Umwege gelangte sie schließlich zu „ihrer" Heimstatt, der Schlosswirtschaft, die einst das Gründungshaus der Rosenheimer Brauerei Auerbräu war. 1987 eröffnete Astrid Hilse mit einer Karte, die zur Hälfte vegetarisch war – zur damaligen Zeit Novum und Marktlücke zugleich, was ihr den Namen „Kerndlwirt" einbrachte. Mittlerweile sind die Fleischgerichte in der Überzahl, doch auf dem Teller finden keine Kompromisse statt: Fleisch wie Gemüse stammen so oft wie möglich aus der Region und aus kontrolliertem Anbau. Die Küche ist „crossover" und vereint mediterrane und asiatische Elemente mit der feinen gehobenen Küche. Auf den Tisch kommen jahreszeitlich stimmige Speisen, was auch die Gewürze einschließt. Im Winter schmeckt die Rosenheimerin geschmorte Gemüse wie Rote Bete, Krautsorten und Wurzelgemüse mit nach asiatischem Wissen wärmenden Gewürzen wie Sternanis, Ingwer und Curry ab, um dem Körper Energie und Wärme zuzuführen. Das Ergebnis sind z.B. Kartoffelmaultaschen auf glasierter Roter Bete mit Meerrettichschaum. Im Frühjahr und Sommer finden mit frischen Kräutern, Tomaten, Gurken, Kohlrabi oder Radieschen kühlende Komponenten Eingang in ihre Küche; sie

Breiter

und Laubengänge zeichnen diese Bauweise aus. Die Patriziergebäude, die das heutige Stadtbild prägen, reihen sich vor allem entlang der Fußgängerzone um den Max-Josefs-Platz: dekorative Häuserfassaden mit stilvollen Arkadengängen und prächtigen Rokoko-Stuck verziert bilden die attraktive Kulisse für das pulsierende Leben. Zahlreiche Boutiquen und Geschäfte laden zum Bummeln ein, viele Cafes und Restaurants bieten in gemütlichen Gaststuben wie auch im Freien ihre feinen oder deftigen Schmankerl an. Es herrscht eine heitere und gelassene Stimmung. Das aus dem 14. Jahrhundert stammende Mittertor begrenzt den Fußgängerbereich und weist zugleich den Weg in die nächtliche Ausgehmeile von Rosenheim. Gleich um die Ecke füllen sich hier am Abend im umgebauten trendigen Hofbräuareal die zahlreichen Lokale, Restaurants, Bars und Bistros mit jungen sowie jung gebliebenen Menschen.
Mit Bad Aibling begegnen wir einer eher geruhsamen Stadt, die als eines der bedeutendsten Moorheilbäder Deutschlands gilt. Hier herrscht keine hektische Betriebsamkeit, man flaniert gelassen durch die hübschen Gassen über zahlreiche schmale Brücken, die über den Mühlbach und über die Glonn führen, rastet und kehrt ein. Schön angelegt und eine Oase der Ruhe ist der Kurpark, der den Gast zu einem kleinen Weiher, einem Fußballfeld großen Moorgarten, einem Duft- und Tastgarten sowie zu einer Voliere mit Fasanen und Ziervögeln führt. Schon der Maler Wilhelm Leibl, einer der größten Maler des Realismus, fühlte sich hier wohl. Leibl ist bekannt für seine detailgetreuen Bilder, die von den hiesigen Menschen und ihrem bäuerlichen Leben erzählen. Die letzten acht Jahre seines Lebens verbrachte er hier mit seinem Freund, dem Kunstmaler Johann Sperl, unter einem Dach. Eine Jungfer des Ortes, im Volksmund Malresl genannt, führte den beiden den Haushalt, kochte für sie und stand ihnen häufig Modell. Im heutigen Romantikhotel Lindner hatte der Maler einst seinen Stammtisch, der heute noch geehrt wird. Gleich neben dem traditionsreichen Hotel steht die Sebastiani-Kirche, in die der Besucher unbedingt einen Blick werfen sollte. Das Innere der kleinen Kirche ist prächtig ausgeschmückt.

Gasthaus Cafe Wendl

WEINHAUS ZUM SANTA

Weinhaus zum Santa
Menderes Tümay, Drago Lovric

Max-Josefs-Platz 20
83022 Rosenheim

Telefon 0 80 31 / 4 00 00-79
Telefax 0 80 31 / 4 00 00-87

Mitten in der von Arkadengängen umgebenen Fußgängerzone Rosenheims besuchen wir heute mit dem Weinhaus zum Santa die älteste Gaststube der Stadt. Das Haus stammt aus dem 17. Jahrhundert und war einst das Zollzentrum der Stadt; der Innenhof diente den Fuhrwerken als Durchfahrt. Heute kann der Gast hier den Charme eines mediterran anmutenden Wintergartens sowie die feine Küche des Weinhauses zum Santa genießen.
2005 eröffnete der Rosenheimer Gastronom Menderes Tümay das charmante Restaurant nach kurzer Renovierung. Der Haupteingang wurde versetzt, der Gast erreicht das Restaurant nun über den überdachten und beheizbaren Wintergarten, der mit seiner stilvollen Ausstattung besticht. Olivenbäume, viele Kräuter sowie der still vor sich hin plätschernde venezianische Brunnen sorgen für eine heitere gelassene Stimmung. Beim Betreten des Restaurants mit seinen bezaubernden Jugendstilfenstern empfängt den Gast ein warmer, holzbetonter Raum, dessen Interieur bewusst schlicht gehalten wurde. Ein ausgefeiltes Lichtkon-

zept stellt das großartige gotische Gewölbe ganz in den Mittelpunkt – zeitlos gemütlich. Die Küche von Willy Nennstiel ist traditionell bayerisch wie auch leicht und mediterran. Der Genießer findet auf der täglich wechselnden Karte Speisen wie Kalbsrahmlüngerl mit Knödeln, Weißwürste oder gebratenen Spanferkelrücken ebenso wie die Dorade vom Grill auf sizilianische Art mit Tomaten-Knoblauch-Balsamico-Vinaigrette sowie das mit Rosmarin gespickte Stubenküken auf Petersilienwurzel-Püree. Eine feine Auswahl von zehn offenen Weinen sowie rund 40 Flaschen runden das vielseitige Angebot ab. Im Weinhaus zum Santa hat die Qualität der Produkte höchste Priorität, weder beim Olivenöl noch beim verwendeten Meersalz werden Kompromisse eingegangen. Mit der gleichen Sorgfalt kümmert sich das Serviceteam um Art und Lautstärke der Musik, um die optimale Temperatur im Wintergarten sowie um höchsten Sitzkomfort. Alle Details sind im Weinhaus zum Santa bis ins Letzte durchdacht, nichts wird dem Zufall überlassen, damit der Gast sich in allen Belangen wohlfühlt – was dem Weinhaus-Team in bester Weise gelingt. Ein Besuch in dem historischen Restaurant garantiert einen kulinarisch wie atmosphärisch rundum gelungenen Abend.

Röstkartoffel-Rucola-Salat mit Scampi

Zutaten

8 mittelgroße, fest kochende Kartoffeln
4 Bund Rucola
20 Scampi mit Schale
4 Knoblauchzehen
1 Zitrone
Salz, Pfeffer, Majoran, Kümmel
Olivenöl
weißer Balsamico-Essig

Zubereitung

Die Kartoffeln gar kochen, abkühlen lassen. Anschließend in Scheiben schneiden und in einer heißen Pfanne mit 1 EL Olivenöl goldbraun braten. Mit Kümmel, Majoran, Salz und Pfeffer würzen. Den Rucola klein hacken. Röstkartoffeln und Rucola schichtweise auf einem Teller anrichten. Die Scampi am Rücken mit einer Schere bis zum Schwanzende öffnen und den Darm entfernen. Mit Meersalz und Knoblauchscheiben nach Belieben würzen. Aufgeklappt von beiden Seiten 2 Min. grillen. Die Röstkartoffeln und den Rucola mit je 2 EL weißem Balsamico und Olivenöl übergießen. Die Scampi darauf anrichten, mit Zitrone dekorieren und servieren.

RIZZ EAT & DRINK

RIZZ eat & drink
Drago Lovric
Menderes Tümay

Weinstr. 12
83022 Rosenheim

Telefon 0 80 31 / 23 17 31
Telefax 0 80 31 / 23 17 32

Fragt man in Rosenheim einen Vorübergehenden nach der hiesigen Ausgehmeile, so verweist einen der Gefragte mit Sicherheit auf das ehemalige Hofbräuareal unweit der Fußgängerzone. Hier haben sich in den vergangenen Jahren etliche Bars, Bistros und Restaurants angesiedelt, die sich vor allem um den stimmungsvollen Innenhof herum scharen. Eine Besonderheit in diesem insgesamt gelungenen Gastronomiekonzept stellt das RIZZ dar. Die Lokalität versteht sich gleichermaßen als Tagesbistro, Restaurant und Bar – das alles findet in einem Raum statt, der sich über drei Ebenen erstreckt. Drago Lovric tüftelte gemeinsam mit seinem Partner Menderes Tümay das einfache, aber einfallsreiche Konzept aus: Von Mittag bis in die frühen Abendstunden zeigt sich das RIZZ puristisch in einem eher nüchternen Outfit – die hellen Eichentische stehen in schönem Kontrast zum dunklen Boden. Die Gäste finden sich ein, um in ihrer Mittagspause schnell etwas zu essen, einen Kaffee zu trinken oder auf der geschmackvollen Terrasse zum Innenhof des Hofbräuareals zu plaudern. Gegen Abend finden sich Genießer zum stilvollen Diner ein. Aufgetischt wird eine vitale und mediterrane Küche mit vielen Salaten, Nudelgerichten, einem stadtbekannten gegrillten Rinderfilet mit hausgemachter Kräuterbutter sowie hochwertigen Gerichten mit Salzwasserfischen, Scampi oder Flusskrebsen. Gegen 22.30 Uhr am Abend findet dann die Verwandlung statt. In einer Hauruck-Aktion werden aus Bistrotischen Hochtische, Stühle verschwinden und das RIZZ wird zur Bar. Den Gästen kommt diese „Häutung" gerade recht, brauchen sie doch nun nach dem Essen das Lokal nicht mehr zu wechseln, um noch etwas Stimmung und Abwechslung zu erleben. An der lang gestreckten Bar herrscht mittlerweile Hochkonjunktur; die Bartender mixen und shaken Cocktails wie Caipirinha oder Mojito; die Musik wird lauter und die Lichtanlage beginnt ihre Effekte an Wände und Decken zu reflektieren. Obwohl das Lokal recht klein ist, finden sich am Abend bis zu 350 Gäste ein. Beliebt ist der Platz oberhalb der Treppe – von der Balustrade aus hat man einen guten Überblick über das Geschehen im unteren Barbereich. Eine Etage höher in der mit schwarzen Ledersitzen ausgestatteten Lounge geht es etwas lässiger zu. Gespielt wird House, spätabends Rock und Soul. Und auch wenn im RIZZ alles irgendwie immer in Bewegung ist – getanzt wie in einer Diskothek wird nicht, vielmehr herrscht ein vergnügliches Tohuwabohu zu groovigem Sound. Ein Renner sind Themenabende wie die 1980er

Jahre-Partys. Berüchtigt die zur Oktoberfestzeit vom RIZZ veranstaltete After-Wiesn-Party, bei der die Gäste in Lederhosen und Dirndl gewandet einströmen und zur passenden Stimmungsmusik eine echte Gaudi haben, wie es zu dieser Zeit nur in Bayern möglich ist. Das RIZZ schafft eben den Spagat in alle Richtungen!

Penne di Nonna

Zutaten

400 g Rinderfiletstreifen
4 Bund Rucola
4 Bund Petersilie
0,4 l Weißwein
4 EL Sahne
50 ganze rote Pfefferkörner
4 EL Zitronensaft
Salz, Pfeffer

Zubereitung

Das Rindfleisch saftig anbraten und mit Weißwein ablöschen. 4 EL frisch gepressten Zitronensaft und 4 EL frische Sahne hinzugeben. Mit roten Pfefferkörnern würzen, nach Belieben mit Salz und Pfeffer abschmecken. Frisch gehackte Petersilie hinzugeben. In der Zwischenzeit die Penne in reichlich Salzwasser al dente kochen, abgießen und mit dem Fleisch vermengen. Den Teller mit Rucola dekorieren und die Penne darauf anrichten.

PASTAVINO

PASTAVINO
Gerti Heck

Salinstr. 1
83022 Rosenheim

Telefon/Telefax 0 80 31 / 39 66 77

Für Freunde der unkomplizierten italienischen Lebensart haben wir heute einen Tipp, der schon längst nicht mehr geheim ist: Das sympathische PASTAVINO ist ein quirliges, im Bistrostil gehaltenes kleines Schmuckstück. Man sitzt an blanken Holztischen, die minimalistisch eingedeckt sind und auf denen nichts Unnötiges zu finden ist. Der Charme des Hauses entfaltet sich ebenso schnell, wie sich der Tisch mit ersten Gaben füllt - Brot, Wasser und sehr gutes Olivenöl heißen den Gast willkommen. Die frisch zubereiteten, täglich wechselnden Speisen stehen auf der großen Schiefertafel, können aber auch auf kleineren Exemplaren am Tisch studiert werden. Die Küche der Gerti Heck ist individuell und unkonventionell - ganz so wie die ausdrucksstarke Chefin selbst - und immer ein bisschen anders. Der Genießer kann zwischen einem Steinpilzraviolo mit grünem Spargel, Fettucine in Tomaten-Bärlauchsauce mit Mangold oder Kräuterrisotto mit gebratener Entenleber wählen; anschließend kann er das köstliche Zitronenschnitzel vom Kalb mit gebratener Zucchini und neuen Kartoffeln, Caramelle mit wildem Spargel und Parmesan oder Piccata Milanese vom Schollenfilet mit Polenta und Cherrytomaten verkosten. Gerti Heck und ihr überaus freundliches Serviceteam helfen gerne bei der Entscheidung, erklären und beschreiben ihre Kreationen, wandeln sie auf Wunsch auch ab und empfehlen den passenden Wein aus dem gut sortierten Bestand. Die feinen Köstlichkeiten werden auf schlichten weißen Tellern serviert, zwar geschmackvoll

drapiert und angerichtet, aber nicht aufwändig dekoriert, denn „das Gericht selbst soll ein Bild sein, das nicht mehr optisch verschönert werden muss" – so die Chefin. Und so kommt im PASTAVINO alles in natürlicher Vollkommenheit auf den Tisch und schmeckt einfach vorzüglich. Die angenehm ausgelassene Stimmung verleiht dem genussvollen Aufenthalt zudem jene einzigartige Leichtigkeit, die wir an südlichen Gefilden so schätzen und die viele neue Gäste zu Stammkunden im PASTAVINO werden lässt. Diese strömen auch in Scharen herbei, wenn Gerti Heck ihr Gehsteigfest ankündigt. Bis zu 300 Gäste wurden in den Pavillons vor dem Haus in manchem Jahr schon gezählt. Ein Highlight ist auch das Vorsilvester, das auf besonderen Wunsch vieler Gäste hin ins Leben gerufen wurde und nun jährlich einige Tage vor dem eigentlichen Jahreswechsel in festlicher Ausstattung mit Hummer, Austern und Prosecco gefeiert wird.
Viele Gäste bezeichnen das PASTAVINO als ihr zweites Zuhause; manch einer hält die Atmosphäre für italienischer als in Italien, andere wiederum lieben vor allem die sehr guten Weine und die hervorragende Küche. Wahrscheinlich ist es die Summe vieler kleiner Dinge, die das PASTAVINO zu einem ganz besonderen, irgendwie anderen Restaurant machen: PASTAVINO, auch wir kommen wieder.

Spaghetti mit Venusmuscheln in Brennnesselpesto

Zutaten

1,5 kg Venusmuscheln
500 g Spaghetti No. 3
4 EL Olivenöl
Saft von 1/2 Zitrone
0,125 l trockener Weißwein
Salz, Pfeffer

Pesto:
3 Knoblauchzehen
50 g junge Brennnesseln
40 g Pinienkerne
50 g Parmesan
Meersalz, Pfeffer
3 EL Olivenöl

Zubereitung

Brennnesseln mit Knoblauch, Parmesan, Pinienkernen sowie etwas Salz und Pfeffer im Mixer pürieren. Langsam das Öl einfließen lassen, so dass ein glattes Püree entsteht.
Muscheln in kaltem Wasser bürsten und gründlich waschen, Wasser öfter wechseln, bis kein Sand mehr vorhanden ist. Beschädigte und geöffnete Muscheln aussortieren. Spaghetti nach Anleitung bissfest kochen. Das Olivenöl im Topf erhitzen; die Größe des Topfes dabei so wählen, dass die Muscheln in maximal 2 bis 3 Schichten hineinpassen. Die Muscheln 3–4 Min. bei starker Hitze im geschlossenen Topf belassen, dabei öfters wenden. Bei diesem Vorgang müssen sie sich öffnen – geschlossene Exemplare aussortieren. Muscheln mit Weißwein ablöschen und den Zitronensaft dazugeben. Spaghetti abgießen, abtropfen lassen und sofort zu den Muscheln geben, beides gut vermengen und weitere 2 Min. köcheln. Von der Kochstelle nehmen, das Pesto unterheben, evtl. salzen und pfeffern. In tiefen Tellern anrichten und mit Parmesan bestreut servieren.

KAFFEERÖSTEREI DINZLER

Dinzler Kaffeerösterei GmbH
Isolde und Franz Richter

Kunstmühlstr. 12
83026 Rosenheim

Telefon 0 80 31 / 4 08 25 31
Telefax 0 80 31 / 4 08 26 43

Heute begeben wir uns in das wohl ungewöhnlichste Kaffeehaus im Chiemgau, untergebracht in einer ehemaligen Getreidemühle, der heutigen Kunstmühle. Die Trichter an der Decke zeugen noch von der einstigen Nutzung der Räumlichkeiten. Nach aufwändiger Renovierung brachten Isolde und Franz Richter 2003 ihre Kaffeerösterei hierher und fügten so Rösterei, Lager und Kaffeehaus zusammen. Die hohen Räume und die an ihrem Platz belassenen Relikte des ehemaligen Industriegebäudes vermitteln eine Loft-Atmosphäre, die vom Interieur mit seinen modernen Farben und seiner minimalistischen Ausstattung noch unterstrichen wird. Insgesamt ist eine ganz eigene Mischung aus traditionellem Kaffeehaus und zeitgenössischer Lounge entstanden, die nur schwer einzuordnen ist. Der Genießer kann sich gemütlich in die Sitzecken fallen lassen oder auf der großen, am Kanal gelegenen Terrasse vital oder herzhaft frühstücken. Er kann den nach schwäbischer Hausfrauenart selbst gemachten Kuchen kosten oder täglich wechselnde Speisen wie italienischen

Brotsalat, Schweinsbratwürstl auf Balsamicolinsen und Estragonsenf, Red Snapper-Filet auf Pernodfenchel oder Bärlauch-Angliotti. Ganz gleich zu welcher Zeit man das Dinzler besucht: Den obligatorischen Kaffee sollte man sich keinesfalls entgehen lassen, denn er gilt als der beste in der Region.

Isolde und Franz Richter sind gebürtige Schwaben und hatten immer schon mit Kaffee und Kaffeemaschinen zu tun. Als die Familie Dinzler ihre Rösterei verkaufen wollte, konnte sich Franz Richter 1998 einen lang gehegten Traum erfüllen. Um beste Qualität zu erzielen, ist eine sorgfältige Verarbeitung der Bohne nötig. Bevor eine Kaffeesorte den Weg nach Rosenheim findet, wird sie intensiv getestet: Farbe, Größe, Duft, Geschmack und Bekömmlichkeit werden genau begutachtet und bewertet. Für eine Mischung müssen die einzelnen Bohnen ein harmonisches Ganzes ergeben, ohne Ecken und Kanten; sie müssen kräftig oder mild und am besten nach Schokolade, Mandeln und schwarzen Beeren schmecken. Ist die Wahl auf eine Kaffeesorte gefallen, wird sie nach Einkauf und Anlieferung in der Kunstmühle langsam und bei niedriger Temperatur geröstet. Wichtigste Prämisse für einen hervorragenden Kaffee ist die Frische. Bei Dinzler ist der Kaffee immer frisch, denn die Rosenheimer rösten stets nur so viel, wie sie auch verkaufen. Insgesamt stehen weit über 30 verschiedene Kaffees in den Regalen hinter der kleinen Verkaufstheke, darunter allein neun Espresso-Mischungen und 17 helle Kaffees – sortenrein und gemischt. Ausgefallene Spezialitäten ergänzen das Angebot, so etwa der exklusive, am Fuße des Mount Everest wachsende feine Nepal Mount Everest Supreme, der kräftig volle Galapagos Bourbon, dessen Bohnen von 120 Jahre alten Kaffeebäumen geerntet werden, und der als bester Kaffee der Welt geltende Jamaika Blue Mountain. Er wird charakterisiert durch eine markante süße Geschmacksnote, entfaltet sich wie ein schwerer Rotwein wunderbar im Mund und hinterlässt einen langen Abklang.

Die Kaffeerösterei Dinzler bietet Genuss wohin man schaut und schnuppert, der Duft des frisch gerösteten und gemahlenen Kaffees zieht durchs ganze Haus und betört die Sinne – ein Duft, der uns bis nach Hause begleitet.

Rhabarber-Schmand-Kuchen

Zutaten

Mürbeteig:
200 g Mehl
100 g Zucker
75 g Margarine
1 Pck. Vanillezucker
1 Prise Backpulver
1 Prise Salz
1 Ei
etwas Gries

800 g Rhabarber (oder andere Früchte)

Guss:
500 g Crème Fraîche
4 Eier
1 Pck. Vanillezucker
100 g Zucker
1 Pck. Vanillepudding
1 Prise Salz

2 Pck. Vanillezucker
evtl. gehackte Nüsse

Zubereitung

Aus den Zutaten einen Mürbeteig zubereiten. Den Boden einer Springform (28 cm Durchmesser) mit Gries bestreuen, den gewaschenen, in Stücke geschnittenen Rhabarber einschichten. Alle Zutaten für den Guss miteinander verrühren, diesen über die Früchte verteilen. Den Kuchen im Backofen bei 180 °C backen, bis er goldgelb und die Masse fest ist (60–90 Minuten). Kurz vor Ende der Backzeit mit 2 Pck. Vanillezucker sowie evtl. Nüssen bestreuen und karamellisieren lassen.

OSTERIA VINI E CUCINA

Osteria
vini e cucina
Irmi Huber

Innstr. 8
83022 Rosenheim

Telefon/Telefax 0 80 31 / 33 092

Befällt den Italienliebhaber nördlich der Alpen die unbezähmbare Sehnsucht nach südlicher, leicht-beschwingter Lebensart, ist in ihm der Wunsch geweckt nach Gaumenfreuden, die in ihrer unvergleichlich einfachen Art schlichtweg köstlich sind und spürt er das Verlangen nach einem Glas Rotwein, das an blanken Holztischen zwischen einem Satz hier und einem Kommentar dort verkostet wird, dann kann dem so Leidenden geholfen werden - wir verordnen ihm einen Besuch in der Osteria, der ihm Linderung verschaffen wird.

Irmi Huber und ihren Mann, den Anästhesisten Thomas Huber, führten (fast) alle Wege nach Rom oder zumindest nach Italien. Den Mediziner faszinierte die Weinwelt, der gelernten Goldschmiedin gingen die italienischen Speisen nicht mehr aus dem Kopf. So kam es, dass Thomas Huber gemeinsam mit einem Kollegen einen italienischen Weinhandel eröffnete. Die Weindegustationen im Wohnzimmer der Hubers mit bis zu 60 Personen sind legendär – Irmi Huber kreierte dazu die passenden, feinen italienischen Antipasti. Bald stieg die Nachfrage derart, dass die Hubers beschlossen, eine kleine Osteria dafür einzurichten. Das ehemalige, nur 35 Quadratmeter große Lager in der Innstraße mit dem kleinen Innenhof schien geeignet. Nach umfassenden Renovierungen mit dem Einbau von Heizung, Toilette und der offenen, zwei mal vier Meter kleinen „Hausfrauenküche" wurde die Osteria 1997 als Nichtraucherlokal eröffnet. Was zunächst als Platz für gesellige Weinproben gedacht war, entwickelte sich schnell zu einem Treffpunkt für Liebhaber der authentischen italienischen Küche. Heute kocht Irmi Huber an vier Tagen eine kleine, aber ungemein köstliche Auswahl an italienischer Hausmannskost mit Spezialitäten wie Bollito misto (gekochtes Rind, Huhn, Kalbszunge und Wurst, mit einer grüner Sauce aus Sardellen, Kapern und Kräutern), Rosticciata (geschnittene Kalbsleber mit Schweinefilet, Lorbeer, Salbei und Marsala), ligurischem Seeteufel in Folie oder Pasta mit Flusskrebssauce. Die täglich wechselnden Gerichte sind auf einer Schiefertafel verzeichnet. Zwölf Weine stehen offen im Ausschank, 43 weitere in verkorktem Zustand zur täglichen Verkostung bereit. Die Osteria ist ein Ort des Gesprächs und der Begegnung. Stammgäste durchforsten die Weinregale im Lokal, statt die Karte zu studieren, und finden so ihre „abendliche Begleitung". Neben Frascati und Valpolicella sind Weine wie Cortese, Tocai, Barbera, Dolcetto, Barolo und Barbaresco, Chianti und Brunello vertreten, aber auch Sauvignon aus Südtirol und Aglianico aus der Basilicata in bester Qualität. Zehn Grappe von Marolo runden das feine Angebot ab. Die Gäste können Irmi Huber bei der Zubereitung über die Schultern schauen. Wie sie in stoischer Ruhe in der wohl kleinsten Küche Rosenheims ohne den geringsten Anschein von Hektik schneidet und brät, rührt und auftischt, ist schon beeindruckend. Wer in südlicher Atmosphäre authentisch italienisch essen will, der ist hier gut aufgehoben. Irmis Osteria ist ein Stück Italien in Bayern.

Antipasti

Insalata di pollo all'Albeise
(Piemontesischer Hühnersalat)

2 Hühnerbrüstchen
Suppengrün, Salz
3 Anchovis
100 ml feinstes Olivenöl
1 Zitrone
1 Tl Senf

Zubereitung

Hühnerfleisch mit Suppengrün gar kochen. Fleisch in feine Scheiben schneiden. Aus Anchovis, Öl, Senf und Zitronensaft eine sämige Sauce rühren, über das Fleisch gießen, einige Stunden ziehen lassen.

Peperoni con maionese di tonno
(Paprika mit Thunfischmayonnaise)

1 rote und gelbe Paprika
50 g Thunfisch in Öl
3 Anchovis
1 Tl Kapern
1 El Weißweinessig
150 g Mayonnaise

Paprika im Ofen rösten und schälen. Abkühlen lassen, in Streifen schneiden. Aus den restlichen Zutaten im Mixer eine Mayonnaise bereiten, Paprika damit überziehen.

Fenocchio in agrodolce
(Fenchelknollen süßsauer)

2 Fenchelknollen, grob geschnitten
2 El Zucker
100 ml Weißweinessig
Peperoncino, Salz

Zucker karamellisieren.
Essig, Peperoncino, Fenchel und Salz hinzugeben. Kurz schmoren und abkühlen lassen.

Radicchio alla griglia
(Radicchio vom Grill)

2 kleine Köpfchen Radicchio, in je 6 Stücke geschnitten
feinstes Olivenöl
Salz, frisch gemahlener Pfeffer

Radicchio kräftig pfeffern, etwas salzen und mit Olivenöl beträufeln. Von beiden Seiten grillen oder in der Pfanne braten.

KOCHSCHULE PATRICK COUDERT

Patrick Coudert
Kochschule Romanicum

Hochstrass 2
83064 Raubling

Telefon 0 80 35 / 90 34-0
Telefax 0 80 35 / 90 34-10

Patrick Coudert wuchs in der „Welthauptstadt der Gastronomie", in Lyon auf. Schon als kleiner Junge stand er gerne am Herd, früh wusste er, dass er Koch werden wollte. Was lag näher, als die Ausbildung bei einem der besten Köche des 20. Jahrhunderts zu absolvieren – bei dem legendären Paul Bocuse?
Der Zufall wollte es, dass Paul Bocuse sein Auto in der Werkstatt von Couderts Eltern reparieren ließ. Die Mutter nutzte die Gunst der Stunde, fragte nach und hatte Glück. Paul Bocuse nahm den jungen Patrick unter seine Fittiche und ließ ihn quasi auf Probe für ein Jahr in der Lyoner Sterneküche mitwirken. Die Zeit war nicht leicht, und erst nach Ablauf dieser Frist erkundigte sich der Sternekoch bei seinem Schützling, ob er immer noch vorhabe, Koch zu werden. Doch Patrick war von seinem Vorhaben nicht abgekommen und begann nun die ersehnte Ausbildung. Disziplin und harte Arbeit erwarteten den jungen angehenden Koch, doch er lernte viel. Nach der Ausbildung zog es den Franzosen hinaus in die Welt – in die USA, nach England, Kanada und Deutschland. In Düsseldorf blieb er 15 Jahre und erkochte sich seinen zweiten Michelin-Stern. Nach einem kurzen Zwischenspiel im heimatlichen Frankreich wurde er im Chiemgau sesshaft. Ein Skiunfall unterbrach den erfolgreichen Werdegang, Patrick Coudert musste sechs Monate pausieren, hatte viel Zeit zum Nachdenken und krempelte sein Leben um. Der Wunsch, dem Sterne-Stress zu entfliehen und dennoch auf höchstem Niveau zu kochen, brachte ihn auf die Idee, eine Kochschule zu eröffnen. Sie kam zu rechten Zeit, ebenso wie die Zusammenkunft mit seinem jetzigen Partner Thomas Dinzenhofer. Gemeinsam realisierten die beiden die Kochschule im Küchenstudio in Raubling. Mit dem neu gestalteten, 2006 eröffneten Romanicum, dessen imposante Außenfassade

schon von weitem sichtbar ist, wurde ein Einkaufskonzept geschaffen, das dem Ästheten alles bietet, was er zum Leben, Bauen und Wohnen braucht. Patrick Coudert kann sich nun auf 150 Quadratmetern voll entfalten. Vom ersten Stock des Gebäudes reicht der Blick aus den großen Panoramafenstern bis zu den Chiemgauer Bergen. In diesem Ambiente macht Kochen einfach Spaß, nicht zuletzt auch deswegen, weil Patrick ein sehr kommunikativer und umgänglicher Mensch ist. Er vermittelt auf unterhaltsame Weise, wie auch Küchenanfänger in kurzer Zeit ein feines, mehrgängiges Menu zaubern können, ohne dabei in Hektik zu verfallen. Damit auch beim Nachkochen zu Hause alles klappt, gibt er wertvolle Einkauftipps, erklärt wie man erkennt, ob eine Frucht reif ist, wie man sie fachgerecht schält, öffnet und schneidet. Die Inhalte der Kochkurse variieren und offenbaren Köstlichkeiten aus dem Wok, der französischen oder elsässischen Küche sowie vom Hummer und Fisch. Teilnehmen können einzelne Personen ebenso wie geschlossene Gruppen. Kochbegeisterte und solche, die es werden möchten, erleben einen unterhaltsamen, lehrreichen Abend in netter Gesellschaft und in ausgelassener Stimmung am Herd. Und dass neben dem küchentechnischen Know-how, das Patrick vermittelt, auch viel gelacht und natürlich entsprechend geschlemmt, probiert und verkostet wird, versteht sich von selbst.

Baby-Ananas auf Grand Marnier-Honigsauce

Zutaten

2 Baby-Ananas
100 g Tannenhonig
0,25 l flüssige Sahne
5 Eigelbe
40 g Zucker
0,1 l Grand Manier,
200 g Schlagsahne
frische Minzblätter und Erdbeeren zum Dekorieren

Zubereitung

Ananas schälen, den Strunk ausstechen und die Früchte in 5 mm dicke Scheiben schneiden. Honig und Sahne aufkochen. Eigelbe und Zucker in einer Metallschüssel schaumig schlagen, nach und nach die heiße Sahne unter ständigem Rühren zugeben. Die Schüssel auf ein heißes Wasserbad setzen, die Masse bis zur Rose aufschlagen, herunternehmen und abkühlen lassen. Grand Marnier zugeben und die geschlagene Sahne vorsichtig unterheben. Honigsahne auf die Teller verteilen, Ananasscheiben darauf anrichten, mit Erdbeeren und frischen Minzblättern dekorieren.

QimiQ

Der abendliche Kochkurs, dem wir heute beiwohnen, beginnt mit einem kleinen Täuschungsmanöver. Das Geburtstagskind weiß noch nichts von seinem Glück, sondern glaubt – mit verbundenen Augen –, auf dem Weg zu einer Hütte zu sein. Die Überraschung und das Hallo sind groß, als der kleine Schwindel vor den Toren des Romanicum aufgelöst wird. Die lustige Truppe setzt sich aus versierten Hobbyköchen wie auch weniger Geübten zusammen, allen gemein ist die gute Laune. Bevor es losgeht, trinken wir zur Begrüßung zunächst einen guten Schluck Prosecco. Im Menü, das von den „Kochschülern" in den nächsten Stunden zubereitet wird, sind folgende Speisen vorgesehen: Kohlrabi-Carpaccio, Süßkartoffelsuppe mit Crevetten, Perlhuhnbrust sowie eine Ricotta-Creme mit Cointreau.

Manch einem stehen schon nach kurzer Zeit die Schweißperlen auf der Stirn: Die Tatsache, dass die Schlagsahne für das Dessert nicht mit dem elektrischen Mixer, sondern mit der Hand geschlagen wird, stößt zunächst auf Skepsis, sorgt dann aber schnell für ausgelassene Stimmung - die Sahne wird fest und die Begeisterung ist dementsprechend groß. Die jungen Rosenheimerinnen, die geschickt mit scharfen Messern hantieren, erarbeiten sich ebenso erste Lorbeeren vom Küchenprofi wie die Vertreter des starken Geschlechts, die beim Kartoffelschälen eine recht passable Figur abgeben. Beim Schneiden und anschließendem Braten der Schalotten ist höchste Konzentration zu spüren. Nach etwa einer Stunde dürfen sich die Küchenschüler eine kleine Pause gönnen und an der fein eingedeckten Tafel Platz nehmen, um ihren ersten Gang zu verkosten. Allgemeine Zufriedenheit macht sich breit - das leichte, köstliche Carpaccio vom Kohlrabi schmeckt allen vorzüglich, was der Motivation einen neuerlichen Schub verleiht. Zunächst wird noch über Ingwer gefachsimpelt, dann die nächsten Schritte besprochen. Die Süßkartoffelsuppe muss noch püriert werden, dann heißt es, die heiße Suppe dekorativ in die vorgewärmten, tiefen Teller zu füllen, ohne zu klecksen, denn „der Rand ist nur für den Gast; lediglich der Innenteil des Tellers gehört uns", erklärt der Sternekoch. Auch dieser Gang ist rundum gelungen, die Stimmung steigert sich ins Ausgelassene und der erste Hobbykoch – schon etwas übermütig – erprobt sich im freien Pfannenschwenken.
Immer wieder flicht Patrick Wissenswertes ein, lässt an Kräutern riechen und raten. Richtig, es ist Koriandergrün. Markus hat es gewusst, was das Interesse auch bei den Küchenneulingen weckt. Der Sternekoch agiert dabei nicht wie ein Lehrmeister, sondern lässt die Kreativität der Gäste zu, fragt nach, bestärkt und unterstützt deren Eigeninitiative. Die Assistentin des Hauses, Martina Rupp, ist den ganzen Abend über still, fast unbemerkt im Hintergrund aktiv, deckt den Tisch immer wieder neu ein, sorgt dafür, dass alles Lästige wie von selbst verschwindet, Angenehmes wie Wein und Wasser dagegen stets frisch zu Verfügung steht.
Der Kochabend als Geburtstagsgeschenk ist ein voller Erfolg, hat unserer jungen Gruppe sichtlich viel Spaß bereitet und die Lust aufs Kochen geweckt bzw. verstärkt. Wenn auch Sie einen informativen und amüsanten Abend in Gesellschaft am Herd verbringen oder Ihrem küchenscheuen Gefährten das Hantieren mit Topf und Pfanne näher bringen möchten – dann fragen Sie Patrick nach dem nächsten Kurs.

Seezungenröllchen auf Paprikaschaum

Zutaten

8 Seezungenfilets
je 1 kleine rote und grüne Paprikaschote
0,2 ml Fischfond
100 g Butter
Olivenöl
Salz und Pfeffer aus der Mühle
Dillzweige zum Dekorieren

Zubereitung

Die Paprikaschoten schälen, entkernen und getrennt im Mixer mit etwas Fischfond pürieren, durch ein Sieb streichen, in einer Kasserolle reduzieren. Seezungenfilets aufrollen, mit Zahnstochern fixieren, salzen und pfeffern, in Olivenöl anbraten und 8 Min. bei 150 °C im Backofen fertig garen. Die Paprikasaucen mit kalter Butter aufmontieren, salzen, pfeffern und mit dem Mixer schaumig aufschlagen. Die beiden Spiegel auf vorgewärmte Teller setzen, Seezungenröllchen mittig darauf anrichten und mit einem Dillzweig dekorieren. Mit Broccoli-Mousse servieren.

Herzlichen Dank an dieser Stelle unseren „Kochschülern":
Alex und Nina Erdmann
Tobias Höbler
Bettina Krammel
Michael Hable (Geburtstagskind)
Gabi Huber
Markus und Manuela Fischbacher

ROMANTIK HOTEL LINDNER

Romantik Hotel Lindner
Erna Lindner mit Gabi und Dieter Jung

Marienplatz 5
83043 Bad Aibling

Telefon 0 80 61 / 90 63-0
Telefax 0 80 61 / 3 05 35

„Es war einmal ein kleines Schloss," ... so beginnen nicht nur Märchen, sondern auch der hauseigene Prospekt des Bad Aiblinger Romantik Hotels Lindner. Schon die Fassade ist ein Augenschmaus, der nicht zu viel verheißt: Im Inneren des Hotelrestaurants herrschen vornehme Gastlichkeit, ausgesprochen familiäre Freundlichkeit sowie ein fürstliches Ambiente. Das Haus ist rund 1200 Jahre alt und steht seit über 150 Jahren in Familienbesitz. Ausgestattet mit antiken Möbeln und Gemälden sowie prunkvoll glitzernden Lüstern bewahrt das Hotel seinen herrschaftlichen Charakter in bester Weise. Die mit modernstem Komfort versehenen 26 Zimmer sind zum Teil mit Antiquitäten und mit Marmorbädern, zum Teil in zeitlos eleganter Manier eingerichtet – in jedem Fall mit großer Stilsicherheit. Die Inhaberfamilie Gabi und Dieter Jung sowie die Seniorchefin Erna Lindner kümmern sich mit viel Herzenswärme um die Gäste. Für das leibliche Wohl sowohl der Reisenden wie auch der Einheimischen sorgt Küchenchef Nico Städtler, der schon bei Johann Lafer den Kochlöffel schwang. Seine bayerisch inspirierte Küche unterliegt deutlichen mediterranen Einflüssen. So findet der Genießer in Pernod-Salbeibutter geschwenkte Schneckenravioli auf der Karte, ein pikant angemachtes Tatar vom Räucherlachs mit Ananaschips, Spinatsalat und Koriander-Vinaigrette, gebratenes Steinbuttfilet auf grünem Ingwer-Spargel mit Rotweinrisotto sowie Kaninchenroulade mit Pilz-Kartoffel-Flan. Liebhaber etwas deftigerer Schmankerln können unter heimischen Speisen wie Zwiebelrostbraten, saftigen Rostbratwürstln oder Südtiroler Spinatnockerln wählen. Auch der vegetarisch orientierte Schlemmer findet genügend Auswahl. Nico Städtler setzt bei der Wahl der Zutaten vor allem auf regionale Anbieter; die Eier stammen aus natürlicher Haltung von frei laufenden Hühnern, das Fleisch von Bio-Höfen. Dieter Jungs Engagement kommt nicht von ungefähr, ist er doch gleichzeitig Sprecher der Chiemgauer

Slow-Food-Gruppe. Der Gast kann in der historischen Ratholdusstube speisen, deren imposante Gewölbedecke vereint mit dem dunklem Holz der Wandvertäfelung eine edel-rustikale Atmosphäre schafft. Oder er nimmt im gediegen-gemütlichen Restaurant Platz, in dem schon der bekannte Maler Wilhelm Leibl seinen Stammplatz hatte. Mediterrane Leichtigkeit charakterisiert die Stimmung auf der mit reichem Blumenschmuck verzierten Terrasse. Das Romantik Hotel Lindner ist für stimmige Wochenend-Arrangements wie „Schlemmen, schlafen & zurück", „Nur für mich" oder „Sommerschlittenfahrt" bekannt, zu denen Gabi Jung Ausflüge organisiert und die passenden Menüs zusammenstellt. Beliebt sind auch die musikalischen Veranstaltungen wie der Jazzfrühschoppen und die bayerischen Volksmusikabende. Im hauseigenen Veranstaltungskalender können sich Interessierte über das aktuelle Angebot informieren. Im Romantik Hotel Lindner kann der Gast nicht nur fürstlich tafeln und herrschaftlich wohnen, sondern sich rundum märchenhaft wohl fühlen.

Gegrilltes Zanderfilet mit Jakobsmuscheln im Speckmantel an Rote Beete- und Kürbispüree mit Schalotten-Portweinjus

Zutaten

2 Knollen Rote Beete
150–200 g Kürbisfleisch, gekocht
Schalotten
etwas Sahne und Brühe

8 Jakobsmuscheln
4 Scheiben Speck
4 schwarze Nüsse, fein gehackt
einige getrocknete Tomaten, fein gehackt

4 Zanderfilets à 150 g
etwas Thymian, Salz, Pfeffer, Zitronenschale
Butter

Jus:
16 Schalotten, geschält
etwas Knoblauch, Thymian, Salz, Pfeffer, Zitronensaft
16 cl roter Portwein
0,15 l Kalbsfond
2 TL Zucker
2 Flocken Butter

Zubereitung

Rote Beete und Kürbis jeweils mit Schalotten, Sahne und Brühe zu einem Püree verarbeiten, salzen, pfeffern. Aus 4 Jakobsmuscheln eine Mousse herstellen, die anderen 4 Muscheln in 3 Scheiben schneiden, diese mit der Mousse dünn bestreichen. Mit getrockneten Tomaten und Nüssen belegen, zusammensetzen und mit Speck umhüllen. In der Pfanne bei milder Hitze braten. Die Zanderfilets mit Thymian und Gewürzen in der Pfanne langsam kross braten. Für den Jus Zucker in Butter karamellisieren, die Schalotten darin mit Knoblauch und Thymian kurz anschwenken, mit Zitronensaft, Portwein und Kalbsfond ablöschen und weich dünsten.

FISCH WILD GEFLÜGEL FEINKOST

Fisch Wild Geflügel
Familie Tomschiczek

Bahnhofstr. 24
83043 Bad Aibling

Telefon 0 80 61 / 26 89
Telefax 0 80 61 / 37 09 97

Für all diejenigen, die angeregt durch die zahlreichen Schlemmerrezepte wieder einmal selbst den Kochlöffel schwingen möchten, haben wir heute eine ganz besondere Adresse parat. Das Feinkostgeschäft in Bad Aibling ist ein wahres Eldorado für alle Kochbegeisterten, die Wert auf Frische und beste Qualität sowie eine reichhaltige Auswahl bei Fisch und Wild legen. Fische und deren Zucht haben den jungen Nikolai Tomschiczek stets fasziniert, weshalb für ihn nur eine Ausbildung zum Fischwirt in Frage kam. Erfahrung sammelte er auf einem kroatischen Fischkutter, mit dem er zum Fischfang auf das Mittelmeer hinausschipperte. Wieder zurück in Bayern, begann er neben Forellen den vom Aussterben bedrohten Edelkrebs in heimischen Weihern zu züchten. Beim Verkauf seiner Fische kam er mit dem damaligen Besitzer des Bad Aiblinger Fischladens in Kontakt. Als dieser sich aus Altersgründen zurükkzog, übernahm der Fischwirt 2001 das Geschäft.
Fischkauf ist Vertrauenssache, weshalb bei Tomschiczek die Qualität und die Frische

höchste Priorität besitzt. Dreimal pro Woche kommt seine Ware vor allem aus der Bretagne und der Normandie; es handelt sich dabei um so genannte Inlandsware, d.h. Fisch, der eigentlich für den anspruchsvollen französischen Markt gedacht ist. Der Fang stammt von Kleinschiffen, wird den Fischbestand schonend gefangen und handfiletiert. Gerne nimmt der tatkräftige Fischwirt dabei ganze Tiere ab, auch, um seinen Kunden ein Gefühl für die Fische und ihr Aussehen zu vermitteln. Das Gespräch mit dem Kunden und die Beratung bedeuten ihm viel. Ganz gleich, ob der Käufer etwas über den Fisch oder die Möglichkeiten seiner Zubereitung wissen will – der Vollblut-Fischhändler gibt ihm mit Begeisterung Auskunft. Wer bei so viel Theorie Appetit bekommen hat, für den stehen hausgeräucherte Forellen, Aale, Renken, Lachse, Doraden etc. zum Mitnehmen bereit. Der Gast kann die Spezialitäten aber auch gleich vor Ort in dem kleinen, rund 50 Personen Platz bietenden Imbiss-Restaurant oder auf der Terrasse verspeisen. Tomschiczeks Frau Rosi kocht täglich frische Fischgerichte von der Forelle blau bis zu den Scampi vom Grill, aber auch eine Fischsuppe ähnlich der Bouillabaisse mit ganzen Fischstücken, fein abgeschmeckt mit Safran und Weißwein. Im Angebot sind

weiterhin Nudelgerichte wie Fettucine mit Lachs-Safransauce und Kokosmilch sowie gegrilltes Red Snapper-Filet in Dill-Weißweinsauce. Und natürlich sind auch die obligatorischen hausgemachten Fischsalate und Fischsemmeln mit Lachs, Bismarckhering, Matjes oder Räucherfisch zu haben. Zusätzlich kredenzt Tomschiczek immer wieder Besonderes wie den Steckerlfisch, der im Sommer direkt vor dem Laden gegrillt wird, oder jeden Samstag während der Saison dieser Delikatesse Austern.
Nicht nur der Fischliebhaber kommt in dem kleinen Feinkostgeschäft auf seine Kosten, auch der Freund herzhafterer Genüsse wird fündig. Die reichhaltige Auswahl an frischem Wild – teils aus eigener Jagd, teils aus dem nahen Bergrevier um den Wendelstein stammend – verzückt jeden Feinschmecker: Reh, Rotwild, Gemse, Wildschwein, Hase, Wildente und Fasan. Die Tiere werden in der Decke, d.h. im Fell angeliefert, so dass der jagdkundige Inhaber prüfen kann, wie alt das Tier war und wie es geschossen wurde. Das köstliche Wildbret ist als Braten, Keule oder Ragout erhältlich, auf Wunsch auch mariniert, weiterhin in Form von selbst gemachten Würsten, Pasteten und Terrinen. Eine erlesene Auswahl an allem, was der Hobbykoch zum Verfeinern der Spezialitäten benötigt, findet sich in den umliegenden Regalen oder wird auf Wunsch besorgt: Maroni, Trüffel, Kaviar, Olivenpüree, frische Kräuter, Weine und Champagner, auf Vorbestellung auch lebende Hummer, Langusten und Garnelen. Wen die vielfältigen kulinarischen Genüsse nun noch nicht völlig zufrieden gestellt haben, der kann sich an den Kunstwerken von Tomschiczeks Vater Peter satt sehen, die übrigens auch die Bayerische Staatskanzlei schmücken: Stillleben und Zeichnungen zum Thema versorgen den Gast zu guter Letzt auch noch mit geistiger Nahrung.

SCHLOSSWIRTSCHAFT MAXLRAIN

Schlosswirtschaft Maxlrain
Hubert Impler

Freiung 1
83104 Maxlrain

Telefon 0 80 61 / 83 42
Telefax 0 80 61 / 68 57

Auf dem Weg von Bad Aibling nach Maxlrain ist das schöne Maxlrainer Renaissance-Schloss mit seinen Zwiebeltürmen schon von weitem zu sehen und weist Reisenden den Weg in ein liebenswertes Haus – die Schlosswirtschaft Maxlrain. Im Eingangsbereich heißen zahllose Topfpflanzen den Gast ebenso herzlich willkommen wie die gemalten Heiligenfiguren an der Außenfassade. Man betritt die aus dem 15. Jahrhundert stammende Schlosswirtschaft durch eine schwere, reich verzierte Holztüre und findet sich in einem charmanten historischen Gasthaus wieder. Auffällig sind die großen Blumenarrangements, die der Küchenchef gerne selbst zusammenstellt. Hubert Impler ist für die Küche der Gastwirtschaft bereits seit Anfang der 1980er Jahren verantwortlich und sorgt seither für eine gleich bleibend hohe Qualität der angebotenen Speisen. Gelernt hat er seinen Beruf in einem der renommiertesten Restaurants in München. In Maxlrain vertritt er einen äußerst kreativen Küchenstil, der bayerische Spezialitäten wie den Schweinsbraten in bester Manier auftischt, dabei aber ebenso mit feinen, von französischen und italienischen Einflüssen geprägten Speisen wie den Flusskrebs-Gerichten sowie mit herrlichen Desserts aufwartet. Als Digestif sollten unbedingt seine hausgemachten aromatischen Edelbrände verkostet werden, denn diese – destilliert aus ungewöhnlichen Früchten wie weißem Pfirsich und Holunder – sind nur hier zu bekommen. Idyllisch sitzt man im Biergarten unter 300-jährigen Kastanien mit prachtvollem Blick auf den Wendelstein. Mitten im Garten findet der Gast auch die denkmalgeschützte Freikegelbahn, die immer noch bespielt wird. In der Schlosswirtschaft Maxlrain kann man herrlich schlemmen und genießen – ein Platz, der zum Wiederkommen einlädt.

Der Sage nach soll Kaiser Karl der Große Schloss Maxlrain erbaut haben. Urkundliche Belege lassen aber eher auf den Ritter Podalunc schließen, der die Veste Maxlrain um das Jahr 804 anlegen ließ und sich deren Namen aneignete. Eine Blütezeit erlebten die Maxlrainer im 15. Jahrhundert. Das Brauen von braunem Bier begann vermutlich bereits im 12. Jahrhundert, belegt ist es mit Sicherheit seit dem Jahr 1636. Heute ist Maxlrain eine von fünf verbliebenen Schlossbrauereien in Deutschland. Insgesamt füllt die oberbayerische Brauerei 13 Sorten ab, vom hellen Export über Schwarzbier bis hin zum Pils und zum naturbelassenen Weißbier. Hinzu kommen jahreszeitliche Spezialitäten wie das Jubilator Doppelbock zur Fastenzeit, das süffige Kirtabier im Frühherbst sowie das Festbier zu Weihnachten. Neu sind der Schloss Trunk und die Schloss Weiße, die in der Schnacklflasche (Bügelflasche) zu haben sind. Die Maxlrainer Biere genießen einen sehr guten Ruf, gelten als spritzig und äußerst bekömmlich, was sicher daran liegt, dass sie nach bester handwerklicher Braukunst und mit ausgesuchten, frischen Zutaten sowie mit eigenem Quellwasser gebraut werden. Jährlich verlassen immer mehr Maxlrainer Bierspezialitäten die Brauerei, deren Absatzgebiet mittlerweile bis nach München erweitert wurde. Natürlich können sie auch vor Ort im gemütlichen Bräustüberl genossen werden. Eine besondere Attraktion ist das im Sommer stattfindende Volksfest, das auf dem Brauereiareal zum Schlemmen und Feiern einlädt. Der ebenso bekannte Maxlrainer Kultursommer beschert allen Musik- und Kabarettliebhabern mit klassischen Konzerten, satirischer Kleinkunst sowie dem Jazzfrühschoppen einen musikalischen Hochgenuss, der für jeden Geschmack das Richtige bietet.

Schlossbrauerei Maxlrain

Aiblinger Str. 1
83104 Maxlrain-Tuntenhausen

Telefon 0 80 61 / 90 79-0
Telefax 0 80 61 / 90 79-80

HISTORISCHES TRADITIONSWIRTSHAUS GOTZINGER TROMMEL

Gotzinger Trommel
Hans Triebel

Gotzing
83629 Weyarn

Telefon 0 80 20 / 17 28
Telefax 0 80 20 / 90 47 83

Die etwas versteckt in der Nähe von Weyarn gelegene Gotzinger Trommel ist ein urbayerisches Wirtshaus, wie es typischer nicht sein könnte. Handgeschnitzte Stühle, rustikale Holztische, gestandene Mannsbilder und fesche Dirndln sorgen in der Stube wie auch im wunderschönen Biergarten für ein stimmiges Bild. Das Bier schmeckt süffig, der fantastische Schweinsbraten gilt als der beste in der Region. Pächter Hans Triebel, ursprünglich gelernter Automechaniker, ist Wirt mit Leib und Seele und kocht zudem hervorragend. Dass die Gotzinger Trommel aber deutlich mehr als kulinarische Bestleistungen zu bieten hat, erkennt der Reisende erst auf den zweiten Blick. Hans Triebel fühlt sich nämlich nicht nur zum Wirt, sondern auch zum Förderer der bayerischen Sprache berufen. Und da er außerdem sehr kunst- und kulturbegeistert ist, verknüpft er all dies zu einem ungewöhnlichen Wirtshausangebot. In seinem urtümlichen Salettl finden regelmäßig anspruchsvolle Veranstaltungen wie Autorenlesungen, Kabarett und Konzerte zeitgenössischer Musik statt. Daneben werden Theaterstücke wie die ins Bayerische übertragene „Zähmung der Widerspenstigen“ von Shakespeare aufgeführt, bei der Hans Triebel selbst auf der Bühne agierte. „Lieber bayerisch sterben, als kaiserlich verderben“, so das Motto der Oberländer, das auf der Gotzinger Trommel festgehalten wurde. Unter dem Klang ihrer Schläge

zogen die aufständischen Bauern und Handwerker 1705 in München gegen die österreichischen Besatzungstruppen und wurden - militärisch unerfahren - in der Sendlinger Mordweihnacht zu Tausenden niedermetzelt. Ein überlebender Gotzinger Bauer brachte die Trommel mit nach Hause, wo sie heute im Miesbacher Museum zu sehen ist. Bei so viel Liebe zur Heimat und ihren Eigenarten verwundert es kaum, dass Hans Triebel die Region schlichtweg zur „tschüßfreien Zone“ ausgerufen und damit ein Echo ausgelöst hat, das weit über die Gemeindegrenzen hinaus für Gesprächsstoff sorgte. Den Bayern liebenden Globetrotter kann dies jedoch nicht schrecken, grüßt er doch allein schon aus Respekt den Einheimischen mit Redewendungen, die in der jeweiligen Region üblich sind. In diesem Sinne verabschieden wir uns heute mit einem „Servus“.

Rustikaler „Gotzinger Schweinsbraten"* mit röschem Schwartl in Braumeistersoß', Boarischm Kraut und Knödln

Zutaten für 6 bis 8 hungrige Mäuler

1 Schweinsschulter mit schöner Schwarte (1,5–2 kg, vom regionalen Bauern oder Metzger)
einige gehackte Kalbs- oder Rindsknochen
3-4 Zwiebeln
1/2 Stange Lauch
1 Karotte, in Streifen geschnitten
2 mittelgroße Knoblauchzehen
1 Kartoffel, geschält und roh in Scheiben geschnitten
etwas Ingwer
1 Zweiglein Rosmarin
Salz, gemahlener schwarzer Pfeffer, Kümmel
Rindsbrühe
0,25 l dunkles Bier

Zubereitung

Die Knochen im Backofen ca. 1 Stunde in einer Bratreine rösten, herausnehmen. Etwas Brühe auffüllen, Schweinsschulter salzen, pfeffern, mit der Schwarte nach un-ten einlegen. Bei 130 °C 20–25 Minuten garen, herausnehmen. Schwarte rautenförmig einschneiden, mit Salz, Pfeffer und Kümmel gut würzen. Zwiebelscheiben, Lauch, Karottenstreifen, Knoblauch, rohe Kartoffelscheiben, Ingwer sowie Rosmarin in die Reine geben. Fleisch jetzt mit der Schwarte nach oben einlegen, Knochen dazugeben und mit etwas Brühe aufgießen. Bei 180 °C ca. 30 Min. braten, bis die Kruste schön rösch ist, dann Temperatur auf 150 °C senken und weitere 2 Stunden rösten. 20 Min. vor Ende der Garzeit mit Bier übergießen.

Tipp: Den Braten mit eigenem Saft übergießen, reduzierte Sauce mit Brühe auffüllen.

Boarischs Kraut

Zutaten

3 kg (2 Köpfe) Weißkraut, fein geschnitten
3 Zwiebeln, gewürfelt
200 g Butterschmalz
0,1 l Weißwein
0,1 l Brühe
3 TL Salz
80 g Zucker
2 TL Kümmel
frischer Liebstöckel, gehackt

Zubereitung

Die Hälfte des Zuckers leicht karamellisieren lassen, Zwiebelwürfel darin anschwitzen, mit Wein und Brühe ablöschen. Alle restlichen Zutaten beigeben, bei mittlerer Hitze 30–45 Min. kochen (das Kraut sollte noch Biss haben).

*„In Bayern sagt man Schweinsbraten, weil bei uns ein Schwein so groß ist, dass daraus mehrere Braten werden. Beim Schweinebraten sind die Viecher so klein (Bonsai-Schweindl), dass mehrere Schweindl nötig sind, um einen Braten zu bekommen."
Hans Treibel

LANDHAUS KALTEIS

Heute führt uns der Weg nach Ostermünchen. Schon vor 500 Jahren machten hier die Postkutschen Rast, kehrten die Fahrgäste in der gemütlichen Gaststätte ein, während die Gespanne an den Kutschen ausgewechselt wurden. Heute kann der Gast keine Depeschen mehr aufgeben, dafür aber vorzüglich speisen. Peppi Kalteis schaute nach seiner Kochlehre bekannten Sterneköchen auf die Finger. so Alfons Schuhbeck in Waging, Karl Ederer im Gasthaus Glockenbach sowie Hans Haas im Tantris. Anschließend verbrachte er einige Monate im New Yorker Le Cirque 2000. Als er 1999 das Landhaus übernahm, veränderte er nicht viel. Die Gaststube blieb in ihrer ursprünglichen Gemütlichkeit erhalten. Zum großen, von Kastanien überdachten Garten hin baute er das Salettel an, in dem rund 25 Personen Platz finden. Hier möchte Peppi Kalteis den Rahmen für einen besonderen Abend schaffen, deckt mit feinem Silber sowie Platztellern ein und bietet neben der regulären Karte auch edle Menüs an, die mit einer hausgeräucherten Lachsterrine oder Thunfisch-Carpaccio beginnen, mit Tagliatelle oder Ravioli in Trüffelschaum weiter den Gaumen verwöhnen und mit Fasanenbrust im Krautblatt oder Reh-Röllchen in Portweinsauce ihren Höhepunkt finden. Die reguläre Karte bietet neben einfallsreichen Pasta-Gerichten auch verfeinerte bayerische Spezialitäten wie die Ostermünchener Schwarzbrotsuppe mit dunklem Bier und geselchtem Speck, das Backerl vom Ochsen in Rotwein geschmort, aber auch die Kalbsleberscheiben in Thymianjus oder das Rehsteak in Tartuffata-Schaum.

Als krönenden Abschluss serviert das Landhaus Crème Brûlée oder auch Apfelkücherl mit Rahmeis. Peppi Kalteis schafft den Spagat zwischen der feinen mediterranen und der deftigen bayerischen Küche spielend, alles ist geschmacksintensiv und perfekt abgestimmt. Dafür sorgt auch die hohe Qualität der Zutaten, auf die der zurückhaltende Koch sehr großen Wert legt. Seine Enten beispielsweise bezieht er von einer niederbayerischen Züchterin, die auch das Tantris in München beliefert. Das Wild stammt aus heimischer Jagd. Der Gasthof war schon immer berühmt für seine gute Küche. Auch heute sind die Gäste rundum zufrieden. Sie befinden sich allerdings nicht mehr nur auf der Durchreise, denn die Küche des Landhauses zieht auch viele Gäste aus der weiteren Umgebung an.

Landhaus Kalteis
Peppi Kalteis

Rotterstr. 2
83104 Ostermünchen

Telefon 0 80 67 / 90 80-0
Telefax 0 80 67 / 90 80 20

GASTHAUS SCHMIDMAYER

Gasthaus Schmidmayer
Sebastian und Renate Schmidmayer

Dorfstr. 6
83139 Schwabering

Telefon 0 80 53 / 93 53
Telefax 0 80 53 / 20 82 78

Zwischen Bad Endorf und Rosenheim stoßen wir heute auf ein Gasthaus, das in jeder Hinsicht ungewöhnlich ist. Der Wirt baut gerne um und hat dabei ganz „narrische" Ideen, die den Gast nicht nur beeindrucken, sondern auch überraschen – was durchaus erwünscht ist. Ursprünglich wollte Sebastian Schmidmayer das elterliche Gasthaus, das der Modernisierungswut der 1970er Jahre zum Opfer gefallen war, wieder zu seinen Wurzeln und damit zu altem Glanz zurückführen. Als gelernter Metzgermeister und Kellner sowie mit der bei den Eltern gesammelten Küchenerfahrung übernahm er 1990 das Gasthaus – zusammen mit seiner Frau Renate, einer Restaurantfachfrau. Nun begann er mit der Umgestaltung, begrünte den Platz vorm Haus, um eine Terrasse anzulegen, erneuerte die Fassade, baute die Stuben und den Saal um. Das Bodenständige sollte erhalten bleiben, sich aber dennoch vom Üblichen abheben. Als ihm ein Antiquitätenhändler den gotischen Kirchenaltar präsentierte, hatte der Küchenchef die zündende Idee: Dieses wunderschöne, massive Stück wollte er zur Rezeption umfunktionieren. Aus einer antiken Schranktür wurde die Bar des Gasthauses – Sebastian Schmidmayer hatte seine persönliche Linie gefunden. Und die

Ideen gehen dem Tüftler nicht aus: Am meisten überrascht der kreative Kopf seine Gäste auf der Damentoilette, hier hängt das bekannte Motiv „Der Kuss“ von Gustav Klimt überlebensgroß an der Decke. Dem Treppenflur sowie den Hausflur verlieh er wiederum ein antikes Erscheinungsbild; in der Küche schuf er sich einen Ort der Muße und Entspannung – eine toskanische Landschaft versetzt den Betrachter in südliche Gefilde. Dass Sebastian Schmidmayer eine künstlerische Ader hat und eigentlich Architekt werden wollte, verwundert nicht. Nach Ansicht der Schmidmayers möchte sich der Gast im Wirtshaus auch an schönen Dingen erfreuen, weshalb die Chefin die Tische und Räume stets mit besonderen Dekorationen schmückt. Das beste Essen findet keinen Anklang, solange der Kopf nicht frei ist, so ihre Überzeugung. Dass die Küche des Hausherrn aber mindestens ebenso viel Beachtung verdient hat wie das Interieur, bemerkt der Schlemmer schnell. Sebastian Schmidmayer kocht regional, natürlich-kreativ und bietet immer etwas Neues. So schichtet er Lachs, Seeteufel und Garnelen zu einem Fischturm auf, würzt ihn mit Kräutern sowie Zitronengras und benetzt ihn mit Rieslingsauce. Sein Wildschweinfilet umgibt er mit einem Haselnussmantel, die Renke und den Saibling gart er in der Kräuterkruste auf einer Lauchcreme, die Schweinelendchen brät er mit einer Pflaumenfülle. Eine Spezialität ist sein Hirschgulasch, das er nach einem überlieferten Rezept zubereitet. Viel geschmortes Gemüse und vor allem hausgemachte Zwetschgenmarmelade verleihen ihm einen unvergleichlichen Geschmack. Sebastian Schmidmayer ist ein Unikum, das nie stehen bleibt, immer schon an der nächsten Schelmerei tüftelt. Für den Gast lässt er sich stets etwas einfallen, überrascht ihn nicht nur mit einem neuen Interieur, sondern auch mit seinen geschmackvollen, abwechslungsreichen Speisen. Das Gasthaus Schmidmayer – ein Ort, an dem es immer etwas zu schauen und immer etwas zu genießen gibt.

Geschmortes Lammhaxerl in Senfsauce mit Gemüse-Saltimbocca

Zutaten

1 kg frische Lammhaxe (4 Stück)
2 EL Olivenöl
1 l Lammfond
Salz, Pfeffer
50 g Karotten
etwas Lauch und Sellerie
1 Zweig Rosmarin
1 Knoblauchzehe
Tomatenmark
etwas Sahne
je 1 TL Estragon, Basilikum und Thymian, fein gehackt
50 g mittelscharfer Senf

Gemüse-Saltimbocca:
1 kg Gemüse (Karotte, Zucchini, Paprika)
2 EL Olivenöl
12 Salbeiblätter
12 Scheiben geräucherter Bauchspeck (Wammerl)

Zubereitung

Gehackte Kräuter mit dem Senf vermengen, die Lammhaxen darin marinieren. Haxen in eine ofenfeste Form geben und bei 180 °C rund 60 Min. braten, dabei immer wieder mit Lammfond begießen. Den Saucenansatz mit etwas Tomatenmark und mittelscharfem Senf nachwürzen. Sauce durch Sieb gießen, etwas reduzieren, mit Butterflocken montieren und mit wenig Sahne verfeinern. Gemüse waschen, schälen, in dicke Scheiben schneiden, salzen und pfeffern. In Olivenöl bissfest anbraten, aus der Pfanne nehmen und auf Küchenpapier abtropfen lassen. Salbeiblätter beilegen, mit Bauchspeck umwickeln und nochmals kurz in der Pfanne anbraten.

EGGSTÄTTER SEENPLATTE – NORDWESTLICHER CHIEMGAU

Zwischen Rosenheim und dem Chiemsee liegt der in eine idyllische Hügellandschaft einbettete Simssee. Der relativ unbekannte See ist zum Großteil von unberührten Schilf- und Uferzonen umgeben. Mit einer Größe von 6,5 Quadratkilometern ist er der größte der zahlreichen kleineren Seen in dieser Region des Chiemgaus. Auch der Tourismus ist dementsprechend sanft geblieben. Der nur 22 Meter tiefe See ist im Sommer ein beliebter Badesee, auch weil er meist Temperaturen um die 20 °C hat. Weiter nördlich treffen wir mit der Eggstätt-Hemhofer Seenplatte auf eine Anhäufung von 18 Einzelseen, die sich auf rund 3,5 Quadratkilometern zu einem landschaftlich hinreißenden Erholungsgebiet mit zahlreichen Wanderwegen vereinen. Die einmalige Eiszerfallslandschaft ist das älteste Naturschutzgebiet Bayerns. Die größten fünf Seen sowie einige kleinere sind untereinander durch Wasserläufe verbunden. Es handelt sich dabei um so genannte grundwassergespeiste Toteislöcher, d. h. Gletschereislöcher, die nicht mehr mit dem aktiven Gletscher verbunden sind und sich infolgedessen auch nicht mehr bewegen. In Bad Endorf wurde 1962 bei Erdölbohrungen zufällig das jodhaltige Heilwasser entdeckt. Der gemütliche Kurort verfügt mit den Chiemgau Themen über eine großzügige Thermenlandschaft, die mit 1800 Quadratmetern Wasserfläche Badespaß wie auch erholsame Entspannung bietet. Für Liebhaber der Volkstheater stoßen wir mit dem Theatergesellschaft Bad Endorf auf das drittälteste Theater Bayerns, bundesweit ist es das viertälteste. Gegründet 1790 führen die Laienschauspieler heitere wie auch religiöse Stücke auf. Im Teilort Antwort finden Kunstliebhaber mit der Kirche Mariä Himmelfahrt die älteste Wallfahrtskirche des westlichen Chiemgaus. Seit 924 bestehend, wurde sie im Barock und Rokoko erweitert und fasziniert heute mit ihren wertvollen Fresken. Ein weiteres Schmankerl für Kulturbeflissene ist das renommierte internationale Musikfestival auf Gut Immling. Das Gut bietet mit seinen Aufführungen im „Reithallen-Opernhaus" Opern-Eigenproduktionen der besonderen Art sowie musikalisch-kulinarische Nächte und Open-Air-Konzerte. Idyllisch auf einem Hochplateau mit unvergleichlicher Fernsicht gelegen, bietet es zu den musikalischen Höhepunkten einen spektakulären Sonnenuntergang.

Zwischen Rosenheim und dem Bayerischen Meer liegt der verträumt wirkende kleine Simssee, der noch über viele unberührte Schilf- und Uferzonen verfügt. Der Seewirt, unsere heutige Empfehlung, liegt direkt am Badestrand des Sees. Ein blaues Segelboot weist den Weg zum schmucken, idyllisch gelegenen Wirtshaus. Dem Gast begegnet hier ein Ort, der zum Verweilen und Entspannen einlädt. Das liebevoll und individuell gestaltete Restaurant, das die charmante Seewirtin seit zehn Jahren führt, entzückt ebenso wie der helle, freundliche, mit Blumen und dekorativen Stoffen ausgeschmückte Wintergarten, der einen herrlichen Blick auf den See bietet. Im Sommer kann es sich der Gast auf der großen Seeterrasse gemütlich machen. Ob zum Frühstück bei Sonnenaufgang, zum romantischen Candle-Light-Dinner bei Sonnenuntergang oder zum nachmittäglichen Kaffee mit leckeren, nach alten Familienrezepturen gebackenen Kuchen – der Seewirt ist immer eine empfehlenswerte Adresse. Die leichte Küche ist regional und mediterran ausgerichtet; sie tischt je nach Jahreszeit fangfrische Fischspezialitäten aus dem Simssee wie das Hechtfilet in Bärlauchsauce, aromatischen Steckerlfisch, köstliche Fleischgerichte oder auch Vegetarisches auf. Für Veranstaltungen und Familienfeiern arrangieren die Seewirtin und ihr Team mit Esprit individuelle, feine Menüs sowie abwechslungsreiche Büfetts und bieten somit für jeden Anlass den idealen Rahmen.

Der nahe Badestrand verlockt zu einem Sprung ins kühle Nass; wer es eher trocken liebt, kann beim Bootsverleih Kajaks, Tret- und Ruderboote mieten. Und für all jene, die sich gar nicht mehr von dieser Oase der Ruhe trennen können, stehen gemütliche Gästezimmer bereit. Im Seewirt wird es dem Gast leicht gemacht, sich rundum wohl zu fühlen. Fleißigen steht im gesamten Gebäude wie auch am Badestrand ein kostenloser Internetzugang zur Verfügung – doch wer hier wirklich arbeiten möchte, sei gewarnt: Die idyllische Atmosphäre lädt zum Träumen ein, und so mancher hat hier schon die Zeit und damit auch seine Termine vergessen.

Seewirt Ecking
Eva Fischer

Am See 27
83083 Ecking/Riedering

Telefon 0 80 36 / 12 89
Telefax 0 80 36 / 13 92

ZUR SCHÖNEN AUSSICHT

Bayerisches Traditionswirtshaus
Zur schönen Aussicht
Hans und Birgit Gehrlein

Kirchplatz 9
83129 Höslwang

Telefon 0 80 55 / 4 83
Telefax 0 80 55 / 80 31

In Höslwang ticken die Uhren noch etwas anders - oder besser gesagt, sie schlagen genauso wie früher. Das gilt zumindest für die Kirchturmglocken, die, wie einst üblich, die ganze Nacht über jede Viertelstunde kundtun. Der Turm der St. Nikolaus Kirche ist von weitem sichtbar und weist dem Reisenden den Weg nach Höslwang. Gleich neben der Kirche findet der Gast ein Wirtshaus, wie es bayerischer nicht sein könnte. Hier treffen sich die ortsansässigen Vereinsmitglieder, spielen die Mannsbilder noch Schafkopf - und der Wirt wurde eigens vom Pfarrer vom Kirchgang befreit, da der Segen von der Kirche bis hierher reicht. Das Wirtshausschild verspricht nicht einen Deut zu viel - die „schöne Aussicht" bietet vom Gastraum wie auch von der großen Sonnenterrasse einen atemberaubenden Panoramablick über die weitläufige Ebene der Eggstätter Seenplatte bis zu den Chiemgauer Alpen. Das urige Wirtshaus, in dem die bayerische Gemütlichkeit von einem Hauch französischem Bistrostil gestreift wird, ist nicht nur des Blickes wegen eine Reise wert. Das Haus wird von dem gelernten Koch Hans Gehrlein und seiner Frau Birgit seit 1990 in der fünften Generation geführt. Viele Fotografien an den Wänden zeugen von vergangenen Ereignissen und wichtigen Familienfesten wie auch von Schulkameradentreffen und örtlichen Sportturnieren. Das Haus könnte Geschichten erzählen – wir hören lieber dem quirligen Wirt zu. Vielleicht die Geschichte vom Dorfschmied des Kampenwandkreuzes, der den Rucksack eines Gastes, der den Stammtischlern kein Bier ausgeben wollte, auf das goldene Kreuz der Kirche hängte? Oder wie die Junggesellen des Ortes früher von der Oma am Ofen in der Küche verköstigt wurden? Am liebsten spricht er von seiner Leidenschaft zum Fußball, speziell zum FC Bayern. Hans Gehrlein ist Vorsitzender des größten Fanclubs Deutschlands, die 2200 Mitglieder sind übers gesamte Bundesgebiet verstreut. Natürlich kann der Gast in der schönen Aussicht auch sehr gut essen. Der Chef kocht selbst und tischt eine grundehrliche bayerische Küche auf: Auf den Gast wartet eine große Auswahl deftiger Gerichte wie Schweineschulterbraten in Kümmelsauce, knusprige Schweinshaxe, Wollwürste (G'schwollene) mit Kartoffelsalat, panierte Milzwurst, Bauernente, Hirschkalbsbraten oder Bauernzwiebelbraten vom Kalb mit geriebenen Kartoffelknödeln und Apfelblaukraut. Gehrleins Spezialitäten sind vor allem seine Ochsengerichte, die auf einer gesonderten Karte zu finden sind und mit zartem Böfflamott vom Ochsenschlegel in Burgunder, Tafelspitz in

Meerrettich-Sahnesauce, Ochsenroulade im eigenen Saft gegart oder mit dem zarten Pfeffersteak in Cognac-Sahnesauce aufwarten. Alles wird frisch gekocht und schmeckt vorzüglich. Im Höslwanger Wirtshaus herrscht wahre Gastfreundschaft. Eigens für Gäste, die einmal pro Woche zum Kartenspielen kommen, hängt die freundliche Bedienung Agnes eine zusätzliche Lampe auf. Die Herrschaften mögen ihr Tellerfleisch mit Meerrettich – das an diesem Tag für sie und natürlich auch für andere Gäste zubereitet wird – mit unterschiedlichen Salaten und Beilagen, die so bereitstehen. Der Gast ist hier König, was alle Stammtischler bestätigen können – und was am Stammtisch geredet wird, ist die Wahrheit. Insgeheim träumte Hans Gehrlein davon, Schriftsteller zu werden, aber zu unserer aller Freude hat er sich doch für ein Leben als Gastwirt entschieden – und ist dazu ein sehr guter Erzähler geworden.

Höslwanger Ochsenkrautwickerl

Zutaten

500 g Ochsenfleisch
1–2 kleine Zwiebel, gewürfelt
3 Eier
2–3 eingeweichte Semmeln
Salz, Pfeffer, Knoblauch
Petersilie, Muskat, Majoran, Thymian,
1 Krautkopf, weiß
300 g roh geräucherter Schweinespeck, in Streifen geschnitten

Zubereitung

Die Zwiebeln mit der fein gehackten Petersilie mischen. Das Ochsenfleisch durch den Fleischwolf drehen, mit der Zwiebelmischung, Knoblauch und den Gewürzen mischen. Eier und die gut ausgedrückten Semmeln hinzufügen. Salzwasser zum Kochen bringen. Krautkopf vom Strunk befreien. Blanchieren, bis sich die Blätter lösen, mit kaltem Wasser abschrecken. Die Blätter mit der Hackfleischmasse füllen, einrollen. Die Wickerl mit dem Schweinespeck umwickeln, in einer feuerfesten Form im Ofen bei 150 °C ca. 45 Min. braten.

CAFE RESTAURANT VIVARIUM

Von Libellen sagt man, dass sie sich vorwiegend da aufhalten, wo das Biosystem intakt ist – ein gutes Zeichen also. Die Libelle ist auch das Wahrzeichen des Restaurants Vivarium, ein Wort, das aus dem Lateinischen kommt und „Lebensraum" bedeutet. Der Name verspricht nicht zuviel, das Restaurant liegt in einem Garten, der idyllischer nicht sein könnte. Ein von Schilf umrandeter Teich, in dem imposante Kois ihre Runden drehen, liegt im Zentrum der Anlage. Über ihn führt eine kleine Brücke, die bei den Musikveranstaltungen als attraktive Bühne genutzt wird. Die große Voliere, in der Nachtigallen, Sittiche und andere Singvögel ihr Lied trällern, liefert an den sonstigen Tagen die musikalische Untermalung. Mit dem liebenswerten Restaurant verwirklichte die Höslwangerin Brigitte Buchner ihren lang gehegten Traum. Der Garten wie auch die Innenräume entstanden nach ihren Ideen. Seit 1990 tischt die gelernte Köchin hier ihre moderne Mittelmeerküche auf, die neben mediterranen Speisen Vegetarisches sowie Vollwertgerichte bietet. Die Einrichtung ist klassisch-schlicht und edel, ohne aufdringlich zu sein. Auch die Küche von Brigitte Buchner kommt ohne Schnörkel aus: Es handelt sich um eine ehrliche, gesunde Küche, die großen Wert auf Frische und Qualität legt. So oft wie möglich stammen die Produkte aus biologischem Anbau und werden zu Speisen wie Parmesan-Polenta auf Frühlingszwiebeln und Spargel, Sesamkartoffeln auf Rotkraut mit Appenzeller Käse, mit Spinat gefülltem Tintenfisch auf Tomatensugo oder mit Kräutern gefülltem Kaninchen verfeinert. Nachmittags kann man sich im Sommer beschaulich unter Sonnenschirmen oder unter den schattigen Bäumen mit hausgemachten Kuchen verwöhnen lassen oder am Sonntag beim Jazzfrühstück das süße Nichtstun genießen. Zu den Speisen der wöchentlich wechselnden Karte empfiehlt die Chefin gerne auch den passenden Wein. Das Vivarium ist ein gastronomisches Fleckchen, an dem man die Hast des Alltags vergessen, die Seele baumeln lassen und gesund genießen kann. Und dass sich am Teich auch immer wieder Libellen sehen lassen, wundert hier keinen.

Cafe Restaurant Vivarium
Brigitte Buchner

Schönbrunner Str. 1
83129 Höslwang

Telefon 0 80 55 / 82 70

AMERANG

Die kleine, 3500 Einwohner zählende Gemeinde Amerang darf sich mit Stolz Kultur- und Museumsdorf nennen, denn als einziges Dorf in Bayern verfügt sie über gleich drei hochrangige Museen: das anschauliche Bauernhausmuseum, das alle Automobilfans faszinierende EFA-Museum für Deutsche Automobilgeschichte und das charmante Schloss Amerang, dessen Museum Einblicke in die Geschichte des Adelssitzes gibt. Der idyllische Innenhof des Schlosses steht der Öffentlichkeit für Veranstaltungen und Konzerte offen. Die kleine, romantisch gelegene Filialkirche St. Peter zu Meilham ist ein weiteres Kleinod, das einen Ausflug wert ist. Sie gilt als Musterbeispiel einer spätgotischen Landkirche, die teils noch im 15. Jahrhundert, teils in der beginnenden Renaissance ihre prachtvolle Ausmalung erhielt. Das vielseitige Angebot in Amerang wird durch eine Reihe empfehlenswerter kulinarischer Adressen abgerundet. Auch landschaftlich hat Amerang mit dem Ameranger Moos, dem schön zu umwandernden Ameranger See sowie dem Zillhamer See im Ameranger Moor Reizvolles zu bieten. In den Naturschutzgebieten rund um den Ort findet der aufmerksame Wanderer neben wilden Orchideen auch andere seltene Pflanzen.

Es lebt sich angenehm in Amerang: Die Dorfgemeinschaft ist noch intakt. Die Einheimischen lieben ihr Dorf; die Zugezogenen werden integriert und fühlen sich wohl. Was sich auch daran zeigt, dass im Ort über 30 Vereine bestehen – fast jeder Ameranger ist in zumindest einem davon aktiv. Dementsprechend viele Feste und Feierlichkeiten gibt es, denn die Vereine sind um ein abwechslungsreiches Programm bemüht. Durch gegenseitige Unterstützung wird gleichzeitig der Kontakt untereinander gepflegt.

Amerang kann auf eine lange Geschichte zurückblicken; erstmals urkundlich erwähnt wurde es im Jahr 788. Die Geschichte der Ameranger war seit dem Mittelalter eng mit der des Schlosses verbunden. Im 12. und 13. Jahrhundert herrschten die Edelfreien von Amerang, bis zum 15. Jahrhundert die Edlen von Laiming, im 16. Jahrhundert ein italienisches Adelsgeschlecht und ab 1821 die heutigen Freiherren von Crailsheim. Das Schloss mit seinen Festen und Veranstaltungen erfüllt die Ameranger noch heute mit Stolz.

Gemeinde Amerang

Bahnhofstr. 3
83123 Amerang

Telefon 0 80 75 / 91 97-0
Telefax 0 80 75 / 91 97-19

Der Glockenwirt in Amerang ist eine Adresse, bei der man nichts falsch machen kann. Seit rund 10 Jahren sorgen Peter Traubinger und seine Frau für gehobene Qualität in Küche und Service. Das Innere des 1996 erbauten Hauses besticht durch sein wunderschönes böhmisches Gewölbe, seine uralten Böden und die echten Kirchenfenster, die der Besitzer und Bauherr einst zusammentrug und hier zu einem Mosaik vereinte, das ein typisches Wirtshausambiente schafft. Von dem rustikalen Ambiente darf der hungrige Gast allerdings nicht auf die Küche schließen. Hier wird fein gekocht, die klassischen Gerichte werden leicht interpretiert und international abgewandelt. Dabei ist Peter Traubinger äußerst kreativ. Gerne kombiniert er ungewöhnliche Zutaten wie Fisch und Fleisch, verfeinert sie mit exotischen Gewürzen. Dabei entstehen Kompositionen wie Pot au Feu vom Kalbsschwanz mit geräucherter Entenbrust, Kalbslende mit gebratenen Garnelen und Jacobsmuscheln an Brüsseler Endivie oder Wildlachs an Trevisano-Püree sowie in Burgunder geschmorter Seeteufel. Gerne lässt er sich dabei von asiatischen Einflüssen inspirieren, würzt den Fisch oder das Lamm mit Koriander und Ingwer, füllt den Saibling mit einem Püree aus Pak Choi (Mangold-Art), Kreuzkümmel, Koriander und Thymian. Seine Pfeffercremesuppe verfeinert er mit wildem Sauerampfer, der wie Klee, Gänseblümchen und Eukalyptus auf der brachliegenden Wiese vorm Haus steht. Peter Traubinger liebt die Variationen, weshalb nur einige wenige Gerichte ständig auf der Speisekarte zu finden sind. Ihn reizt es, Neues auszuprobieren. Eine romantische Besonderheit ist sein Liebesmenü, das er aus allerlei aphrodisischen Zutaten kreiert wie dem Liebesstangerl (Staudensellerie), der Glückseligkeitswurzel (Sellerieknolle) und den Strohfeuerkartoffeln. Gezielt an Männer richten sich die beliebten Nachtkochkurse.
Hier zeigt der Glockenwirt ab 22 Uhr interessierten Mannsbildern, wie man Hummer, Wild oder andere Leckereien fein zubereitet. Ein Fass Bier sorgt dafür, dass die anfängliche Nervosität sich schnell legt und auch die Gaudi nicht zu kurz kommt. Spätestens nach dem Rehrücken im Apfel haben die Kochschüler ein echtes Ass im Ärmel, mit dem sie ihre Frauen zu Hause genüsslich überraschen können.

Glockenwirt
Familie Peter Traubinger

Bahnhofstr. 23
83123 Amerang

Telefon 0 80 75 / 82 63
Telefax 0 80 75 / 97 99

SCHLOSS AMERANG

Schloss Amerang

Ortholf Freiherr von Crailsheim
Giulia Freifrau von Crailsheim-Larisch

Schloss
83123 Amerang

Telefon 0 80 75 / 91 92-0
Telefax 0 80 75 / 91 92-33

Heute besuchen wir eines der schönsten Ausflugsziele im Chiemgau: Das liebliche, auf einer Anhöhe stehende Schloss Amerang ist ein Juwel, das nicht nur mit seiner Architektur glänzt, sondern auch mit seinen kulturellen Arrangements.
Das Schloss besteht seit über 900 Jahren, davon 700 Jahre in Familienbesitz; seit 1821 gehört es den Freiherren von Crailsheim. Beim heutigen Schlossherrn Ortholf Freiherr von Crailsheim befindet es sich – nunmehr in der 23. Generation – in guten Händen. Der gelernte Bankkaufmann und studierte Volkswirt, der seit 1995 für die Geschicke des Hauses verantwortlich zeichnet, ist für die anstehenden Aufgaben gut gewappnet.
Erstmals urkundlich erwähnt wurde das Schloss im Jahre 1072. Die Edelfreien von Amerang herrschten im 12. und 13. Jahrhundert und wurden von den Edlen von Laiming abgelöst. Um 1530 vollzog das italienische Adelsgeschlecht der Scaliger die wichtigste bauliche Veränderung, als sie den Innenhof der mittelalterlichen Rundburg mit den bezaubernden dreistöckigen Renaissance-Arkaden versahen. Die besondere Akustik in diesem ungewöhnlichen Innenhof sorgt heute für überaus gelungene Abende.

Besuchern, die das Schloss besichtigen möchten, stehen die Schlosskapelle, der arkadengesäumte Innenhof, der mit Fresken versehene Rittersaal, die Adelsgemächer im Barock, Rokoko- und Gründerzeitstil sowie das Grusel verursachende Burgverlies offen. Die Hauptattraktion des Schlosses sind aber die im Schlossinneren abgehaltenen Konzerte, die von klassischer Kammermusik über Jazz bis hin zu Swing und Gospel ein breites musikalisches Spektrum abdecken. Im Schloss lässt es sich gut feiern, weshalb seit 2005 jährlich das mittelalterliche Ritter-Fest ausgerichtet wird. Das kunterbunte Schauspiel entführt seine zahlreichen Besucher in die Welt der Gaukler und Händler: Rund um das Schloss schlagen zahlreiche Ritter, Handwerksleute, Feuerschlucker und Spielleute ihre Lager auf und bieten ihre Künste feil – ein Spektakel der besonderen Art.
Der idyllische Innenhof, der sowohl ungeschminkt als auch im Blumenschmuck einzigartig wirkt, ist die ideale Kulisse für Veranstaltungen jeder Art. Gerne wird er auch für betriebliche und private Feiern – vor allem für Hochzeiten – benutzt; für kleinere Gesellschaften kann die Trauung auch in der Schlosskapelle vorgenommen werden. Auch der junge Freiherr fand im Schloss sein privates Glück. Auf der Suche nach

ihren Ahnen verschlug es die junge Physiotherapeutin für Sportpferde Giulia Freifrau von Crailsheim-Larisch ins Ameranger Schloss. Die beiden lernten sich kennen, mochten sich und die Romanze begann. Letztlich gewinnen konnte der Freiherr seine Auserwählte aber mit einer kulinarischen Finesse: Für das erste Tête à Tête bereitete der junge Mann sein Lieblingsgericht nach einem überlieferten Rezept zu – den Kaiserschmarrn. Und traf damit voll ins Schwarze – das Gericht ist nun auch die Leibspeise der jungen Ahnenforscherin, die schon längst nicht mehr nur die Süßspeisen liebt. Die Suche nach den Ahnen blieb zwar ergebnislos, doch dafür fand Giulia eine eigene Familie: 2003 schloss das Paar den Bund der Ehe.

Kaiserschmarrn

Zutaten

50 g Sultaninen
2 EL Rum
100 g Mehl
0,125 l Liter Milch
3 Eier
Salz
1 Pck. Vanillezucker
30 g Butter
40 g Mandelsplitter
2 EL Puderzucker
10 g Zucker

Apfelmus nach Belieben

Zubereitung

Mehlschmarrnteig mit Eigelben herstellen, zerlassene, lauwarme Butter und gebrühte, gut abgetropfte Sultaninen mit Rum unterrühren, zuletzt den sehr steifen Eischnee unterziehen. Fett in Stielpfanne erhitzen, etwa 1 cm hohe Teiglage eingießen (dünne Teiglagen ergeben zähen Schmarrn), gut anbacken lassen. Wenden, wieder anbacken lassen, dann mit zwei Gabeln in größere Stücke reißen. Goldgelb backen lassen, nach Belieben zuckern und kurz rösten, bis der Schmarrn glänzt. Den fertigen Schmarrn mit wenig Zucker bestreuen, im geschlossenen Topf bei ca. 60 °C im Backofen durchziehen lassen. Danach auf einer heißen Platte anrichten und mit Puderzucker bestreuen. Dazu Apfelmus reichen.

WIRTSHAUS WIRTH VON AMERANG

Wirth von Amerang
Bernhard Weber

Postweg 4
83123 Amerang

Telefon 0 80 75 / 18 59 18
Telefax 0 80 75 / 18 59 17

Für Liebhaber historischer Gemäuer haben wir heute ein wahres Juwel parat. Das Haus stammt aus dem Jahre 1780 und war einst Bauernhof, später Gasthaus. Nach jahrelangem Leerstand wurde das Anwesen in liebevoller Kleinarbeit aufwändig restauriert und 1998 wieder eröffnet. Entstanden ist ein Wirtshaus, das authentischer nicht sein könnte und den Gast ins 18. Jahrhundert zurückversetzt. Beim Betreten der Zechstube klopfen am Stammtisch die Buam zum Schafkopfen ihre Karten auf den Tisch, hängen an der Decke wie just abgelegt die derben Bergstiefel. Der Gast kann aber auch in der typisch bayerischen Herrgottstube Platz nehmen. Gruppen verweilen gern in der alten Küche, die nur vom Schein der großen, offenen Feuerstelle sowie von vielen Kerzen beleuchtet wird. Für Menschen, die die Zweisamkeit suchen, sei die mit zwei kleinen Tischen ausgestattete Welschenstube empfohlen und für die, die sich „gefunden haben", der große Hochzeitssaal. Ein wunderschöner Biergarten mit kleinem Salettl, das bei einem kurzen Regenschauer Obdach bietet, rundet das gastliche Angebot ab. Wirt Bernhard Weber, selbst leidenschaftlicher Schafkopfer, Koch sowie Weinliebhaber, war von Anfang an in das Gasthaus vernarrt. Als gelernter Zimmermann konnte er zudem sein Fachwissen beim Umbau gut einbringen. Dass der Gast bei aller Historie nicht auf zeitgemäßen Komfort verzichten muss, versteht sich von selbst.

Küchenchef Meinrad Stecher sorgt seit 2001 dafür, dass auch die kulinarischen Annehmlichkeiten in bester Manier aufgetischt werden. Seine Erfahrungen sammelte er u.a. in einem schwäbischen Sternehaus und auf der Privatjacht eines früheren Arbeitgebers, wo er so manche prominente Persönlichkeit bekochte. In Amerang besticht er mit einer exzellenten, typisch bayerischen Küche, die äußerst gelungene Ausflüge ins Mediterrane und Südtirolerische unternimmt. Seine Spezialitäten wie Bio-Spanferkelbraten in Starkbiersauce oder das Ochsenbackerl im Gemüse-Meerrettichsud finden nicht nur bei eingefleischten Bayern großen Anklang. Seine italienischen Schlenker, bei denen er Linguine mit Rinderfilet und Pfifferlingen oder vom Chiemsee stammenden fangfrischen Zander mit Oliven, Blattspinat und Rosmarinkartoffeln kombiniert, erfreuen den Genießer in jeder Hinsicht. Gerne verblüfft er seine Gäste auch mit abgewandelten bayerischen Schmankerln wie den köstlichen Essigknödeln mit Hirschknacker oder den Zanderbratwürstln auf Filderkraut. Ein Besuch beim Wirth von Amerang ist eine architektonische wie auch kulinarische Attraktion und damit nicht nur für Liebhaber des Mittelalters obligatorisch, sondern ein absolutes Muss für jeden Chiemgauaufenthalt.

Hoibe Bauernente auf eigenem Bratensafterl mit Blaukraut und Kartoffelknödeln

Zutaten

2 frische, ausgenommene Enten
à 2,1 kg
Fülle:
1/2 Birne
1/2 Apfel
1/2 Orange
1/2 Zwiebel

4 Thymianzweige
2 Beifußzweige
Gemüseklein (Sellerie, Zwiebel, Lauch, Karotte)

Gewürzmischung:
1 EL Salz
0,5 TL schwarzen Pfeffer
1 TL Paprika edelsüß
1/2 TL Anis
1/2 TL Zitronengras, geschrotet
Öl

Rotwein

Zubereitung

Enten mit der Gewürzmischung innen und außen einreiben, Fülle und Kräuter einlegen. Keulenknochen mit Garn zusammenbinden. Enten mit Speiseöl gut einreiben, im auf 230 °C vorgeheizten Backofen auf ein Gitter über einem Blech mit dem Gemüseklein setzen. 20 Min. braten, dann die Temperatur auf 170 °C reduzieren und weitere 80 Min. garen. Die Enten dabei dreimal mit dem Bratenfett bestreichen. Für die Sauce Fett abschöpfen, den Bratenfond mit Rotwein, Wasser und Thymian reduzieren und evtl. abbinden.

Apfelblaukraut

Zutaten

800 g Blaukraut, in feine Streifen geschnitten

Beize:
1/2 Zwiebel
2 Nelken
1 Lorbeerblatt
1 Msp Zimt
2 EL Zucker
0,5 EL Salz
0,2 l Rotweinessig
0,125 l Orangensaft
0,125 l Wasser

1 TL Mondamin
0,4 l Apfelsaft
2 EL Apfelmus

Zubereitung

Blaukraut in der Beize zugedeckt ca. 18 Stunden kühl stellen. 2 EL Entenfett im Topf heiß werden lassen, Blaukraut mit Flüssigkeit dazugeben, halb zugedeckt ca. 1 Stunde kochen, dabei mehrmals umrühren. Mondamin mit Apfelsaft und -mus glatt rühren, in das siedende Blaukraut einrühren, 4 Min. weiterkochen lassen, abschmecken.

EFA MUSEUM FÜR DEUTSCHE AUTOMOBILGESCHICHTE

EFA Museum für Deutsche Automobilgeschichte
Jakob Maier

Wasserburger Str. 38
83123 Amerang

Telefon 0 80 75 / 81 41
Telefax 0 80 75 / 15 49

Für Liebhaber alter Automobile gibt es im Chiemgau eine besondere Adresse. Im beschaulichen Örtchen Amerang findet der Reisende im EFA Museum eine Vielzahl von Klassikern des deutschen Automobilbaus. Chronologisch reihen sich auf 6000 Quadratmetern insgesamt 220 Oldtimer aneinander und entführen den Besucher auf eine Reise durch die Geschichte des deutschen Automobilbaus – von 1886 bis heute.
Das Museum befindet sich in Privatbesitz und wurde von dem Ameranger Unternehmer Ernst Freiberger 1990 begründet. In kurzer Zeit sammelte er rund 150 Oldtimer und ergänzte sie durch Leihgaben des Deutschen Museums München, des Deutschen Technikmuseums Berlin sowie durch Ausstellungsstücke aus den Werksmuseen großer deutscher Automobilhersteller und von privaten Sammlern. In den großzügigen, lichten Ausstellungshallen stehen Exemplare der bekannten Marken Mercedes, Porsche, BMW, Opel, Ford und Audi sowie Roller, Kleinfahrzeuge und extravagante Renn- und Tourenwagen. Das älteste Exponat ist der Benz Patent-Motorwagen von

1886. Aber auch die grandiosen Schöpfungen der 1920er Jahre und die Luxusfahrzeuge der 1930er Jahre wie Maybach, Horch und Mercedes sind zu bestaunen; weiter führt der Weg über die schnuckeligen Kleinwagen der 1950er Jahre bis zu den pfeilschnellen Modellen unserer Zeit. Mit knapp 15 Leihgaben der Porsche AG, die der Stuttgarter Automobilhersteller freundlicherweise zur Verfügung stellte, ist in Amerang zudem eine der größten Porsche-Ausstellungen in Deutschland zu bewundern.
Jakob Maier, Museumsdirektor und gelernter Automechaniker, sorgt dafür, dass ein Großteil der Automobile nach wie vor fahrtüchtig ist. Zur Wartung und Instandhaltung gehört auch das Bewegen der „Schmuckstücke“. So kann es gut sein, dass Sie in oder um Amerang herum ein solches Automobil fahren sehen. Die Oldtimer als funktionstüchtige Zeitzeugen werden aber auch noch anderweitig genutzt. So fungieren sie beispielsweise in historischen Fernsehproduktionen wie dem „Untergang“ oder in Dokumentation über den bayerischen König Ludwig III. als „Statisten“ und werden zu diesem Zweck von Fernsehteams ausgeliehen. Angesichts der Vielfalt und des Top-Zustandes aller Eponate ist es zudem nicht verwunderlich, dass die Oldtimer darüber hinaus auch zu „Stars“ vieler Foto-Shootings namhafter Firmen geworden sind. Aber auch für private Anlässe können die Luxuskarossen gebucht werden. Ganz gleich ob man von einem Maybach oder einem Mercedes-Benz 300 zum Traualtar oder einem anderen Wunschziel gebracht werden möchte, das Museum stellt das passende Fahrzeug mit Chauffeur zur Verfügung. Für Firmen-Events können Oldtimerausfahrten organisiert werden, bei denen die Luxuskarossen auch selbst gesteuert werden dürfen. Das Museum arrangiert für geschlossene Gruppen unterschiedliche Routen: Die Ausflügler können mit Rast im besternten Restaurant oder mit Picknick im Grünen, bei denen ein Caterer Häppchen oder Kaffee und Kuchen vor Ort stilvoll auftischt, eine genussvolle Reise durch den Chiemgau unternehmen.
Im Museumsshop sind viele der ausgestellten Klassiker auch als Miniaturausgabe erhältlich. Ebenso interessant ist die weltweit größte, serienmäßig hergestellte Eisenbahnanlage der Spur II, die im Untergeschoss des Museums zu besichtigen ist. Auf über 500 Quadratmetern sind hier 650 Meter Gleise verlegt. Beim Anblick der leise ratternden Züge wurde schon so mancher gestandene Mann wieder zum Kind und konnte sich nur schwer loseisen. Das Automobilmuseum in Amerang ist immer einen Besuch wert – auch wenn die Sonne lacht.

BAUERNHAUSMUSEUM AMERANG

Bauernhausmuseum Amerang
des Bezirks Oberbayern

Im Hopfgarten 2
83123 Amerang

Telefon 0 80 75 / 9 15 09-0
Telefax 0 80 75 / 9 15 09-30

Wollten Sie schon immer einmal sehen, wie unsere Vorfahren in der Vergangenheit gelebt haben? Dann sollten Sie das Bauernhausmuseum Amerang des Bezirks Oberbayern besuchen. Auf einer Fläche von rund 40 000 Quadratmetern wurden hier bauhistorische Zeugnisse aus der Region zwischen Chiemsee, Inn und Salzach zusammengetragen. Neben original eingerichteten Bauernhäusern sind kunstvoll verzierte Bundwerkstadel, Werkstätten und technische Anlagen zu besichtigen. Fünf Bauernhöfe geben Einblick in die Wohnverhältnisse vergangener Zeiten: der Bartlhof aus Schnapping, der Holzmannhof aus Gessenhausen, der Bernöder Vierseithof, der Mittermayerhof aus Schlicht und demnächst der Häusmannhof aus Aschau im Chiemgau. Man lernt u.a., was ein Wagner herstellte oder wie ein mit Wasserkraft angetriebenes Sägewerk funktionierte. Die zu besichtigenden Gebäude veranschaulichen den Wandel des ländlichen Alltags seit dem frühen 18. Jahrhundert. Nach historischen Vorbildern angelegte Bauerngärten und Ackerflächen sowie eine Obstbaumwiese runden das Bild der einstigen bäuerlichen Kulturlandschaft ab. Bei einem Rundgang durch das Bauernhausmuseum erfährt man nicht nur Lehrreiches über die einzelnen Gebäude, sondern erlebt auch die Vielfalt der kulturgeschichtlichen Themen im ländlichen Raum. Als Service-Angebot stehen den Besuchern kostenlos Audio-guides zur Verfügung. Interessierte Gruppen und Schulklassen können das breite museumspädagogische Angebot mit Führungen und Aktivprogrammen wahrnehmen. In den Sommermonaten zwischen Mai und September finden in den Häusern und im Freien Handwerksvorführungen statt. Im Bauernhausmuseum Amerang können Jung und Alt gemeinsam einen Ausflug in die Geschichte unternehmen – begeben Sie sich auf eine Entdeckungsreise in die Vergangenheit des östlichen Oberbayerns!

Das charmante Museumsstüberl ist ein absolutes Muss für jeden Besucher des Museums. Es ist aber darüber hinaus auch empfehlenswert für alle Liebhaber einer authentischen Wirtshaustradition. Annette Hertreiter hat sich mit der Übernahme des Stüberls 2003 einen lang gehegten Wunsch erfüllt: ein kleines, schmuckes Lokal mit bodenständiger, frischer, bayerischer Küche zu führen. Dank der engagierten und sympathischen Wirtin ist daraus deutlich mehr geworden - ein Kleinod, an dem man die Zeit vergisst. Viele Besucher staunen beim Betreten des Gastraums über die freundliche Stube. Liebevoll und absolut stimmig zeigt sich der kleine Raum, den die gelernte Hotelfachfrau in die Farben gelb und grün gehüllt hat. Alle Dekorationsgegenstände stammen aus dem Fundus der Chefin, die Bilder zeichnete ihr Mann. Gekocht werden täglich frisch Gerichte wie Schweinsbraten, Rindersaftgulasch oder Käsespätzle. Außerdem bietet die Karte Salatplatten, Kaiserschmarrn, Wurstsalat oder das beliebte Brotzeitbrettl, hausgemachte Kuchen sowie Spezialitäten wie die Auszog´ne, eine Schmalznudel. Der Nebenraum mit seiner dekorativen handgehobelten Holzvertäfelung fasst 20 Personen und kann – ebenso wie das Stüberl und der Biergarten – für Feiern auch in den Abendstunden gebucht werden, sei es nun mit Büffet oder einem feinen Menü. Wunderschön sitzt man im großen, schattigen Biergarten, von dem aus der Gast einen Blick auf den idyllischen Museumsteich mit seinem Meer gelber Lilien und auf die ehrwürdigen Gebäude des Bartlhofs und der Schmiede werfen kann. Das Haus, das das Stüberl beherbergt, wurde im Jahr 1847 erbaut und war der Stadl (Scheune) eines Vierseithofes. Das reich verzierte Bundwerk und die Bemalung der Spatzenbalken an der Außenfassade zeugen von der historischen Vergangenheit. Sitzt man in der Stube auf dem kuscheligen Fell am gemütlichen Kachelofen, fühlt man sich in vergangene Zeiten zurückversetzt. Die fesche Wirtin - das Herz des Stüberls – unterstreicht in ihrem bayerischen „G´wand“ diesen Eindruck in schönster Weise – doch am besten lassen Sie sich bei einem Besuch im Museumsstüberl selbst verzaubern.

Museumsstüberl im Bauernhausmuseum Amerang
Annette Hertreiter

Im Hopfgarten 2
83123 Amerang

Telefon 0 80 75 / 91 37 89
Telefax 0 80 75 / 91 33 63

FAMILIENHOTEL ZUM STEINBAUER

Familienhotel Zum Steinbauer
Renate und Sepp Stein

Forellenweg 14
83123 Amerang

Telefon 0 80 75 / 2 11
Telefax 0 80 75 / 14 86

Der Steinbauerhof in Amerang hat ein Herz für Kinder – auf dem weitläufigen ehemaligen Bauernhof können sich die Kleinen so richtig austoben, die Großen so richtig ausspannen – ein Familienurlaub im Amerang macht es möglich: Renate und Sepp Stein bieten kindgerechte Animation auf bayerische Art.

Der Hof der Steins ist etwa 650 Jahre alt und befindet sich seit dieser Zeit in Familienbesitz. Früher war er ein typisch landwirtschaftlich genutzter Hof, der immer schon „Sommerfrischler" zu Gast hatte. 1982 übernahmen Sepp und seine Frau Renate das Anwesen und setzten voll auf Familienurlaub. Sie bauten ihr Haus um, schnitten es auf die speziellen Anforderungen von Familien zu: 38 Wohneinheiten sind so entstanden, darunter Ferienwohnungen, Familienzimmer sowie Familienapartments. Im großen Garten richteten sie viele Spielmöglichkeiten wie das Baum- und Hexenhaus sowie ein Freibad ein, im Inneren des Gebäudes unterschiedliche Spielzimmer, die den ganz Kleinen wie auch den schon etwas Größeren gerecht werden. Betreut werden die Kinder von Erzieherinnen, teilweise auch ganztags. So bleibt den Eltern genügend Zeit für Wanderungen, Berg- und Radtouren, oder sie können sich der Entspannung und Wellness hingeben. Diese wird beim Steinbauer in Form von Massagen und Kosmetikbehandlungen angeboten. Die Kinder toben derweil im Freien und bereiten sich auf das Ritterfest oder die Zirkusveranstaltung vor. Dabei ist es den Steins durchaus wichtig, die Kinder der Natur wieder ein Stück näher zu bringen. Auch was die Ernährung angeht, denn im Steinbauerhof wird alles ganz wie früher selbst gemacht: Kuchen, Brot, Marmeladen sowie Leberwurst. Sehr beliebt ist das vielseitige allabendliche Büffet, zu dem keiner zu spät kommt: Salate, Vorspeisen und Suppen wie die Meerrettichsuppe oder die Früchte-Currysuppe mit Mandelschaum finden sich hier fein aufgereiht neben dem Kassler im Brotteig mit Wirsing, dem Zwiebelrostbraten, der Schweinelende oder dem vegetarischen Sellerieschnitzel. Zweimal wöchentlich steht der Abend unter einem kulinarischen Motto – aufgetischt werden dann italienische Spezialitäten wie die Tomatensuppe mit Basilikum-Schaum, Pasta-Variationen, Spinat-Ricotta-Nocken und Panna Cotta mit Himbeermousse oder deftige bayerische Schmankerln wie Griesnockerlsuppe, Schweinshaxe, Krustenbraten, Bayrisch Kraut und hausgemachter Apfelstrudel. Wunderschön sitzt es sich im gemütlichen Biergarten, in dem an lauen Abenden gegrillt wird. Die kulinarischen Leckereien des Steinbauerhofes erfreuen sich einer so großen Beliebtheit, dass etliche Köstlichkeiten auch in Gläsern abgefüllt zum Mitnehmen bereit stehen. Im gleich vis-à-vis liegenden Feinkostladen Poidl finden sich die hausgemachten Spezialitäten ebenso wie frisches Gemüse, Obst und Käse sowie Wein unter dem Motto: Genuss mit Verstand. Das Angebot der kleinen Feinschmecker-Oase ist übrigens nicht nur Hotelgästen vorbehalten, sondern richtet sich an alle Genießer.

Boeuf à la mode

Zutaten

800 g marmoriertes Rindfleisch (Tafelspitz oder Bürgermeisterstück)
etwas Rinderfett (vom Metzger dazugeben lassen)
gemischtes Gemüse (Lauch, Sellerie, Zwiebel, Karotte)
1 Gewürzbeutel (Wacholder, Lorbeer, Nelke, Majoran, Bohnenkraut)
2 EL Palmfett oder gehärtetes Pflanzenfett
4–5 EL Mehl
Salz, Pfeffer, Muskat, Kümmel
etwas Essig

Zubereitung

Das Fleisch kalt aufsetzen, zum Kochen bringen, 2–2,5 Stunden bei geringer Hitze sieden lassen. Das Gemüse als Hauptbestandteil der Sauce sauber schälen und putzen, Abschnitte zurücklegen. Gewürzbeutel zum Fleisch geben. Das Gemüse hinzufügen und 20 Min. mitkochen lassen, herausnehmen, fein hacken oder durch den Wolf pressen. Die Gemüseabschnitte zur Suppe geben. Für die Sauce einen Topf mit Fett erhitzen, Mehl einstreuen, unter ständigem Rühren eine dunkle Mehlschwitze zubereiten. Sie sollte geschmeidig sein – gegebenenfalls noch etwas Fett unterrühren. Nun das gehackte Gemüse zugeben, anrösten, mit etwas Brühe ablöschen, glatt rühren, weiter Brühe zugeben und mindesten 15 Min. kochen. Mit Salz, Pfeffer, Muskat und wenig Kümmel abschmecken. Vor dem Servieren noch etwas Essig zufügen.

OBING

Die Gegend um Obing ist geprägt von sanften Wiesen mit gestandenen Bauernhöfen. Es ist eine ruhige Ecke, wie geschaffen für Erholungsuchende und Kunstliebhaber, denn Obing hat beiden einiges zu bieten.

Die Seen rund um den liebenswerten Ort sind die letzten Ausläufer der Eggstätter Seenplatte. Landschaftlich reizvoll liegt der von Schilf umrandete Brunnsee. Zum Baden – auch in Freikörperkultur – lockt der nahe, zu einem Landgasthof gehörende Griessee, der schön im Wald liegt und zum Naturschutzgebiet der Seeoner Seen gehört. Er ist ein Moorsee und zählt zu den wärmsten Badeseen Bayerns.

Besonders interessant ist der größte der drei Seen, der Obinger See. Er ist bekannt für sein vom Bürgermeister Hans Thurner ins Leben gerufene Skulpturenprojekt, für das 25 in Chiemgau ansässige Bildhauer ihre Skulpturen auf dem Pfad rund um den See postierten. Die Objekte entstanden in ganz unterschiedlichen Techniken; so findet der Besucher neben klassischen, in Stein gehauenen Arbeiten auch rostige oder glänzende Metallgebilde sowie aus natürlichen Materialien wie Holz geschaffene Figuren.

Ziel des Projekts war es, Kunst aus dem elitären Bereich der Galerien herauszuholen, um sie unmittelbar mit der Bevölkerung in Berührung zu bringen. Ein Unterfangen, das für viel Gesprächsstoff sorgte und somit sein Ziel erreichte.

Zurück im Ort lohnt sich auch ein Blick auf die alte Kunst. In der neugotischen Pfarrkirche kann der Gast am Hochaltar einige kunsthistorisch besonders wertvolle Schnitzfiguren betrachten: die Madonna mit Kind, den Heiligen Laurentius – dem die Kirche geweiht ist – sowie den Heiligen Jakobus, die vom legendären „Meister von Rabenden" stammen. Der eigentliche Name des bedeutenden süddeutschen Bildhauers des frühen 16. Jahrhunderts ist nicht bekannt. Seine Werke sind jedoch für ihre große Gestaltungskraft berühmt. Er erhielt seinen Beinamen nach dem beeindruckenden Altarwerk von Rabenden.

Mehrere Bauernhöfe und renommierte Gastronomiebetriebe sorgen für ein Gästeangebot, das abseits des Massentourismus Erholung und Ruhe garantiert. Selbst auf dem idyllischen Golfplatz mit Blick auf die Alpen und den Obinger See geht es beschaulich zu – auf bald in Obing!

Gemeinde Obing
Hans Thurner

Kienberger Str. 5
83119 Obing

Telefon 0 86 24 / 89 86-0
Telefax 0 86 24 / 89 86-33

WEISSBRÄUSTÜBERL ZUM „HIERL“

Weißbräustüberl
Familie Müller

Bräugasse 10
83119 Obing

Telefon 0 86 24 / 22 38
Telefax 0 86 24 / 82 99 69

Unweit der Hauptstraße in Obing, quasi in der zweiten Reihe findet der kundige Gast das liebenswerte Weißbräustüberl. Früher wurde hier das obergärige Bier gebraut, das im angeschlossenen Bräustüberl auch gleich getrunken werden konnte. Einst war das Anwesen ein Bauernhof, die niedrig angesiedelten Fenster, die Lüftlmalerei und die Ranken an der Außenfassade erinnern noch an diese Zeit. Beim Eintreten in die im Bauernhausstil gehaltene Gaststube fühlt sich der Gast als käme er nach Hause: Handbestickte Kissen dienen der Bequemlichkeit, Blumentöpfe auf den Fensterbänken schaffen eine heimelige Atmosphäre. Die Pächter des Stüberls Hildegard und Ottmar Müller verstärken mit ihrer liebevollen und gastfreundlichen Art diesen Eindruck noch. Und wenn die Wirtsleute Köchin und Metzger sind, verheißt das erfahrungsgemäß kulinarische Bestleistungen. Dem optischen Eindruck entsprechend tischt die Wirtin bayerische Küche vom Feinsten auf. Frisch aus dem Ofen kommen je nach Tageskarte Schweine-, Sauer- oder Spanferkelbraten. Nicht nur für „Auswärtige“ stehen die hausgemachten Spätzlevariationen wie Käse-, Schinken- oder Krautspätzle auf der Karte, vielmehr ist der Chef selbst Anhänger der schwäbischen Spezialität. In der kalten Jahreszeit werden deftige Speisen zubereitet, beispielsweise während der Krautwochen ein hausgemachtes Rübenkraut. Hildegard Müller bereitet es aus der weißen Feldrübe wie Sauerkraut zu und serviert das leicht süßliche Gericht zu Blut- und Leberwurst. Eine Spezialität des Hauses sind die hausgemachten Brat- und Rostbratwürste, allesamt Eigenkreationen von Chef Ottmar Müller, die absolut empfehlenswert sind. Hauptattraktion des Weißbräustüberl ist aber sicherlich der idyllische Biergarten. Hier sitzt man wunderbar lauschig und kann sich ganz der bayerischen Lebensart hingeben. Herzstück des Gartens ist der Grill, an dem der Chef

mit großer Begeisterung sowie dem nötigen Ernst das Fleisch auflegt. Das Angebot und die Qualität sind dabei weitaus größer als das, was üblicherweise in Biergärten zu finden ist. Gegrillt wird erst nach Bestellung, was dem Genießer ein stets frisch zubereitetes, auf den Punkt gegartes oder medium belassenes Fleischstück garantiert. Wählen kann der Gast zwischen Steaks, die alle in verschiedenen, eigenen Würzmischungen mariniert wurden. Im Angebot sind mit Rosmarin, Thymian und Oregano gewürzte Nackensteaks, die in französischer Art abgeschmeckten Lammlachsen sowie die Rinderhüftsteaks, -lenden oder Filets. Auch Fisch ist zu haben, Forelle, Saibling und manchmal auch Lachs. Selbstverständlich dürfen auch hier die hausgemachten Würstchen nicht fehlen, allen voran die Käsekrainer, bei denen die Käsestücke beim Anschneiden fein zerlaufen, oder die pikant abgeschmeckten Pusztakrainer. In großen Schüsseln stehen dreierlei Dips zur geschmacklichen Abrundung bereit, ebenso wie ein großes Salatbüfett. Den krönenden Abschluss bilden die Eiskreationen, die alle wunderschön dekoriert sind und beim Vorbeitragen schon manchen Gast haben schwach werden lassen. All jenen, denen das Dessert in flüssiger Form lieber ist, sei der Forthäusler Beerenschnaps empfohlen, der aus Heidel-, Vogel- und Brombeeren gebrannt wird. Im „Hierl“ findet der Genießer bayerische Gastlichkeit in ihrer schönsten Form – und auch wenn das Bier nicht mehr selbst gebraut wird, durstig geht hier keiner nach Hause.

Wiener Apfelstrudel

Zutaten

Teig:
250 g Mehl
Salz
20 g zerlassene Butter
1 Ei
bis 0,125 l warmes Wasser
Öl zum Bestreichen

Füllung:
Butter zum Einstreichen
Semmelbrösel, mit Butter geröstet
2 kg Äpfel
100 g Nüsse, gemahlen
100 g Zucker
100 g Sultaninen
1-2 TL Zimt
3 EL Rum

Zubereitung

Alle Teigzutaten rasch zu einem Strudelteig verarbeiten, 30 Min. ruhen lassen. Teig ausziehen, Semmelbrösel in Butter anrösten, auf dem Teig verstreuen. Äpfel schälen, würfeln, mit den anderen Zutaten gut vermengen, auf dem Teig verteilen. Aufrollen und mit Butter bestreichen. Auf ein Backblech legen und bei 180 °C rund 45 Min. backen. Währenddessen immer wieder mit Butter oder Sahne bestreichen. Zum Anrichten mit Puderzucker bestreuen, mit Pistazien und Früchten garnieren und mit Sahne und Vanilleeis servieren.

HANS THURNER – UTE LECHNER

Ute Lechner

Mühle
83562 Rechtmehring

Telefon 0 80 76 / 97 83
Telefax 0 80 76 / 88 74 46

Hans Thurner

Landertsham 3
83119 Obing

Telefon 0 86 24 / 24 39
Telefax 0 86 24 / 87 66 48

Hans Thurner beschreibt sich gern selbst mit drei B´s: Bauer von Beruf, Bildhauer aus Leidenschaft und Bürgermeister seit 1996. Er ist ein Autodidakt, der in Landertsham bei Obing geboren wurde, und seine künstlerische Initialzündung 1975 im Wald erlebte, als er auf ein paar uralte Schuhe stieß. Sie faszinierten ihn derart, dass er sie mitnahm und etwas damit anfangen wollte. Er erkannte in dem zerschlissenen Leder die Geschichte eines Menschen, ein Leben, das in den Schuhen seine Spuren hinterlassen hatte. Er packte sie in Objektkästen und ließ andere Inhalte folgen. Stets sind es Materialien mit einer deutlichen Struktur, die Hans Thurner als Lebensspuren sichtbar machen möchte. Dieses Thema lässt ihn bis heute nicht mehr los. Die Strukturen spiegeln in seinen Augen Verletzungen und Verwundungen, die ihn vor allem aufgrund der Narben interessieren, die sie hinterlassen. Es folgten erste Ausstellungen, bei denen er 1979 auf bemerkenswerte Weise die Künstlerin Ute Lechner kennen lernte: Sie trat kurz entschlossen in die Schuhe seines Objektes und damit auch in sein Leben.

Ute Lechner verkörpert in fast jeder Hinsicht den Gegensatz zu Hans Thurner, sowohl was ihre Statur, ihr Temperament und ihren Werdegang betrifft. Geboren wurde sie in Berlin. Sie studierte an der Hochschule für Bildende Künste in Kassel Malerei bei Fritz Winter; zur Bildhauerei fand sie erst später. Zwischenzeitlich heiratete sie, gründete eine Familie mit fünf Kindern. Als die groß wurden, hatte sie wieder mehr Zeit und Muße für die Kunst. Zudem war sie mittlerweile mit ihrem Mann nach Bayern gezogen, kurze Zeit später gingen sie allerdings getrennte Wege. Mit ihren Objekten entlud sich bei ihr vieles, was sich in den letzten Jahren aufgestaut hatte – zunächst als Relief mit Papier und Holz, später in Form freier Skulptur. Ute Lechner ging nach Wasserburg und wohnt jetzt in einer alten Wassermühle. Mit Hans Thurner bildet sie ein Paar, das künstlerische Pläne und Projekte gemeinsam erarbeitet und konzipiert. Trotz ihrer scheinbaren Gegensätzlichkeit ergänzen sich die beiden in idealer Weise, ist ihr Blick auf die Dinge identisch, bringen sie sich gegenseitig stets voran – zwei Seelenverwandte haben sich gefunden.

Es folgten zahlreiche gemeinsame Ausstellungen und größere Projekte. So z.B. „Laudemium" im Kloster Seeon, dargestellt durch Abgaben der Bauern ans Kloster mit 55 einachsigen Karren, bestückt mit in Bronze gegossenen Broten, Fischen, Früchten und Getreide. Ihr zuletzt präsentiertes gemeinsames Projekt beeindruckt durch seine Ausdrucksstärke und seinen symbolischen Bedeutungsgehalt: „Die Erde ist keine vollkommene Kugel" – großformatige Metallkugeln versinnbildlichen dabei die Verletzlichkeit unseres Daseins. Die Objekte waren im Kloster Raitenhaslach ausgestellt, auf dem Gelände des Klinikums Rosenheim, beim Opernfestival auf Gut Immling sowie in Passau anlässlich der „Europäischen Wochen". Die Bildhauer interpretieren das selbstgewählte Thema auf unterschiedliche Weise. Die kugelförmigen Objekte sind nicht nur in Größe, Aufbau und Material verschieden, sondern auch in der Oberflächengestaltung. Ute Lechner formte glatte, glänzende Kugeln, Hans Thurner hingegen schuf matte, rostige und poröse Objekte. An seinen Kugeln sind die Verletzungen und Narben offensichtlich, in Ute Lechners Werken erschließen sie sich hingegen erst bei näherer Betrachtung. Denn die Kugeln sind selbst verletzlich, mit ihrer schützenden Hülle wecken sie Assoziationen zur menschlichen Zelle, die dünnhäutig sein, reißen oder platzen kann. So ließen sich viele Parallelen von den Kugeln zum menschlichen Leben ziehen – doch sie sind auch schlichtweg ästhetisch und einfach wunderschön anzusehen – gerade aufgrund ihrer Unvollkommenheit.

WASSERBURG

Wir begeben uns heute an den nordwestlichen Rand des Chiemgaus, der ganz im Zeichen des Flusses Inn steht. Der grüne Fluss brachte im Mittelalter als Transportweg für den Holz- und Salzhandel den anliegenden Städten und Märkten angenehmen Wohlstand. Eine besonders eng mit dem Fluss verbundene Stadt ist das bezaubernde Wasserburg. Seine Altstadt liegt auf einer vom Inn umflossenen Halbinsel.
Im Jahre 1137 verlegte der Limburger Hallgraf Engelbert seinen Stammsitz hierher, was als die Gründung des Ortes betrachtet wird. Durch die Innschifffahrt und den darüber abgewickelten Salzhandel gelangte die sich am Fuße der Burg bildende Ansiedlung zu Wohlstand. Mit dem Aufstieg von Rosenheim verlor die Stadt jedoch an Bedeutung und versank in einen bis heute andauernden Dornröschenschlaf.

In die pittoreske, fast völlig erhaltene Altstadt gelangt man entweder von der höher gelegenen Landzunge aus oder man betritt die Stadt über die rote Innbrücke und durchquert das stattliche Brucktor.
Wasserburg bietet dem Besucher in seinem verschachtelten Gassengewirr etliche versteckte Ecken und Nischen, zahllose Erker und Laubengänge. Eine Besonderheit sind die im Inn-Salzach-Stil erbauten Häuser mit ihren Grabendächern und den an den Fassaden angebrachten Regenrinnen. Auf der dem Inn zugewandten Seite des Brucktores sind Wandmalereien aus dem Jahre 1568 zu bestaunen, die zwei Scharwächter mit dem bayerischen und dem Wasserburger Banner sowie Jupiter darstellen. Das 1374 erbaute Tor führt den Besucher ins Innere der Altstadt auf den lang gestreckten Marienplatz. Hier lohnt die Heiliggeist-Spitalkirche einen

Besuch, deren wertvolles, holzgeschnitztes Altarbild die Darstellung des Pfingstwunders zeigt. In den Räumen des Spitals ist das Erste Imaginäre Museum untergebracht, das über 500 Meisterwerke aus aller Welt zeigt – originalgetreu nachgebildet. Wunderschön das mit Stufengiebeln versehene spätgotische Rathaus sowie das gegenüberliegende Kernhaus, ein Patrizierhaus mit reich verzierter Rokokofassade. Für den kunstvollen Bauschmuck zeichnete der Münchner Hofstuckateur Johann Baptist Zimmermann verantwortlich, der auch schon die Deckenfresken der weltberühmten Wieskirche schuf. Die breiten Laubengänge, die zweigeschossigen Erker und die herrlichen Fresken lassen das Patrizierhaus eher wie einen kleinen Palast wirken. Auf geführten Altstadtrundgängen, die die Stadt Wasserburg anbietet, kann sich der Interessierte über die ereignisreiche Geschichte der Stadt informieren. Einen schönen Einblick in das Leben und Wohnen der damaligen Zeit vermittelt das Museum Wasserburg, das stilvoll in einem spätgotischen Patrizierhaus untergebracht ist. Die auf drei Stockwerke verteilte Ausstellung präsentiert sakrale Kunst, Volkskunst sowie Objekte der damaligen Wohn- und Handwerkskultur. Vollständig eingerichtet sind u.a. ein Kaufladen, eine Backstube, eine Konditorei sowie verschiedene Werkstätten. Ein Spaziergang am Inn holt den Besucher dann wieder in die Gegenwart zurück: Der Skulpturenweg entlang des Ufers vermittelt mit modernen Skulpturen und Objekten des Wasserburger Künstlerkreises einen Einblick in die zeitgenössische Kunst im Chiemgau.

HOTEL FLETZINGER

Hotel Fletzinger
Restaurant Hotel Bar
Andreas Mayer

Fletzinger Gasse 1
83512 Wasserburg

Telefon 0 80 71 / 90 89-0
Telefax 0 80 71 / 90 89-177

Das Hotel Fletzinger kann auf eine 300 Jahre währende Tradition zurückblicken. Das Haus hat schon viele Gäste kommen und gehen sehen, von einigen reisenden Künstlern hängen heute noch Bilder an der Wand, mit denen sie einst ihre Schuld für Kost und Logis beglichen. Im ganzen Haus sind Relikte und Möbel aus dieser Zeit zu finden, die gelungen mit zeitgenössischen Stilelementen kombiniert werden. Seit 2005 führen Andreas Mayer und seine Frau Nicola von Braunmühl das 40 Zimmer umfassende Haus. Ganz im Stil eines Bräustüberls ist das rustikal-gemütliche Restaurant gehalten; der große weiße Kachelofen strahlt Wärme und Behaglichkeit aus. Die fein eingedeckte Bürgerstube nebenan eignet sich ideal für Gesellschaften oder ein feines Menü, das herrschaftliche Ambiente des Raumes mit den Porträts der einstigen Besitzer schafft den passenden gediegenen Rahmen für einen solchen Abend. Die

Speisen des Küchenchefs Christopher Marx sind typisch bayerisch mit Ausflügen nach Österreich und in die internationale Küche. Natürlich findet der Genießer den frischen Krustenbraten wie auch den Kaiserschmarrn auf der Karte. Im großen gemütlichen Biergarten – dem einzigen in Wasserburg – gibt es in der warmen Jahreszeit zudem frisch gegrillte Schweinswürstel, Steaks, Spanferkel sowie Steckerlfisch.

Die wahre Leidenschaft des österreichischen Inhabers aber zeigt sich in der schicken Bar und Lounge, die gestylt wirkt, aber zugleich englische Gediegenheit verströmt. Die Liebe zum Mixen und Shaken entdeckte Andreas Mayer während seiner Zeit als Manager des amerikanischen Kreuzfahrtschiffs „Seabourn", mit dem er sechs Jahre lang die Welt umsegelte. Der Luxusliner der Extraklasse beherbergte so manchen Prominenten. An deren Lieblingsdrinks sowie an rund 500 weiteren Cocktails kann der Genießer nun auch in Wasserburg nippen, geschüttelt oder gerührt nach Originalrezepten. Faszinierend die Lichtdecke über der lang gestreckten Theke, die sanft von Farbe zu Farbe wechselnd die Bar in eine elegante Stimmung hüllt. Für Kenner hat Andreas Mayer immer eine passende Spirituosen-Spezialität parat, sei es nun ein spezieller, schwer erhältlicher Whisky, der hochwertige Gin Tangueray Ten, der polnische Vodka Chopin oder das norwegische Voss-Mineralwasser. Ganz gleich ob vor dem Diner oder zum Abschluss des Abends, ein Besuch in der Fletzinger Bar lohnt sich immer, und im Gegensatz zu früheren Zeiten kann der Reisende heute etwas Wertvolles mitnehmen – von der mit 23-karätigem Gold verkleideten Wand darf sich der Gast ein Blättchen abkratzen – mittlerweile die Attraktion in Wasserburg.

Geschmorte Hasenkeule in Geneversauce mit frischem Marktgemüse und Mandel-Kroketten

Zutaten

4 Hasenkeulen à 200–300 g
800 g Röstgemüse (Sellerie, Karotten, Zwiebeln, Lauch, Wurzelgemüse)
Rosmarin, Thymian
1 EL Tomatenmark
ca. 0,1 l Rotwein
1 l Wasser
Genever
Salz, Pfeffer, Muskat
Knoblauch
2 EL Johannisbeergelee
Mehlbutter

Zubereitung

Hasenkeulen waschen, trocken tupfen, mit Salz, Pfeffer, Rosmarin und Thymian würzen. In einem Reindl mit geklärter Butter von beiden Seiten anbraten, bis sie genug Farbe angenommen haben. Keulen herausnehmen, das Röstgemüse anschwitzen, Tomatenmark unterrühren und mit Rotwein ablöschen. Mit Wasser auffüllen und mit den Hasenkeulen 35–40 Min. bei niedriger Temperatur garen. Keulen herausnehmen, die Sauce mit frischem Muskat, Knoblauch, Genever und Johannisbeergelee abschmecken, mit Mehlbutter leicht andicken. Hasenkeulen auf Tellern mit Mandelbällchen und Gemüse anrichten, mit Orangenscheiben, Johannisbeergelee und einem Klacks Schlagrahm garnieren.

GASTHOF FISCHERSTÜBERL – TRAUM BISTRO WUNDERLAMPE

Gasthof Fischerstüberl
Restaurant Pension Cafe
Familie Fischer

Attel-Elend 1
83512 Wasserburg

Telefon 0 80 71 / 25 98
Telefax 0 80 71 / 5 11 35

Im Umland von Wasserburg, leicht von der B15 aus zu erreichen, liegt unsere heutige Station, das Fischerstüberl in Attel, das Robert und Petra Fischer seit 1988 führen. Bei ihnen dreht sich fast alles um den Fisch, den Robert Fischer zum Großteil selbst in neun mit Quellwasser gefüllten Teichen züchtet. Frischer kann der Fang kaum sein: Jeden Morgen tritt der Küchenchef den Weg zu seinen Teichen an und fängt die Menge an Forellen, Karpfen und Saibling, die er für den Tag benötigt. Frisch ausgenommen und geschuppt bereitet er sie auf vielerlei köstliche Weise zu: eher herkömmlich nach Müllerin Art, im Blausud gedämpft oder gebacken mit Remouladensauce. Aber auch auf ungewöhnlichere Weise: Die Fischers reisen gern, kommen aber selten dazu, weshalb sie die Küchen der Welt einfach in Attel zu Tisch bitten. Beispielsweise mit den Forellenfilet Variationen, die als Poisson

Cru, bei dem gebackene Forellenstreifen von Limetten, Kokosmilch und Bananen begleitet werden, glaciert an feinen Tagliatelle oder als Bahia, dem brasilianischen Eintopf mit Tomaten, Chili und Kokosmilch, serviert werden. Allerlei Suppen, feine Vorspeisen sowie umfangreiche Salatvariationen machen Appetit auf mehr. Die Bistroküche bietet dazu eine kreative Auswahl kleiner Köstlichkeiten an, vom korsischen panierten Schafskäse über Pinchitos morunos – andalusische Fleischspießchen – bis zu den Tagliatelle mit Zanderstreifen. Natürlich sind auch Fleisch und vegetarische Gerichte zu haben; Eingeweihte bevorzugen jedoch die hausgezüchteten Spezialitäten der Inhaber. Ein Blick in die erlesene Weinkarte offenbart den Schwerpunkt des Hauses; allein neun offene Weißweine stehen zur Auswahl, für Rotweinliebhaber immerhin fünf. Sitzen kann der Gast im rustikalen vorderen Bereich, im schönen Wintergarten, im hellen Nichtraucherraum oder auf der großen Sommerterrasse. Für Feiern steht zudem ein im Landhausstil gehaltener Raum zur Verfügung. Für sehnsüchtige Reiselustige oder für romantische Seelen bietet sich im Obergeschoss eine Oase zum Stillen dieser Leidenschaften. Die Fischers haben hier ihr Faible für die Ferne mit ihrem „Traum Bistro“ Wunderlampe konsequent umgesetzt: Orientalische Fliesen, dicke, farbige Polster sowie liebevoll dekorierte Utensilien aus Tausend und einer Nacht entführen den Gast ins Morgenland, versprühen den Charme eines marokkanischen Souks. Die Gerichte sorgen für die kulinarische Untermalung dieser Eindrücke: Pakora, frisches Gemüse im Kichererbsenteig, Couscous-Currybällchen auf dem Wisingblatt, das Hähnchengericht „Sultans Traum“ sowie die „Karawanserei“ verwöhnen den Gaumen mit fernöstlichen Aromen. Petra und Robert Fischer wollten Stätten der Begegnung, Orte der Kommunikation schaffen – für sie der eigentliche Sinn eines Gasthauses. Sie haben darüber hinaus kulinarisch wie sinnlich stimmige Oasen geschaffen, in denen sich der Gast mit Entzücken in heimische wie auch exotische Geschmackswelten versetzen lässt.

Forellenfilet auf Pernod-Spinat mit marinierter Garnele

Zutaten

4 Forellenfilets à 100 g
8 Riesengarnelen ohne Schale
600 g Spinat
2 große, fest kochende Kartoffeln
2 Knoblauchzehen
1 Stängel Zitronengras
50 ml Sojasauce
1 kleines Stück Ingwer
frische Gartenkräuter
Petersilie
Pfannkuchenteig aus 2 Eiern, 100 g Mehl, 1 Tasse Milch
Salz, Pfeffer, Muskat, Zucker, Öl

Zubereitung

Riesengarnelen im Schmetterlingsschnitt teilen, über Nacht in Sojasauce, Zucker, fein gehacktem Zitronengras und Ingwer marinieren.
Pfannkuchenteig mit frischen Kräutern im Mixer pürieren, so dass ein grüner Teig entsteht.
Blattspinat waschen, putzen und tropfnass in wenig Wasser blanchieren. Kartoffeln schälen, in 1 cm große Würfel scheiden, blanchieren, in Butter fertig garen, salzen und mit Petersilie bestreuen. Blattspinat mit Butter, Salz, Knoblauch und Muskat garen, mit Pernod abschmecken.
Die Kräuterpfannkuchen dünn ausbacken, in Dreiecke schneiden.
Forellenfilets und Garnelen in Butter und Pflanzenöl braten, heiß stellen.
Crêpes auf vorgewärmte Teller legen, den Blattspinat darauf anrichten, darauf das Forellenfilet und auf diesem wiederum die Garnelen drapieren.
Die Würfelkartoffeln ringsum verteilen.

KÄSEREI LERCHENMÜLLER

Käserei Lerchenmüller
Inntaler Ziegen- und
Schafmilchprodukte GmbH
Josef und Margarete Lerchenmüller

Anton-Woger-Str. 10
83512 Wasserburg

Telefon 0 80 71 / 10 43-3
Telefax 0 80 71 / 10 43-41

Für Freunde von exquisiten Ziegenkäsen gibt es eine gute Nachricht: Vorbei die Zeit, da man in benachbarten Ländern nach guten Erzeugeradressen suchen musste – wir haben eine in der hiesigen Region parat. In Wasserburg kreiert ein uriger Schwabe namens Josef Lerchenmüller feinste Käsespezialitäten, die in der gehobenen Gastronomie sowie in Fein- und Naturkostläden schon lange bekannt sind. Um seine anerkanntermaßen hervorragende Qualität zu gewährleisten, verwendet der Molkereimeister nur reine Naturprodukte und hauseigene Rezepte. Die Milch stammt von „glücklichen" Ziegen, die frei und artgerecht gehalten werden. Im Sommer weiden sie auf den 1200 Meter hoch gelegenen Almwiesen des Tiroler Zillertals sowie auf Hochlagen des bayerischen Alpenraumes; im Winter bekommen sie ausschließlich „natürliches" Futter wie Heu, Hafer, Gerste und Rüben. Denn nur Produkte von glücklichen Tieren machen auch uns Menschen gesünder und lebensfroher, so die Überzeugung des Verfechters des gesunden Genusses. Die Milch wird schonend verarbei-

tet, d.h. bei geringer Gradzahl erhitzt. Die Reifung des Käses erfolgt ausschließlich aufgrund natürlicher biologischer Vorgänge in hauseigenen Reifekellern aus Ziegelsteinen. Josef Lerchenmüller versteht sich als Diener des Käses; er lässt ihm zudem die nötige Ruhe zum Reifen. Das Resultat dieser Fürsorge ist erstklassig und sucht seinesgleichen.
Über 40 verschiedene Sorten hat die Käserei in ihrem Sortiment, darunter feincremiger Camembert, Brie, Taleggio, Münsterkäse oder Romadur. Daneben finden sich Spezialitäten wie der Busana, ein halbgereifter Ziegenkäse mit wohlgeformten Rundungen, der um die drei Wochen ruhen darf. Ebenso gibt es Frischkäse-Variationen, die mit Lachs, Basilikum, Bärlauch, Meerrettich, Pesto, aber auch mit Marmeladen, Ahornsirup oder Beeren verfeinert werden. Alle Käse zeichnen sich durch einen unverwechselbaren Charakter aus, sind einmalig cremig, aromatisch und fein im Geschmack. Ganz besonders attraktiv sind die Frischkäsebällchen, die im aparten Holzkästchen angeboten werden und in einer dünnen Hülle aus Kümmel, Estragon, schwarzem oder rotem Pfeffer stecken. Eingerollt in luftgetrockneten Schinken und kurz im Backofen angewärmt, stellen sie eine schnell zubereitete, köstliche Vorspeise dar, die idealerweise zu Prosecco, einem frischen Rosé oder leichten Weißwein gereicht werden sollte. Eine kleine Delikatesse ist auch das mit Semmelbröseln panierte, kurz angebratene Goaßkaserl, das zu knusprigem Brot oder Pellkartoffeln, in jedem Fall mit Preiselbeeren serviert wird. Da alle Käse ausschließlich in Handarbeit gefertigt werden, beweist Käser Josef Lerchenmüller Fingerspitzengefühl sowie einen ausgezeichneten Geschmack. Und da der Ziegenkäse nicht nur besonders fein und cremig schmeckt, sondern auch sehr bekömmlich ist, stellt er für Kuhmilchallergiker eine wunderbare Alternative dar.

Zu den Ziegen kam der gebürtige Pforzheimer zum einen aufgrund seiner „eigenen Sprüche, die ihn wieder einholten“, zum anderen aufgrund seiner schwäbischen Tugenden. Einem bekannten Bauern, der nicht recht wusste, was er mit der Milch seiner 50 Ziegen anfangen sollte, antwortete Josef Lerchenmüller forsch, dass das doch kein Problem darstelle, er würde daraus einfach Käse machen. Der Bauer nahm ihm beim Wort, womit der wackere Schwabe gar nicht gerechnet hatte. Doch als die 20 Liter Ziegenmilch vor seiner Haustür standen, kam der sparsame Schwabe in ihm zum Vorschein, dem der Respekt und die Achtung vor dem Lebensmittel über alles gehen. So blieb ihm nichts anderes übrig, als die Milch noch am gleichen Tage zu verarbeiten. Lab war im Haus sowie etwas Sauermilch und so werkelte er bis spät in die Nacht, um die Ziegenmilch zu versorgen. Einige Wochen später, als er nachts Hunger bekam, probierte er das Ergebnis seiner Mühen und war begeistert. So beschloss er, das Experiment zu wiederholen. Mittlerweile verarbeitet der fleißige Schwabe täglich rund 5000 Liter Milch, die teilweise auch von Schafen und Kühen stammt. So kam der Lerchenmüller zum Ziegenkäse – zu unser aller Glück kann ein Schwabe eben nichts verkommen lassen.

SCHLOSS HART

Restaurant im Schloss Hart
Peter Ingwersen

Hart 6
83533 Edling bei Wasserburg

Telefon 0 80 39 / 17 74
Telefax 0 80 39 / 90 92 70

In der Nähe von Wasserburg besuchen wir heute das Restaurant im Schloss Hart, das sich seit 90 Jahren im Besitz der Familie Schnetzer befindet. Wunderschön präsentiert sich der geschlossene Gebäudekomplex bereits von außen – beim Betreten des Schlossinnenhofes sollte der Gast kurz innehalten und den Blick über die Südseite des Hauses schweifen lassen: Die übereinander liegenden Säulengänge bezaubern und stimmen auf den kulinarischen Teil des Abends ein. Begrüßt werden Gäste zuallererst von Bella, der nicht aus der Ruhe zu bringenden Berner Sennenhündin, die sich meist in der Nähe des Einganges aufhält. Das Restaurant zeichnet sich durch ein imposantes, in helles Rot getauchtes Spitzkappengewölbe aus, das dem Raum seinen eigenen, interessanten Ausdruck verleiht und dem zentral in der Mitte stehenden Kachelofen optisch ausreichend Platz lässt. Seit 2004 herrscht im Schloss Hart der Nordfriese Peter Ingwersen über das Reich der Töpfe und Pfannen. Nach Anstellungen in schwäbischen Spitzenküchen hatte es ihn immer weiter in den Süden bis nach Italien und anschließend wieder zurück ins Bayerische gezogen. Seine Küche kommt ohne Schnörkel aus und lässt sich schwer einordnen. Mediterrane Einflüsse sind ebenso zu spüren wie friesisch-herbe. Zum knusprigen Brot serviert Ingwersen eine Trilogie mit Guacamole, Kräuterquark und gehackten schwarzen Oliven. Es folgt als Amuse gueule ein Tafelspitz mit Wachtelei an Zitronengrascreme, der einmalig zart und fein ist und uns jetzt schon verzückt. Die Vorfreude wird durch ein leichtes Klopfen an der Scheibe zur Küche verstärkt, das anzeigt, dass der nächste Gang bereit ist. Es folgt eine Spinatschaumsuppe mit Fisch und Speck, die mit ihrem feinen, leicht säuerlichen Aroma köstlich mundet. Gelungen ist auch die Gelbe Paprika-Curryschaumsuppe mit Pangasiusfilet. Der folgende Kalbstafelspitz an Parmesanrisotto mit Zucchini, Möhre und Paprika ist ebenso vorzüglich wie das Schweinefilet auf Balsamicolinsen und die Entenbrust in Orangen-Pfeffersauce.

Gerne kombiniert Peter Ingwersen Fisch auch mit Ungewohntem wie etwa Kohlvariationen, so den knusprig gebratenen Zander auf Rahmkraut oder mit Champagner-Sauerkraut, den er mit jungen Frühkartoffeln serviert. Auch den hierzulande eher unbekannten Grünkohl, den er bereits gut eingeführt hat, verbindet er in seinen Kreationen mit Fisch, so beim Zanderfilet mit Grünkohl-Senfsauce. Die Weinkarte wartet mit edlen Tropfen vor allem aus Österreich, Italien, Frankreich sowie Deutschland auf und bietet immer auch besondere Empfehlungen. Die Atmosphäre ist heiter und gelassen, im Hintergrund ist moderne, groovige Musik zu hören, die zur herrschenden Stimmung sehr gut passt.
Die abschließende Mousse au Chocolat an Johannisbeer-Coulis ist intensiv cremig und fein kakaopudrig, was in bester Weise mit

dem leicht säuerlichen Geschmack der Früchte harmoniert. Die knusprigen, hauchdünnen Schokoladenblätter geben dem Dessert eine zartbittere Note und runden die Aromenvielfalt ab. Derweil hat sich der Stammtisch gefüllt; hier werden nun appetitliche ausschauende Platten mit bayerischen Schmankerln serviert, die alles bieten, was das hiesige Genießerherz zu seinem Glück braucht: vom Fleischpflanzerl über den Leberkäs bis hin zur Brezn. Auch diesen Gästen scheint es ausgesprochen gut zu munden.

Peter Ingwersen schafft in seinem Restaurant den Spagat, eine typische Landhausatmosphäre mit fein eingedeckten Tischen zu verbinden, ebenso wie er eine regional ausgerichtete Küche mit kreativen internationalen Elementen kombiniert. Seine Kochkunst ist nicht klar zu definieren – am besten probiert man sie selbst.

TRACHTEN-DESIGN ANGELIKA BÖHM

Trachten-Design
Angelika Böhm
Karin Böhm

Porschestr. 1
84478 Waldkraiburg

Telefon 0 86 38 / 8 54 24
Telefax 0 86 38 / 8 54 21

Zu beziehen bundesweit im Facheinzelhandel. Bezugsquellen werden gerne übermittelt. Karin Böhm entwirft auch individuelle Ausstattungen für Hotels.

Trachten und Dirndl werden gerne mit Brauchtum und Tradition verbunden. Was ja auch stimmt, nur eben nicht ausschließlich. Denn was Karin Böhm aus den ursprünglichen Formen und Schnitten zaubert, geht darüber weit hinaus. Die Mutter und Namensgeberin der Trachten-Manufaktur gründete das kleine Unternehmen 1969. Als sie aufhören wollte, beschloss Tochter Karin, die Tradition der Mutter fortzuführen. Sie brach das begonnene Fremdsprachenstudium ab und absolvierte eine Ausbildung zur Damenschneiderin. Seit 1981 kreiert sie nun in Waldkraiburg äußerst einfallsreiche, nicht mit herkömmlichen Trachten zu vergleichende Dirndl, Jacken, Röcke, Blusen und Mieder. Die Formen sind dabei klassisch gehalten, orientieren sich aber im Schnitt am modischen Zeitgeist. Karin Böhm gelingt diese ungewöhnliche Verknüpfung in brillanter Weise. Auffallend dabei ihr kokettes Spiel mit Farben. So kombiniert sie leuchtendes Pink mit edlem, in gediegenem Petrolgrün gehaltenen Samt. Immer auf der Suche nach ungewöhnlichen Farbzusammenspielen wird sie oft in der Natur fündig. Die Stoffe sind von bester Qualität und stammen u. a. aus Wien, Irland, Italien sowie aus Bayern. Hier werden die faszinierenden Kollektionen nicht nur entworfen, sondern auch gefertigt. Vieles ist dabei Handarbeit, so die feinen Froschmäulchen, die von Hand an Ausschnitte von Miedern oder Blusen genäht werden, die handgezogenen Rüschen, die ausgefallenen Knöpfe oder die farblich abgestimmten Paspeln aus Seide bzw. Samt. Die edlen Stücke sind nicht nur optisch schön anzusehen, sondern auch äußerst bequem. Perfekt auf Figur geschnitten, engen sie nicht ein, sondern bieten höchsten Tragekomfort. Trachten stehen im Übrigen jeder Frau, denn beim Dirndl oder Mieder werden die wohlgeformten Körperregionen idealerweise betont, andere dagegen leicht „verschleiert". Dass Trachten nicht nur auf dem Oktoberfest eine gute Figur machen, zeigen die frechen Kombinationen, die Karin Böhm propagiert. So stellt sie gern trachtige Mieder mit modernen Hosen, bäuerliche Röcke mit schicken Blazern oder Rüschenblusen mit Jeans zusammen. Den Variationen sind keine Grenzen gesetzt; sie lassen Tracht und Dirndl in einem ganz neuen Licht erscheinen – mal zeitlos traditionell, mal gediegen elegant oder peppig frech – in jedem Fall absolut individuell.

RESTAURANT HARDTHAUS

Restaurant Hardthaus
Marc Vermetten

Marktplatz 31
84539 Kraiburg am Inn

Telefon 0 86 38 / 7 30 67
Telefax 0 86 38 / 7 30 68

Einem wahren Feinschmecker ist kein Weg zu weit und so brechen wir ins Hinterland auf, um uns an der Küchenkunst von Marc Vermetten zu ergötzen. Sein stimmungsvolles Hardthaus liegt am Marktplatz umrahmt von schmucken mittelalterlichen Fassaden. Das Haus wurde im Jahr 1478 erbaut und gehörte einst einer Kaufmannsfamilie namens Hardt. In den Räumen des Restaurants sind noch die Regale des früheren Kolonialwarenladens von 1875 untergebracht, die für eine angenehm warme Atmosphäre sorgen. Das dunkle Interieur steht in schönem Kontrast zu den elegant in Weiß eingedeckten Tischen.
So viel zum konventionellen Teil des Restaurants; der Rest ist in jeder Hinsicht wohltuend anders.
Der Holländer Marc Vermetten absolvierte - wie es im Nachbarland üblich ist - eine fünfjährige Kochausbildung in wechselnden Betrieben. Danach begab er sich auf Wanderschaft, u.a. nach Belgien und Frankreich, verbrachte zudem ein Jahr beim Sternekoch Heinz Winkler. 1999 machte er sich in Kraiburg selbständig. Hier kann er nun so kochen, wie er will – nämlich „wild“. Die Karte wechselt täglich; Marc Vermetten legt sich ungern fest, entscheidet beim Einkaufen, was abends auf den Tisch kommt. Seine Speisen sind regional mit deutlichen asiatischen und italienischen Einflüssen, gerne scharf, wenig zurückhaltend, häufig kräftig aromatisch. Das Amuse gueule eröffnet derart delikat den Reigen feiner Köstlichkeiten, dass man mit wachsender Begeisterung den nächsten Gang erwartet. Mit dem fantastischen Guacamole schmuggeln sich auch südamerikanische Aspekte in Marc Vermettens weltoffene Küche. Seine samtigen Suppen sind zu Schaum gewordene Träume, so leicht, dass man sich fragt, wie solch duftige Essenzen es schaffen, diesen intensiven Geschmack

zu transportieren. Die Variationen vom Reh sind von einer Aromenvielfalt und Zartheit – dabei kräftig und äußerst interessant abgestimmt –, dass sie den Gaumen in wahre Freudentaumel versetzen. Weitere Höhepunkte der Speisekarte bilden die delikate Rehschulter mit Apfel-Sellerie-Püree, das feine Steinbuttfilet mit Orangen-Ingwer-Butter sowie die exzellente Bouillabaisse mit Fenchel, Safran und Edelfischen. Die Weinkarte wartet stets auch mit unbekannten Winzern auf, die Marc Vermetten, selbst Sommelier, auf Reisen entdeckt. Rund 300 Positionen liegen im Keller sowie in den temperierten Schränken parat.
Der Service um Karsten Müller begleitet den Gast aufmerksam, souverän und äußerst kompetent, dabei bemerkenswert locker – was im Übrigen für das ganze Haus gilt. Im Hardthaus herrscht eine schöne Ungezwungenheit, die dem hohen Qualitätsanspruch von Küche und Service in keinster Weise zuwiderläuft. Ganz im Gegenteil – das junge dynamische Team im Hardthaus sprüht nur so vor guter Laune, die regelrecht ansteckt. Marc Vermetten setzt mit seinem Hardthaus ein deutliches Zeichen dafür, dass höchstes Küchenniveau auch in umkomplizierter Weise zelebriert werden kann. Dass er damit den Zeitgeist trifft, zeigt die Tatsache, dass sein Haus stets gut besucht ist – der Weg nach Kraiburg ist Feinschmeckern mittlerweile wohl bekannt.

Lauwarmer Pastasalat mit Hummer und Thymianöl

Zutaten

2 Hummer à 400 g
30 g Meersalz
0,2 l Olivenöl Extra Vergine
1 Bund Thymian
1 Knoblauchzehe, fein gehackt
1 Zitrone
100 g Tagliolini (feine Bandnudeln)
2 EL Sherryessig
100 g Crème Fraîche
1 reife Avocado
100 g bunter Blattsalat, fein gezupft
Salz
schwarzer Pfeffer aus der Mühle

Zubereitung

Den Hummer in Meersalzwasser 3 Minuten kochen, im Kochwasser abkühlen lassen. Noch leicht warm ausbrechen. Für das Thymianöl Olivenöl, Knoblauchzehe, Thymian und Saft von 1/2 Zitrone auf ca. 60 °C erhitzen und ziehen lassen. Avocado schälen, hacken, mit Zitronensaft vermischen, Crème Fraîche dazugeben, salzen und pfeffern. Tagliolini al dente kochen und absieben. Mit Sherryessig, Olivenöl, Salz und Pfeffer abschmecken. Avocadocreme mittig auf Teller geben, Blattsalate darauf anrichten. Die lauwarme Pasta auf eine Gabel rollen und auf dem Salat drapieren. Anschließend den ausgebrochenen Hummer darauf anrichten, mit Thymianöl beträufeln und mit Thymianzweigen dekorieren.

Tipp: Es empfiehlt sich, für Avocadomousse, Salat und Pasta einen Metallring von 8–10 cm Durchmesser zum Anrichten zu verwenden.

TRAUNSTEIN

In Traunstein treffen wir heute auf die dritte Salinenstadt im Chiemgau. Erstmals erwähnt wurde die Stadt 1245, angenommen wird aber, dass sie bereits im 10. Jahrhundert besiedelt war.
Einer Sage nach entstand der Name aus einer mystischen Begebenheit, die sich ereignete, als ein Fuhrmann mit schwerer Fracht die Traun überqueren wollte. Als er inmitten des Flusses nicht mehr recht weiterkam, soll er zu fluchen begonnen haben, dass er sich wünsche, dass alles gleich zu Stein werde – was auch unvermittelt geschah: Mann, Ross und Wagen wurden in Stein verwandelt. Gleichwohl der markante Fels an der östlichen Ortseinfahrt unweit der Traun tatsächlich zu sehen ist, weist natürlich nichts wirklich darauf hin, dass es sich hier um den versteinerten Fuhrmann handelt.

Belegt ist dagegen, dass die aufkommende Stadt immer wieder mit harten Rückschlägen zu kämpfen hatte. So die zwei verheerenden Stadtbrände, von denen der erste 1704 zur Zeit der österreichischen Besatzung von ungarischen Panduren gelegt wurde. Er veränderte das mittelalterliche Stadtbild stark, die erst fertig gestellte St. Oswaldkirche, das Rathaus, viele Gebäude sowie die Stadtmauer wurden schwer beschädigt. Die Traunsteiner ließen sich aber nicht entmutigen, bauten über viele Jahre hinweg ihre Stadt wieder auf. Im 18. Jahrhundert veränderte sie ihr Antlitz hin zum typischen Inn-Salzach-Stil mit Erkern und hochgezogenen Scheinmauern. Doch das Schicksal schlug erneut zu: 1851 zerstörte ein verheerender Brand, dessen Ursache nie geklärt werden konnte, nahezu die gesamte Stadt: an die 100 Häuser, sämtliche Tore

und Türme fielen dem Brand zum Opfer. Doch auch dieses Mal gaben die Traunsteiner nicht auf. Viele der heute sehenswerten Gebäude stammen aus der Zeit des Jugendstils. Der Jacklturm, Teil der ehemaligen Stadtbefestigung von Traunstein, wurde erst 1998 wiederaufgebaut, 2000 festlich eingeweiht und zeigt, wie verbunden die Traunsteiner mit ihrer Tradition und Historie sind. Im Heimatmuseum, das in einem wunderschönen im typischen Inn-Salzach-Stil erbauten Ziegelwirtshaus sowie dem Oberen Turm untergebracht ist, kann der Besucher sich anschaulich in vergangene Zeiten versetzen.

Das Leben und Werken in Traunstein kann der Interessierte auch in der Literatur des ausgehenden 19. und des 20. Jahrhunderts nachlesen. So verbrachte Ludwig Thoma hier ab 1890 einige Jahre als Rechtsreferendar, bevor es ihn in die Landeshauptstadt München verschlug. Die Eindrücke dieser Zeit fanden Eingang in sein literarisches Schaffen. Ebenso verweilte der berühmte Schriftsteller Thomas Bernhard während seiner Kindheit in Traunstein und hielt das Erlebte in seinem autobiographischen Roman fest. Papst Benedikt XVI verbrachte seine Kindheit ebenfalls in Traunstein, besuchte hier das Erzbischöfliche Studienseminar und feierte in der St. Oswald Kirche seine Primiz, die erste Heilige Messe eines neu geweihten Priesters. Die direkt am Stadtplatz stehende Kirche ist nicht nur selbst einen Besuch wert, sondern sie verleiht dem zentralen Platz auch seinen Charme. Die sich umreihenden Bürgerhäuser mit ihren vielseitigen kleinen Ladengeschäften, sympathischen Cafes und gemütlichen Gasthäuser laden zum Bummeln und Einkaufen ein. Und wer bei soviel Geschichte jetzt einen anständigen Hunger sowie Durst verspürt, der hat die Wahl zwischen besten Bräuhäusern, denn Traunstein ist bekannt für seine Brauereikunst. Feiern können die Traunsteiner ebenso gut wie brauen. Beim alljährlich am Ostermontag stattfindenden weit über die Chiemgauer Grenzen hinaus bekannten Georgiritt betrachten Hunderte von Besuchern die bis zu 400 festlich geschmückten Pferde sowie Wagen. Der Ritt kann auf eine jahrhunderte lange Tradition zurückblicken und wird flankiert vom historischen Schwertertanz, der vor und nach dem Ritt am Stadtplatz vorgeführt wird.

Dass Traunstein auch kulinarisch viel zu bieten hat, verwundert nicht, denn der bayerische Sternekoch Alfons Schuhbeck erblickte hier das Licht des Welt.

POST
SCHLECKER

SCHLOSSBRAUEREI STEIN

Schlossbrauerei Stein
Wiskott GmbH & Co KG
Helmut A. Mühleisen

Schlosshof 2
83371 Stein a. d. Traun

Telefon 0 86 21 / 98 32-0
Telefax 0 86 21 / 98 32-40

Die Schlossbrauerei Stein ist nicht nur für ihr hervorragendes Bier bekannt, sie kann auch mit einer besonderen Attraktion aufwarten: Die Schlossanlage, in der sie untergebracht ist, zählt sicherlich zu den ungewöhnlichsten in Deutschland, denn sie besteht aus drei verschiedenen Burgen. Auf der 50 Meter hohen Nagelfluhwand steht der älteste Teil, das aus dem 12. Jahrhundert stammende Hochschloss. Direkt darunter klebt die einzigartige Höhlen- oder Felsenburg. Sie zählt zu den wenigen noch begehbaren Burgen in Europa, die höhlenähnlich in den Felsen gehauen wurden. Hier soll einst Heinz von Stein gehaust haben, ein Raubritter, der im Mittelalter Angst und Schrecken verbreitete, indem er Reisende auf der Salzroute zwischen Salzburg und München überfiel und ausraubte oder einheimische Jungfrauen in seine Burg verschleppte. Seine Schreckensherrschaft wurde beendet, als ihn ein liebender Jüngling, der seine Angebetete befreien wollte, im Kampf tötete. Von der damaligen wilden Zeit zeugen heute nur noch die Namen der zu besichtigenden Räume. Im

Rahmen von Führungen kann der Gast in die „Heinz von Stein Erlebniswelt“ eintauchen, die ehemals rauen Sitten im Rittersaal, der Folterkammer sowie dem „Wohnzimmer für die geraubten Mädchen“ anschaulich nachvollziehen. Die Besichtigung führt auch in die Gärkeller der Brauerei sowie in die im Felsen befindlichen Lagerkeller. Dabei erfährt der Gast Wissenswertes zur traditionellen Braukunst und kann sich anschließend vom besonderen Geschmack der Steiner Biere gleich selbst überzeugen.
Die Geschichte der Schlossbrauerei ist lang. 1489 wurde das Steiner Bier erstmals urkundlich erwähnt. Die Brauerei wuchs und galt im 17. Jahrhundert als eine der größten Bayerns. Lange Zeit befand sie sich im Besitz von wechselnden Fürstenhäusern. Bekannt ist vor allem die bayerische Prinzessin Amalia von Leuchtenberg, spätere Kaiserin von Brasilien, sowie deren Neffe, ein Nachkomme der russischen Zaren, die im 18. Jahrhundert das bezaubernde neue Schloss – das dritte der Anlage – bauen ließen und dort so manches rauschende Fest feierten. Wo einst das Vergnügen Vorrang hatte, hat nun die Ernsthaftigkeit ihren Platz: Schüler eines internationalen Internats, das im Schloss untergebracht ist, lernen hier für ihr Abitur. In den 1930er Jahren stießen das Ehepaar Max und Isolde Wiskott gemeinsam mit Professor Ellermann auf das Anwesen, kauften es und bauten die Brauerei wieder auf. Heute braut das Unternehmen jährlich rund 65 000 Hektoliter Bier und füllt ca. 15 000 Hektoliter Erfrischungsgetränke ab. In Stein wird die bayerische handwerkliche Braukunst hoch gehalten. Zum Einsatz kommen vor allem heimische Zutaten wie Chiemgauer Braugerste und aus der Hallertau stammender Hopfen. Das Bier wird in zehn bis zwölf Tagen natürlich vergoren und reift anschließend vier bis sechs Wochen in den konstant temperierten Lagerkellern im Fels. Die Kohlensäure bindet sich in dieser Zeit in das Bier ein, ein Vorgang, dem es sein leichtes Prickeln verdankt. Die Steiner Biere sind bekannt für ihren besonderen, ganz eigenen Geschmack und sehr beliebt in der Region. Vor allem das Steiner Export hell sowie die für bayerische Verhältnisse kleine Abfüllung „Stoaner Zwerg“, den es als Export und Pils gibt. Spezialität des Hauses sind die Biobiere, benannt nach dem berühmt-berüchtigten Burgherrn: Beim naturtrüben Heinz von Stein Export sowie dem hellen und dunklen Hefeweißbier sind Braugerste, Hopfen und Hefe Bioprodukte, gebraut werden sie mit dem hauseigenen Quellwasser. Die Biere sind besonders weich und sehr bekömmlich, dabei angenehm süffig zu trinken. Die helle Weiße ist schön frisch und besitzt ein ausgeprägtes, für Weißbiere typisches Bananenaroma. Die dunkle Weiße ist ein Novum im Haus, das erst 2005 auf den Markt kam und auf Anhieb einschlug - in den ersten acht Wochen verkaufte die Brauerei bereits die Planmenge des gesamten Jahres. Ein Volltreffer, weich und mild im Geschmack. Ein Besuch beim „wilden Heinz“ ist somit in jeder Hinsicht lohnenswert, sei es um den kulturellen Hunger oder den leiblichen Durst zu stillen – beides ist in Stein in bester Weise möglich.

TRAUNWALCHENER GOASSLSCHNALZER

Traunwalchener Goaßlschnalzer

Kontakt:
Pößmoos Nr. 2
83361 Kienberg

Telefon 0 86 28 / 587

Bayern verbindet der reisende Gast immer auch mit Brauchtum. Eine ganz besondere Art, bayerische Tradition zu pflegen, ist das Goaßlschnalzen – das musikalische Schnalzen mit der Peitsche. Die Gruppe aus Traunwalchen ist darin ein wahrer Meister, was ihr bereits zwölf Mal offiziell mittels des Bayerischen Meistertitels beurkundet wurde. Ursprünglich stammt das Schnalzen aus der Zeit, als Pferdefuhrwerke durch die Gassen zogen - teils schnalzten die Fuhrleute mit ihren Peitschen als Zeitvertreib, um sich während der Fahrt zu beschäftigen, teils als Vorwarnung für andere Fuhrwerke. Auch nutzten sie die Goaßl als Aufmerksamkeits-Signal für die Pferde, so Simon Wolff. Die Gruppe besteht seit 1973 und wurde von Ferdl Langschwert und Max Stohmayer gegründet, zwei Männern, die diese Kunst noch im Alltag ausführten. Ihre Auftritte absolvieren die Traunwalchener auf Veranstaltungen von Trachtenvereinen, auf Messen und Festabenden; daneben werden sie für private Feiern und von Unternehmen engagiert. Dabei fliegen die Schnalzer auch schon mal bis Rom, um

Bayerns Brauchtum zu repräsentieren. „Als junger Mann will man Kraft zeigen. Das Goaßlschnalzen ist ein Brauchtum, bei dem Bewegung drin ist. Und man hat Freude dabei. Natürlich ist auch ein wenig Stolz dabei, wenn man im Bierzelt auf dem Tisch steht, um die Leute zu unterhalten", so Bartl Fleck über das Schnalzen. Was so leicht aussieht, ist äußerst anstrengend, benötigt zudem ein gutes Gehör, musikalisches Taktgefühl und die perfekte Beherrschung der Peitsch-Technik. Die ersten Goaßln wurden handgefertigt aus einem 16 Millimeter dicken, besonders biegsamen Rohrstecken, der auf fünf Millimeter heruntergehobelt wurde. Heute werden überwiegend Glasfiberpeitschen verwendet. Am Ende der Peitsche hängt ein Stück Schnur, daran eine Quaste, deren Fransen für den Ton ausschlaggebend sind. Der Knall entsteht durch einen Überschalleffekt. Die Schnalzer drehen lockere Kreise in Form einer Acht. Durch die sanfte Vorwärtsbewegung der Peitsche und der dann ruckartigen, mit Kraft ausgeführten Rückwärtsbewegung schnalzt die Peitsche zurück und erzeugt den lauten Knalleffekt. „Wesentlich dafür sind die Fransen an der Quaste.
Je länger und dicker die Quaste ist, umso lauter und dumpfer ist der Knall.
Je kürzere und je weniger Fransen sie hat, umso leiser und heller ist der Ton", so Andreas Thaler, Gründungsmitglied der Gruppe. Dass sich all „das Gepeitsche" auch noch nach Musik anhört, ist ein beeindruckendes Ereignis, das man unbedingt einmal erlebt haben muss. Gemeinsam mit den Musikanten der Gruppe, die die „Diatonische Ziach" (Steirische Zieharmonika) spielen, entsteht die Musik, zu der die Goaßlschnalzer ihre Töne einzeln im Wechsel, gemeinsam, ein- und zweihändig akzentuiert setzen. Um die 40 Stücke gehören zum Repertoire der Gruppe. Wichtig für die Bewertung bei der Meisterschaft sind auch die einheitliche Goaßlführung, die Ausdauer beim Schnalzen und zuletzt die eingebauten Schwierigkeiten beim Stück. Das beidhändige Schnalzen - „das fast schon in Kunst übergeht" - ist besonders schwer und selten. In Traunwalchen gibt es drei, die diese Kunst beherrschen: Andreas Thaler, Bartl Fleck und Anton Esterbauer. Das Programm der Gruppe umfasst neben dem Goaßlschnalzen noch das „Schuhplatteln, das rhythmische Löffelschlagen, das Kuhglockenspiel sowie Mundartgedichte, Verse und Gstanzln, die so vorgetragen werden, „dass es auch Nichtbayern verstehen", so Anderl Thaler. Wichtig beim Auftritt ist auch die Tracht, an der alles eine Bedeutung hat. Man erkennt beispielsweise am Hut, aus welcher Gegend Bayerns der Träger stammt. Die Traunwalchener Schnalzer tragen als Hutschmuck einen Gamsbart, der je nach Größe und Länge bis zu 2000 Euro kosten kann. Die Abzeichen am Hut zeigen die Erfolge auf; der Lederriemen (Ranzen), der mit Pfauenfederkielen bestickt wird, wurde früher als Geldbörse benutzt; der Hosenträger weist auf die Vereinszugehörigkeit hin; die Lederhose wird beim Schuhplatteln für die Schenkelschläge benutzt.
Kniestrümpfe oder Loifal (Wadenstrümpfe) und natürlich Schuhe mit Ledersohle (Haferlschuah) vervollständigen die komplette Trachtenausstattung.

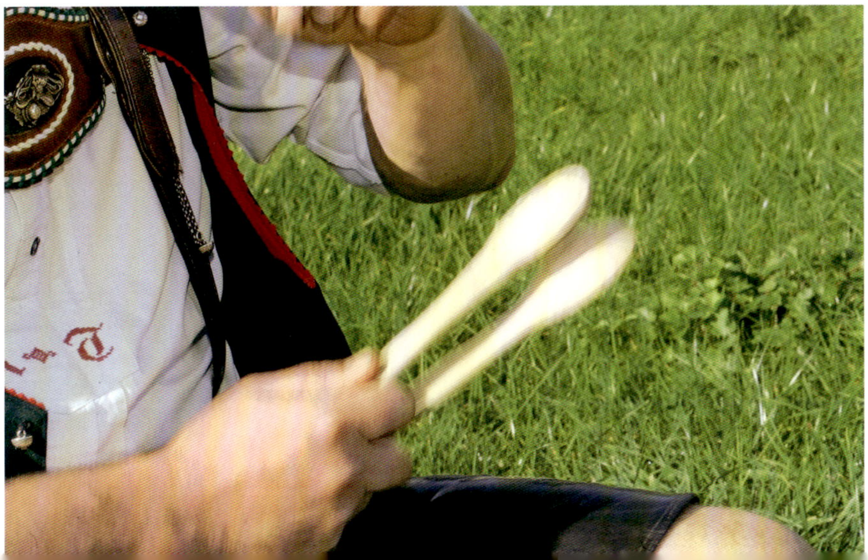

HOFBRÄUHAUS TRAUNSTEIN

Hofbräuhaus Traunstein
Josef Sailer KG

Hofgasse 6
83278 Traunstein

Telefon 08 61 / 9 88 66-0
Telefax 08 61 / 9 88 66-66

Der bayerische Herzog und spätere Kurfürst Maximilian begründete 1612 mit dem Weißen Brauhaus das heutige Hofbräuhaus. Traunstein war damals eine aufstrebende Saline, was viele durstige „Salzleute" in die Stadt zog. Nach mehreren Eigentümerwechseln erwarb 1896 mit Peter Sailer die jetzige Inhaberfamilie die Brauerei. Heute führen Bernhard und Dietrich Sailer das Unternehmen; jährlich verlassen rund 100 000 Hektoliter Bier die Brauerei. Die zehn Biersorten tragen nach wie vor das kurfürstlich bayerische Wappen mit Löwe und weißblauer Raute, im Angebot sind u.a. ein helles sowie ein dunkles Export und Weißbier, Pils und zur Fastenzeit ein Bockbier. Gebraut wird mit Hopfen von eigenen Feldern aus der Hallertau sowie mit eigenem Quellwasser vom Hochberg. In etwa zehn Tagen vergärt das Bier und reift danach bis zu sechs Wochen in den Lagerkellern. Die einzelnen Schritte von der Gerste bis zum gebrauten Bier können im hauseigenen Brauereimuseum nachvollzogen werden, das direkt in der Brauerei angesiedelt ist. Das Bier-Orakel löst zum Schluss bei mystischer Beleuchtung die letzten offenen Fragen. Verkostet werden können die Hofbräuhaus Traunstein-Spezialitäten gleich gegenüber im direkt am Stadtplatz gelegenen Bräustüberl. In der gemütlichen, holzvertäfelten Gaststube kann der Gast zu original bayerischen Schmankerln wie hausgemachter Kohlroulade oder knusprigem Schweinsbraten natürlich die Biere der Brauerei genießen. Das Hofbräuhaus Traunstein fühlt sich ganz der authentischen bayerischen Biertradition verpflichtet; es lebt und zelebriert diese Kultur ganz bewusst: So füllt es als eines von wenigen Brauhäusern das Helle Export auch noch im Holzfass ab. Oder lässt das Bier in der alten Kutsche ausfahren, gezogen von Kaltblütern – nach wie vor eine Attraktion und ein beliebtes Fotomotiv. Wenn Sie sehen möchten, wer hinter so viel Brauchtumsliebe steckt, dann schauen Sie einfach die Bierdeckel und Werbeprospekte etwas genauer an: Hier posieren die Mitarbeiter und die Führungscrew im traditionellem Gewand für ihre Brauerei – einen besseren Leumund kann sich ein Bier nicht wünschen.

RISTORANTE PROSCIUTTERIA GRISSINI

Ristorante Grissini
Freddy Schaffer

Stadtplatz 25a/Jacklturm
83278 Traunstein

Telefon 08 61 / 2 09 70 55
Telefax 08 61 / 2 09 70 54

Heute finden wir uns an einem ungewöhnlichen Ort zum Schlemmen ein. Im direkt am Stadtplatz von Traunstein gelegenen, erst im Jahre 2000 wieder aufgebauten Jacklturm ist im ersten und zweiten Stock das kleine, aber feine Ristorante Grissini beheimatet. Inhaber und Küchenchef ist seit 2005 der Österreicher Freddy Schaffer, der hier seinen zwei großen Leidenschaften frönt, der Liebe zum Kochen und zur italienischen Küche. Bevor sich der „autodidaktische“ Koch völlig seinem einstigen Hobby verschrieb, arbeitete er viele Jahre im Management der Topgastronomie. Für den Weineinkauf zuständig, verbrachte er viel Zeit in Italien, wo er die authentische italienische Kochkunst kennen und lieben lernte. Sie dient ihm heute als Basis seiner einfallsreichen Speisen, die er mit eigenen, äußerst kreativen Ideen kombiniert. Dabei lässt sich der Steiermarker nicht gerne festlegen, auch nicht von einer fixen Speisekarte. Seine täglich wechselnden ausgefallenen Arrangements stehen auf den großen Schiefertafeln im Lokal. So die Sardinen, die eine raffinierte Farce aus Ciabatta, Pomodori secchi, Sardellen, Kapern und Taggiasca-Oliven enthalten. Im Frühjahr hüllt er seinen geschmorten Branzino (Wolfsbarsch) in Bärlauch, bettet im Sommer Panzanella (toskanischen Tomaten-Brotsalat) in eine Dorade oder füllt seine feinen, hausgemachten Gnocchi mit Steinpilzen oder Spargel. Beim in Dolcetto pochierten Rinderfilet mit Sellerie-Mandarinen-Püree setzt er die Mousse in ausgehöhlte Mandarinenschalen. Bekannt ist der italophile Chef vor allem für seine ausgefallenen und variantenreichen Vorspeisen. Äußerst beliebt ist dabei sein „Giro di Antipasti“, eine Abfolge von 15 delikat aufeinander abgestimmten, kleinen Leckereien, die einer genüsslichen Tour durch seine Küchenkunst gleichkommen. Untermalt wird das kulinarische Feuerwerk

von einem erlesenen Angebot italienischer Weine, viele davon aus den südlichen Regionen wie Kampanien und Apulien, die alle auch für die Vinothek zu Hause mitgenommen werden können.
Es sitzt sich ganz besonders nett in dem kleinen Gastraum. Der nach zwei Seiten mit Fenstern bestückte Raum lässt viel Licht einfallen, was ihn offen und luftig macht. Zudem versetzt der exponierte Standort den Gast in die Position eines Spähers: Von hier oben hat er einen herrlichen Blick auf das Geschehen am Stadtplatz sowie das schön beleuchtete abendliche Traunstein. Freddy Schaffer möchte seine Gäste nicht nur in kulinarischer Hinsicht verwöhnen, sondern sie auch unterhalten – ganz gleich, ob er seinen Schinken mit der Kultschneidemaschine von Berkel inmitten des Ristorante hauchdünn schneidet, kleine Delikatessen auftischt oder sich auf einen kurzen Plausch blicken lässt – der Gast soll einen interessanten und faszinierenden Abend erleben. Wobei er offensichtlich sehr erfolgreich ist, denn ohne Reservierung ist vor allem am Abend im Jacklturm kein Platz zu ergattern.

Involtini di Cappesante mit Campari-Prosecco-Risotto

Zutaten

1 EL gehackte Zwiebel
2 EL Olivenöl
250 g Vialone-Reis
0,125 l Prosecco
Salz, Pfeffer
0,25 l Hühnerbouillon
2 g gefrorene Butterwürfel
50 g geriebener Parmesan

0,25 l Campari
0,0625 l Weißwein
0,0625 l halbtrockener Vermouth

12 Jakobsmuscheln
2 Zucchini (längs in zwölf ca. 2 mm dicke Scheiben geschnitten)
Zitronengras-Spieße
Sojasauce
Zitrone
Kräutersalz, Meersalz
etwas Mehl
Olivenöl

Zubereitung

Für den Risotto Zwiebeln in Olivenöl erhitzen, Reis zufügen, anschwitzen lassen, mit Prosecco ablöschen, reduzieren, nach und nach Bouillon aufgießen. Hitze zurücknehmen, nach 20 Min. vom Herd nehmen, gefrorene Butter und Parmesan einrühren, salzen und pfeffern. Campari, Weißwein und Vermouth bei mittlerer Hitze rund 15 Min. einkochen lassen. Zucchinischeiben mit Kräutersalz würzen, 3 Min. ausschwitzen lassen, auf Küchenpapier abtrocknen, in Olivenöl kurz anbraten, abkühlen lassen. Jakobsmuscheln mit jeweils einer Zucchinischeibe umrollen und mit einem Spieß aus Zitronengras durchbohren. Mit Zitrone und Sojasauce marinieren, leicht mehlieren und in der Pfanne beidseitig scharf anbraten, ca. 6 Min. bei 190 °C im Backofen weitergaren, herausnehmen und mit Meersalz bestreuen. Campari-Spiegel auf die Teller setzen, Risotto darauf anrichten und auf diesen wiederum die Jakobsmuschel-Involtini legen.

PRIVATBRAUEREI WOCHINGER

Privatbrauerei Wochinger
Rudi und Theo Wochinger

St. Oswald-Str. 4
83278 Traunstein

Telefon 08 61 / 9 86 06-0
Telefax 08 61 / 9 86 06-99

Das Bierbrauen hat in Bayern eine lange Tradition. Das hängt auch mit den harten, lang währenden Wintern zusammen. Denn vor der Erfindung der Kältemaschine war es schwierig und in den warmen Monaten unmöglich, die zum Brauen und Lagern benötigten niedrigen Temperaturen zu gewährleisten. Dies gelang den Bayern im Winter mittels Eis, das sie aus gefrorenen Gewässern schnitten und in so genannten Eiskellern rund um die Lagerkeller deponierten. Früher wurde deshalb nur während der kalten Monate von Oktober bis März gebraut. Das letzte Bier stellte man im März mit einer höheren Stammwürze von 13 Prozent her, damit es länger haltbar blieb. Heute bestehen diese Probleme nicht mehr, Bier kann nun zu unser aller Freude das ganze Jahr über gebraut und genossen werden. Die Privatbrauerei Wochinger schaffte zu diesem Zwecke 1938 ihren ersten Linde-Kältekompressor an. Die Traunsteiner Brauerei ist mit ihrem jährlichen Ausstoß von 7500 Hektolitern die kleinste Brauerei in Traunstein. Dafür zählt sie zu den ältesten, noch in Familienbesitz stehenden Braue-

reien in Deutschland: Auf einer von der Zeitschrift Euro erstellten Liste steht das Unternehmen hier auf Platz fünf.
Gegründet wurde der Betrieb 1587 von Hans Wochinger. Der Nachfahre Jakob Wochinger kaufte 1892 die in Traunstein ansässige Scheicherbrauerei. Aus ihr ging das heutige Unternehmen hervor; seit 1993 wird es von Rudi Wochinger geführt, der für die kaufmännischen Belange zuständig ist, gemeinsam mit seinem Bruder, dem Braumeister Theo Wochinger. Mit ihnen liegt das Unternehmen nun in den Händen der 15. Generation. 1995 begannen die beiden, das im süddeutschen Raum sehr beliebte, obergärig gebraute Wochinger Weißbier zu brauen, das bereits viele Preise einheimste. Die sieben Mitarbeiter beschäftigende Brauerei beschränkt sich auf fünf Biersorten: den naturtrüben Urtrunk mit einer Stammwürze von 12,6 Prozent, ein helles und dunkles Export, ein Pils sowie das unfiltrierte Hefeweißbier. Zudem wird jährlich zur Fastenzeit ein Sud mit dem roten Lindl-Urbock gebraut, ein Starkbier, das 16,8 Prozent Stammwürze hat.
Für die Wochinger-Biere werden vor allem der als besonders gut geltende heimische Hopfen aus der Hallertau sowie Quellwasser aus Ruhpolding verwendet. Das Bier wird handwerklich gebraut und erhält ausreichend Zeit zum Reifen. Rund um den Brauereikamin sind Sudhaus und Gärkeller im Areal zu finden sowie der zehn Meter unter der Erde liegende Lagerkeller. Hier beträgt die Temperatur gleich bleibend 0–1° C. In den 10 000 Liter fassenden Tanks gärt das Bier nach, d. h. es reift, die entstehende Kohlensäure wird im Bier gebunden, die Hefe sinkt zu Boden und das Bier klärt sich. Es dauert sechs bis acht Wochen, bis das Bier seinen endgültigen, feinen Geschmack erlangt hat und zum Ausschank kommt. Zu verkosten sind die Sorten entweder via Direktleitung im Wochinger Brauhaus oder in Getränkehandlungen im Umkreis von 20 Kilometern, denn „das Bier braucht seine Heimat", so die Maxime des Hauses. Dort wo es gebraut wird, schmeckt es Rudi Wochinger zufolge auch am besten. Licht, Wärme und Bewegung schaden ihm nur. Ebenso wichtig ist die Frische; bereits nach drei bis vier Wochen fällt der Geschmackspegel im abgefüllten Bier wieder ab. Viel älter wird in Traunstein das Bier aber mit Sicherheit nicht; dafür sorgt schon das stets wiederkehrende Stammpublikum, das in der angeschlossenen Brauereiwirtschaft die Frische und damit die hoch stehende Qualität der Wochinger Biere mit unterstützt – einfach, in dem es sie trinkt.

WOCHINGER BRAUHAUS

Wochinger Brauhaus
Metze Baur GmbH

St. Oswald-Str. 4
83278 Traunstein

Telefon 08 61 / 30 45
Telefax 08 61 / 1 49 76

Unter einem klassischen Biergarten versteht man im Allgemeinen ein lauschiges Plätzchen unter Kastanien, an dem es sich gut Bier trinken und zünftig schlemmen lässt. Kundige Genießer kennen auch den Unterschied zum traditionellen Biergarten, in dem es erlaubt ist, ganz nach alter Sitte seine eigene Brotzeit mitzubringen. Ein Biergarten war früher ein sicheres Indiz dafür, dass eine Brauerei ganz in der Nähe sein musste. Die beliebten Gartenlokale entstanden nämlich ursprünglich aus der Sorge der Brauereien um ihre in Kellern lagernden Biere heraus. Um sie vor der wärmenden Sonne zu schützen, pflanzten die Brauereien auf dem Areal darüber großblättrige, Schatten spendende Kastanien an, um so die Kühlung der unterirdischen Lager zu gewährleisten. Die Keller wurden alsbald zum Ausschank genutzt, und Bierliebhaber pilgerten mit großen Maßkrügen herbei, um so das edle Getränk nach Hause zu transportieren. Bald stellten die Brauereien Tische und Bänke unter die lauschigen Bäume, was viele Familien anzog, die hier zu ihrer mitgebrachten Brotzeit das

frisch gezapfte Bier genossen - der Biergarten war erfunden. Er ist die Urstätte bayerischer Bierkultur und gehört nach wie vor zum Pflichtprogramm eines jeden Bayernbesuchs. Das Wochinger Brauhaus und sein von altem Baumbestand überdachter Biergarten ist in Traunstein und Umgebung eine allseits bekannte Institution. Er gilt als der Biergarten in der Region schlechthin, mit seinen 400 Plätzen ist er zudem der größte im Chiemgau. 1971 wurde der einstige Stall des Brauerei-Areals zum Braustüberl ausgebaut. Das Haus stammt aus dem Jahre 1880 und wurde Anfang der 1990er Jahre nochmals umgebaut. Entstanden ist ein urbayerisches Wirtshaus: Das prächtige Deckengewölbe sowie die typischen Wirtshaus-Schrubbtische mit ihren Rillen wahren den authentischen Charakter des Raumes und schaffen eine urwüchsige Atmosphäre, die wie geschaffen ist, um sich herzhafte oder feinhefige Biere schmecken zu lassen. Dem Gast ist es zwar nach wie vor gestattet, seine eigene Brotzeit im Biergarten zu verspeisen, doch Kenner wissen es besser: Sie kommen zwar in erster Linie des hervorragenden Bräus wegen ins Haus; das großartige Buffet steht diesem jedoch in nichts nach und ist in seiner Anziehungskraft dem Bier dicht auf den Fersen. Für die gleich bleibend gute Qualität der kalten und warmen Speisen sorgen die Wirte Andreas Metze und Florian Baur seit 1993. Das Büffet ist mittags und abends geöffnet und bietet alles, was ein bayerisches Genießerherz höher schlagen lässt: Krustenbraten, Biergulasch, Leberkäse, hausgemachte Semmel- oder Kartoffelknödel sowie Blaukraut. Dazu stehen 14 verschiedene, frisch marinierte Salate parat, vom Matjessalat über den Kraut- und Kartoffelsalat bis hin zum Wurstsalat, Essigknödelsalat und Spargel- sowie Rannersalat (Rote Rüben). Aber auch Fisch-, Wild- sowie vegetarische Auflaufgerichte verführen zum Schlemmen. Die Küche ist ständig im Einsatz, immer wieder fährt sie neue, frisch zubereitete Spezialitäten auf. Auch die Freunde von süßen Schmankerln kommen auf ihre Kosten, der herrlich duftende Apfel- und Topfenstrudel erfreut sich großer Nachfrage.
Die Attraktion des Brauhauses ist die imposante, in glänzendem Kupfer gehaltene, speziell angefertigte Zapfanlage.
Die Besonderheit: Alle Wochinger-Biere fließen direkt aus den Lagerkellern ins Lokal und gleich in den Bierkrug – frischer kann ein Bier nicht sein. Für Liebhaber, die den edlen Gerstensaft mit nach Hause nehmen möchten, stehen schöne, zwei Liter fassende Siphons zur Verfügung, mit denen – ganz wie früher – das frisch gezapfte Bier auch daheim den Durst löscht. Besser schmeckt das Bier natürlich da, wo es zu Hause ist – in Traunstein wissen das eigentlich alle. Das Brauhaus ist ein Treffpunkt für Jung und Alt, für handwerklich wie geistig Schaffende, Hausfrauen und Mütter, Einheimische sowie Reisende.
Diese bunte Mischung schafft eine Stimmung, die einzigartig ist – eine typische Biergartenatmosphäre eben. Wer bayerische Lebensart pur und in schönster Ausführung genießen möchte, dem sei ein Besuch im Wochinger Brauhaus aufs Wärmste empfohlen.

LUFTKURORT BERGEN

Dem Bergliebhaber ist der Ort Bergen ein Begriff, startet doch hier die Seilbahn hinauf zum 1674 Meter hohen Hochfelln. Doch Bergen hat weit mehr zu bieten als den mühelosen Transport auf den Berg. Seine Geschichte ist geprägt durch die Eisenverhüttung. Im Jahre 1551 wurde das Hüttenwerk, die spätere Maximilians-Hütte, gegründet. Sie wuchs bis Mitte des 17. Jahrhunderts zu einer der größten Hütten Süddeutschlands an und erzeugte mit 750 Arbeitern rund 11 000 Zentner Eisen. Heute kann der Besucher im Museum Maxhütte anschaulich erleben, wie das Roheisen gewonnen, das flüssige Eisen in Formen gegossen und schließlich zu Schmiedeeisen geformt wurde. Das Hochfellnkreuz, das seit 120 Jahren auf dem Gipfel des Berges thront, wurde hier gefertigt. Der Ort Bergen steht aber auch für ein 111 Hektar großes Naturschutzgebiet, das Bergener Moos. Seit 40 Jahren wird hier kein Torfabbau mehr betrieben und die Natur sich selbst überlassen. So bietet die wunderschöne Landschaft vielen bedrohten Tier- und Pflanzenarten eine ideale Heimstatt.

Wem nun der Sinn nach geistreicher, kultureller Unterhaltung steht, dem kann eine Aufführung des Bergener Theatervereins empfohlen werden. Die Laienschauspieler inszenieren nicht nur Bauerntheater, sondern auch Kriminalstücke oder Mystisches wie die Sage von den Wilden Fräuleins vom Engelstein, einem kleinen Nachbargipfel des Hochfelln. Die spektakuläre Freilichtaufführung um die Geschichte der drei Hexen, die den feschen, leider aber vergebenen Bauernsohn begehrten und ihn mit Hexerei für sich gewinnen wollten, war ein voller Erfolg. Bergen selbst ist auch für ausgefallene Aktionen gut. So wurde 1971 zur Einweihung der Seilbahn eigens ein Elefant beschafft, der die Jungfernfahrt in der für 70 Personen ausgerichteten Kabine antrat. Damit zeigten die Betreiber recht eindrucksvoll, welch enormer Belastung die Bahn standhält. Rekorde in sportlicher Hinsicht können im Herbst beim internationalen Hochfelln-Berglauf bestaunt werden.

Tourist-Information Bergen
Wolfgang Helldobler

Raiffeisenplatz 4
83346 Bergen

Telefon 0 86 62 / 83 21
Telefax 0 86 62 / 58 55

Der schnellste Läufer bewältigte die acht Kilometer lange und 1000 Höhenmeter steile Strecke in 42 Minuten. Ob er zum Sieg einen Jodler ausstieß, ist uns nicht bekannt. Interessierte können jedoch am Gipfelkreuz das Jodeln lernen. Ein fachkundiger Musiklehrer trainiert hier in luftiger Höhe das Echo- und Gipfeljodeln. Dass bei der anschließenden Einkehr die Gaudi riesig ist, davon sollte der neugierig gewordene Gast sich am besten selbst überzeugen.

HOTEL GASTHOF ALPENBLICK

Hotel Gasthof Alpenblick
Dirk und Jutta Saß

Schönblickstr. 6
83346 Bergen-Holzhausen

Telefon 0 86 61 / 3 18
Telefax 0 86 61 / 80 56

Wer gepflegte Gastlichkeit in einem wunderschönen Ambiente sucht, dem sei der Aufenthalt im Gasthof Alpenblick empfohlen, denn hier vereinen sich mediterrane Aspekte mit bayerischer Gemütlichkeit aufs Vorzüglichste. Schon der Blick aufs Haus verrät den ästhetischen Anspruch der Hausherrin, für die Farben und Wohlfühlen in direkten Zusammenhang steht.
Seit 1999 sind die aus Hamburg stammenden Quereinsteiger-Gastronomen Dirk und Jutta Saß Eigentümer des Hauses, das sie nach und nach liebevoll renoviert haben. Das Faible von Jutta Saß fällt schnell ins Auge: die ausdrucksstarken holzvertäfelten Decken werden in wunderbarer Weise durch edle Auswahl an Stoffen ergänzt, die in Form von Gardinen, Kissenbezügen oder Tischdecken allerorten feine Eleganz verströmen, in den Gasträumen ebenso wie in den liebevoll gestalteten Hotelzimmern.

Alles wirkt durch die beschwingten, floralen Muster leicht, frisch und hell. Ranken, Efeu, Rosen - man kann lange schauen, es wird einem nie zu viel. Die romantische Ausstrahlung wird durch viele Kerzen und Teelichter noch verstärkt. Man könnte ohne Unterlass die Augen wandern lassen, würde nicht das fantastische Alpenpanorama vorm Haus - vom Zwiesel bis zur Kampenwand - den Blick auf sich ziehen, der bestens vom großen, von Kastanien beschatteten Biergarten oder von der kleineren mit Teak-Holzmöbeln ausstaffierten Terrasse wie auch vom Gastraum aus bewundert werden kann.
Die Stimmung kann nun nur noch von der vorwiegend regionalen, bayerischen Kochkunst der Küchenchefin Friederike Anfang gesteigert werden, die immer auch abwechslungsreiche Ausflüge in die internationale Küche unternimmt. Schmankerl wie das Chiemgauschnitzel, das mit Schinken und Blauschimmelkäse gefüllt ist, oder der Alpenblickteller, auf dem Schweinemedaillons, Käsespatzen und Rahmschwammerl zueinander finden, erfreuen nicht nur das Bayernherz. Auch Fische wie Renke, Forelle und Saibling, die aus dem Chiemsee und der Umgebung stammen, werden auf klassische Weise hervorragend zubereitet. Zudem bietet die Küche immer auch saisonale Spezialitäten wie die Fischwochen im Februar, die Spargelkarte im Frühjahr sowie Wildgenüsse im Herbst. Gemeinsam ist allen Leckereien, dass sämtliche Suppen,

Soßen, Spätzle, Knödel und Gemüse wie das Blaukraut hausgemacht sind.
Um den Wunsch vieler Gäste nachzukommen, die immer wieder nach Bezugsquellen für die stilvollen Dekorationsgegenstände wie den Kerzenständern, Vasen, Servietten, Steinkugeln und Marmorgussbüsten fragten, wurde jetzt die kleine Hütte hinterm Haus zum Verkaufsraum umgestaltet: das „Almbiente", selbst einen längeren Blick wert, zeigt eine Auswahl der hübschen Accessoires, die der Hausherrin zum Ausschmücken ihres Gasthofes gefallen, die hier ebenso zu erstehen sind wie die selbst gemalten, großflächigen Aquarell- und Ölbilder von Jutta Saß: „Das Ambiente ist mir einfach wichtig, ich durchstöbere jede Ecke und Nische im Haus, stelle immer wieder etwas um, bis es mir gefällt. Bei uns wird jeder Winkel gelebt und geliebt, und ich glaube, das spüren und schätzen unsere Gäste."

Rehmedaillons mit gebratenen Steinpilzen

Zutaten

12 Rehmedaillons á 50 g
400 g frische Steinpilze
halber Bund Petersilie
3 El Walnussöl oder Pflanzenöl
2 El Butter
Salz, frisch gemahlenen weißen Pfeffer

1 Schalotte
0,5 l Wildfond
halber Tl Speisestärke
2 cl Rotwein

Zubereitung

Rehmedaillons waschen und trocknen, salzen und pfeffern. 2 El Öl in der Pfanne erhitzen, die Medaillons 1 Min. darin anbraten. In einer feuerfesten Form im vorgeheizten Backofen bei 160 °C 12 bis 15 Min. fertig garen. Die fein geschnittenen Schalotten in der Pfanne mit dem restlichen Öl anschwitzen, mit Rotwein ablöschen und auf die Hälfte reduzieren. Den Wildfond aufgießen, aufkochen, die Soße mit der in wenig Wasser angerührten Speisestärke binden und ca. 5 min köcheln lassen. Mit Salz und Pfeffer abschmecken.
Parallel die Butter in einer zweiten Pfanne erhitzen und die geputzten, in Scheiben geschnittenen Steinpilze darin anbraten. Mit Salz und der fein gehackten Petersilie würzen. Die Medaillons mit den Steinpilzen anrichten und mit der passierten Soße nappieren. Dazu passt frisches Gemüse wie Brokkoli, Kohlrabi oder Karotten, Preiselbeeren und Spätzle.

ADELHOLZENER ALPENQUELLEN

Adelholzener
Alpenquellen GmbH

St.-Primus-Str. 1–5
83313 Bad Adelholzen

Telefon 0 86 62 / 62-0
Telefax 0 86 62 / 62-3 20

Die Nähe der Alpen verschafft der Region nicht nur grandiose Aussichten, sondern auch tiefe Einsichten. Das Adelholzener Mineralwasser stammt aus einer geologischen Formation, die vor 25 000 Jahren in der Eiszeit entstand. Durch mächtige Gesteinsschichten sickert das Wasser nur wenige Millimeter pro Tag. Dabei nimmt es wertvolle Mineralien und Spurenelemente auf. Tief in der Erde, vor schädlichen Einflüssen und Verunreinigungen durch gewaltige Bergmassive und eine 40 Meter mächtige, wasserundurchlässige Seetonschutzschicht geschützt, hat das Mineralwasser der Adelholzener Quelle ihren Ursprung – 140 Meter unter dem weitflächigen Naturschutzgebiet im Bergener Moos. Aus der Tiefe der bayerischen Alpen – so der zutreffende Slogan der Alpenquellen.

Die Heilkraft der Quelle entdeckte 286 nach Christi Geburt der heilige Primus, ein Einsiedler und Glaubensbote. 1907 kaufte die Kongregation der Barmherzigen Schwestern vom hl. Vinzenz von Paul die Quelle. Die

Schwestern der Kongregation stammen ursprünglich aus Straßburg, wurden aber bereits im Jahre 1832 vom bayerischen König Ludwig I. nach München geholt, wo sie sich um die Krankenpflege und um die Armen und Bedürftigen kümmerten. Dort entstand zu dieser Zeit auch das Mutterhaus, der Stammsitz. Die Kongregation zählt heute 460 Schwestern, die in Bayern in 30 Häusern ihren Dienst tun. Die Schwestern arbeiten in Altenheimen, Krankenhäusern, psychiatrischen Abteilungen, der Obdachlosenbetreuung sowie in der Kinder- und Jugendbetreuung. Alle Erlöse aus den Adelholzener Alpenquellen fließen nach Abzug der Investitionen zur Erhaltung der Arbeitsplätze zu 100 Prozent in soziale Projekte ein. Dabei ruht die Arbeit der Schwestern wie auch die des Unternehmens auf vier Säulen. Da wäre zunächst einmal die Tradition, die eng mit der Geschichte des Brunnens verbunden ist: Das Wasser labt den Durstigen und hilft somit, Leben zu retten. Mit Innovation möchte man das Bewährte erhalten, dabei stets nach Verbesserung streben. Der Kommunikation kommt eine zentrale Rolle zu: dem Miteinander-Reden, Mauern-Abbauen, Fenster-und-Türen-offen-Halten, im realen wie im übertragenen Sinn. Und schließlich ist da noch die Vision: Das Haus gut in die Zukunft zu führen, und dabei die Freude im Herzen nicht zu vergessen, ein Wir-Gefühl zu schaffen. Die Kongregation unterstützt viele Jugendprojekte, um jungen Menschen schon früh Sinn wie auch Freude am Leben zu vermitteln, denn „die Menschen sind seelisch arm, nicht materiell“, so Schwester Theodolinde, die viele Jahre die Geschicke des Unternehmens leitete.

Bei den Adelholzener Alpenquellen steht der Mensch im Mittelpunkt. Ihn zu motivieren, zu loben und damit seine Energien freizusetzen ist Ziel der Geschäftsleitung. Dem Unternehmen bekommt dieser sehr menschliche Führungsstil ausgesprochen gut. Der Betrieb floriert und wächst; waren es 1989 noch 180 Mitarbeiter, so zählt der Mineralbrunnen 2006 bereits 400 innovative und äußerst engagierte Angestellte. Seiner ökologischen Verantwortung wird das Unternehmen u.a. mit Solaranlagen, begrünten Dächern sowie einer Wärmerückgewinnungsanlage gerecht. Die Produktpalette ist vielseitig und umfasst neben dem klassischen Heilwasser stille sowie mit unterschiedlich viel Kohlensäure versetzte Mineralwässer. Eine Reihe von Varianten wie Schorlen, Wässer mit Apfel-Kräuter-, Lemon- oder Kirsche-Wacholder-Geschmack ergänzen das Angebot. Neu und äußerst erfolgreich sind die Getränke der Active O2-Linie, die mit der 15-fachen Menge an natürlichem Sauerstoff angereichert sind, weiterhin mit Magnesium und Vitaminen. Sie werden in verschiedenen Geschmacksrichtungen wie Apfel-Kiwi, Orange-Limone oder Cherry angeboten. Die Active O2-Getränke sehen nicht nur modern und trendig aus, sie schmecken auch köstlich, sind zudem nicht süß, sondern besonders erfrischend und durstlöschend. Die Flaschen verfügen über äußerst praktische Verschlusskappen, die sich mühelos öffnen und schließen lassen – ideal beim Sport sowie beim Rad oder Auto fahren. Das junge Team in Bad Adelholzen sprüht nur so vor Energie und kreativen Ideen – ob sich das auch auf die belebend schmeckenden Wässer zurückführen lässt, entzieht sich allerdings unserer Kenntnis.

GEMEINDE SIEGSDORF

Die früheste Besiedlung von Siegsdorf ist für das 8. Jahrhundert belegt. Dem Baumburger Grafengeschlecht der Sieghartinger, das sich im 11. Jahrhundert hier niederließ, verdankt der Ort seinen heutigen Namen. Im Mittelalter spielte dann der Eisenerzbergbau eine große Rolle in der Region. Doch bekannt ist Siegsdorf vor allem wegen seiner 40 000 Jahre alten Geschichte bzw. den Funden aus dieser Zeit. Als Mitte der 1970er Jahre der Siegsdorfer Knabe Bernard Raymond von Bredow beim Suchen nach Metall im Gerhartsreiter Graben einen alten Knochen aus dem Bachbett zog, spürte er gleich, dass er etwas Besonderes gefunden hatte. Erst zehn Jahre später ging er mit dem Fund an die Öffentlichkeit. Und es stellte sich heraus, dass der Knochen tatsächlich von einem 40 000 Jahre alten Mammut stammte. An der Fundstelle wurde nun intensiv und fachmännisch gegraben, wobei weitere Relikte aus der Eiszeit ans Tageslicht kamen. Im 1995 eröffneten Naturkunde- und Mammut-Museum kann der Besucher heute das Mammutskelett besichtigen, das als das größte, vollständigste und besterhaltene in Europa gilt. Rund 60 000 Besucher bestaunen jährlich die Zeugnisse vergangener Zeiten, die anschaulich in nachempfundenen Stollen, Bergwerken, einer Unterwasserwelt sowie einer Bärenhöhle präsentiert werden. Eine weitere Besonderheit ist das seltene Skelett eines Höhlenlöwen.

Wer nun Interesse an früheren Lebensformen verspürt, kann im Siegsdorfer Steinzeitdorf hautnah erfahren, wie unsere Vorfahren ihren harten Alltag bewältigt haben. In nachgebauten Hütten und Zelten werden unter Anleitung die zur Nahrungszubereitung und -aufnahme benötigten „Werkzeuge“ hergestellt, Feuer ohne Zündhölzer entzündet sowie Schmuck gefertigt. Daneben sind Veranstaltungen vorgesehen, für die eine Anmeldung erforderlich ist – so beispielsweise die „Steinzeitnacht“, in der am Lagerfeuer gegrillt und bei Nacht der Wald erforscht wird, „Wellness in der Wildnis“, wobei der

Tourist-Information Siegsdorf
Hans Klauser

Rathausplatz 2
83313 Siegsdorf

Telefon 0 86 62 / 49 87-45
Telefax 0 86 62 / 49 87-50

Teilnehmer in Schwitzhütten eine frühe Form der natürlichen Sauna erleben kann, sowie ein „Schamanen-Treffen".
Der eher gegenwartsorientierte Chiemgaubesucher kann von der 882 Meter hoch gelegenen berühmten Wallfahrtskirche Maria Eck den grandiosen Ausblick auf das Chiemgauer Tal genießen. In der aus dem 17. Jahrhundert stammenden kleinen Kirche soll Maria bereits Hunderte von Wundern bewirkt haben; im ausliegenden Mirakelbuch sowie auf den Votivtafeln ist in den Danksagungen davon zu lesen. Von Siegsdorf führt ein schöner Wanderweg hinauf zum „Balkon des Chiemgaus", wie der Aussichtspunkt auch genannt wird.
In Siegsdorf selbst sollte der Besucher unbedingt einen Blick in die barocke Pfarrkirche „Maria Empfängnis" werfen. Die 1779 erbaute Kirche entzückt mit großflächigen Deckengemälden des Trostberger Malers Franz Soll. In einem Glasschrein über dem Hochaltar ist das so genannte Heilige Haupt untergebracht. Der Sage nach wurde 1704 beim Stadtbrand von Traunstein auch das Kruzifix der St. Oswald-Kirche zerstört, erhalten blieb nur das – ungeschwärzte – Haupt Christi. Dies wurde als göttliche Fügung angesehen. Bei Aufräumarbeiten gelangte es in den Besitz eines Daxenbacher Bauern, der es in den Herrgottswinkel stellte und verehrte. Ein Nachfahre soll es an einen Baum gehängt haben, wo es von der Rinde umwachsen und dadurch geschützt wurde. Im Lauf der Zeit fand das Heilige Haupt zunehmend Verehrung. Nach seiner Unterbringung in der St. Petri-Kirche pilgerten jährlich bis zu 19 0000 Gläubige zu dem Wallfahrtsort. Ab 1730 klang die Verehrung mit dem Aufkommen eines aufklärerischen Zeitgeistes allmählich ab. Doch noch heute feiert die Siegsdorfer Gemeinde jedes Jahr im August ihr „Heilig-Haupt-Fest". Am Palmsonntag findet hier zudem seit 25 Jahren ein eher ungewöhnliches Fest statt, das Gamsbarttreffen – für Bayern wie für Nicht-Bayern ein sehenswertes Ereignis.

LANDGASTHOF HÖRTERER „DER HAMMERWIRT“

Landgasthof Hörterer
„Der Hammerwirt“
Fritz und Annemarie Hörterer

Schmiedstr. 1
83313 Hammer-Siegsdorf

Telefon 0 86 62 / 66 70
Telefax 0 86 62 / 71 46

Die Geschichte des Hammerwirts reicht bis ins Jahr 1308 zurück. Zum Anwesen gehörte bis 1954 neben der Landwirtschaft auch eine Hammerschmiede, die dem Gasthof den Namen gab. Bereits 1765 wurde eine Tafernwirtschaft urkundlich erwähnt - eine nach altem Landesrecht „vollkommene Wirtschaft“, die das öffentliche Schenk-, Herbergs- und Gastrecht besaß, aber auch - als soziale Verpflichtung - wandernde Handwerksgesellen gegen zunftgemäße Gegenleistung beherbergen musste. Mit dem Bau der Straße und dem beginnenden Tourismus veränderte sich auch der Hof. Die alte Schmiede und die Landwirtschaft wurden nicht mehr betrieben; Fritz Hörterer, der heutige Inhaber und Küchenmeister, baute mit seiner Ehefrau Annemarie, einer ausgebildeten Hotelmeisterin, das Haus großzügig um.
Heute findet der Gast einen äußerst gepflegten Landgasthof vor, der mit 60 Betten besten Hotel-Komfort bietet. Drei Gasträume mit rund 120 Plätzen strahlen Gemütlichkeit aus. Für 200 Gäste bietet ein Hochzeitssaal Platz, der auch für Veranstaltungen wie Brauchtumsabende, Theatervorstellungen oder Seminare bestens geeignet ist. Zum Haus gehört einer der schönsten Biergärten im Chiemgau. Der bereits im Jahre 1771 angelegte Wirtsgarten wird von zwei 36 Meter hohen Linden beschattet. Hier kann sich der Radler oder der Wanderer auf seiner Tour herrlich erfrischen. Der Hammerwirt eignet sich aber auch bestens für einen längeren Aufenthalt. Besonders stolz ist die Familie Hörterer auf ihren ökologischen Badesee im Obstgarten. Mit einer Wasserfläche von 1500 Quadratmetern bietet er Jung und Alt reichlich Gelegenheit zum Schwimmen und Plantschen. Ein Fußball- und ein Kinderspielplatz, Liegewiesen sowie eine Tennisanlage ergänzen das Freizeitangebot. Hotelgästen stehen zudem Fahrräder und Mountainbikes zur Verfügung.
Die Naturküche des Gasthofes, die großen Wert auf Qualität und Regionalität legt, überzeugt in gleicher Weise. Rind und Lamm stammen von einheimischen Bauern, Reh- und Rotwild direkt aus der Umgebung, Saibling und Forelle von anerkannten Züchtern - daraus werden feine bayerische Gerichte zubereitet wie ofenfrischer Schweinsbraten, geschmorter Ochsenschwanz in Burgundersauce, gesottener Tafelspitz mit Meerrettich oder saftiges Hirschragout vom Teisenberg-Rotwild. Der gut sortierte Weinkeller liefert beste Tropfen aus deutschen Gebieten wie Franken, Baden, Württemberg, Rheinhessen und Rheinpfalz, aus Österreich und Südtirol sowie einige Spezialitäten wie Barolo und Roero Arneis aus dem Piemont. Der Hammerwirt ist ein sympathischer Landgasthof, der es aufs Beste versteht, leichte Eleganz mit traditionellem Ambiente zu vereinen – eine für Genießer und Erholungsuchende gleichermaßen ideale Einkehr.

Hirschrücken-Medaillons vom Teisenberg Hirsch mit frischen Steinpilzen, Wacholderrahmsauce und Kartoffel-Laiberln

Zutaten

600 g Hirschrücken, ausgelöst und enthäutet
1 kg Wildknochen, gehackt
300 g Wurzelgemüse, gewürfelt
etwas Tomatenmark
0,5 l kräftiger Rotwein
0,5 l kräftige Brühe
Lorbeerblatt, Wacholderbeeren, Thymian, Pfefferkörner
200 g frische Steinpilze, blättrig geschnitten
150 g Preiselbeeren
800 g Kartoffeln
200 g Zwiebeln, gewürfelt
1–2 Knoblauchzehen, fein gehackt
4 kleine Äpfel, geschält und entkernt
Salz, Pfeffer, Muskat
4 Eigelbe
2 EL Kartoffelmehl
Petersilie, gehackt
Butterschmalz

Zubereitung

Kartoffeln kochen. Für die Sauce Wildknochen im Bräter mit etwas Pflanzenöl scharf anbraten, Wurzelgemüse dazugeben, etwas Tomatenmark mitrösten, mit Rotwein und Brühe ablöschen, würzen, Fond glacieren und deglacieren. Die gekochten Kartoffeln schälen, durch die Kartoffelpresse drücken. Mit Salz, Pfeffer, etwas Muskat, Kartoffelstärke und Eigelb mischen, Petersilie und angeschwitzte Zwiebel dazugeben. Kleine Laiberl formen und in Butterschmalz ausbacken. Äpfel mit Zitrone beträufeln, mit Butter einpinseln, 10 Min. im Backofen bei 160 °C garen. Hirschrücken zu 8 Steaks portionieren, salzen, pfeffern, kurz in Mehl wenden und schonend braten. Auf dem Saucenspiegel anrichten. Steinpilze mit Zwiebeln und Knoblauch in Butter anschwenken, salzen, mit Petersilie bestreuen. Zu den Hirschsteaks geben, mit Kartoffel-Laiberln und den mit Preiselbeeren gefüllten Bratäpfeln servieren.

ACHENTAL UND ÖSTLICHE CHIEMGAUER BERGE

Die Region in der südöstlichen Hälfte des Chiemgaus gelegen, zeigt sich betont sportlich. Zahlreiche Wintersportorte reihen sich hier aneinander, deren erfolgreichen Athleten für internationalen Ruhm sorgen. Sportbegeisterte können hier aber nicht nur kilometerlang Langlaufen, sondern auch durch die Lüfte segeln, ob im Segler, mit Gleitschirm oder Drachen. Auch für Rafting und Canyoning bestehen gute Möglichkeiten in der Tiroler Ache, die sich beispielsweise um den Entenlochklamm recht wild zeigt.
Der auf 800 Meter hoch liegenden Luftkurort Inzell macht sich seit Jahren einen Namen mit seinem Bundesleistungszentrum für Roll- und Eisschnelllauf, das so manchen Spitzensportler hervorbrachte. Seit 1966 wurden hier 83 Weltrekorde im Eisschnelllauf und 86 Weltrekorde um Rollschnelllauf aufgestellt. Inzell entwickelte sich in den 60er Jahren zum Zentrum für Eisschnelllauf. Mit dem unmittelbar am Hang des Zwiesels gelegenen Frillensee, dem kältesten See Europas, hatten die sportwilligen Inzeller ideale Bedingungen, um viel zu trainieren und Wettkämpfe auszutragen. Der See, den kaum ein Sonnenstrahl erreicht, hat oftmals schon im November eine tragfähige Eisdecke. Aufgrund seiner Abgeschiedenheit wurde er später nicht mehr zu diesem Zwecke genutzt. Im Luftkurort Ruhpolding treffen wir auf das Deutsche Biathlon-Leistungszentrum. Seit 1980 findet hier der jährliche Biathlon-Weltcup statt. Die Region bietet mit einem gut ausgebauten Loipennetz zudem beste Voraussetzung für einen aktiven Aufenthalt. Mit dem Rauschberg, der bequem mit der

Bergbahn in rund fünf Minuten erreicht werden kann, bieten sich Sommers wie Winters viele Wander- und Ausflugsmöglichkeiten. Zwischen ihm und dem in der Nähe gelegenen höchsten Berg der Chiemgauer Alpen, dem 1960 Meter hohe Sonntagshorn, wurde übrigens 1835 der letzte Bär erschossen. Wie sich später herausstellte, war es auch der letzte Bär Deutschlands. Der Chiemgauer Künstlers Walter Angerer der Jüngere hielt dies in einem eindrucksvollen Ölbild fest, das auf der Kunstmeile des Rauschbergs zu betrachten ist. Im geruhsamen Städtchen Marquartstein, von dem aus die Hochplatte bequem mit der Seilbahn erreicht werden kann, lebte der Komponist Richard Strauss zwischen 1890 und 1908 und schuf hier die meisten seiner Werke. In Unterwössen hat die Deutsche Alpensegelflugschule ihren Sitz, in der man nicht nur segeln lernen, sondern auch Segler chartern kann. Mit Reit im Winkl erreichen wir nun einen bekannten Luftkurort, dessen Name unverwechselbar mit der Olympiasiegerin Rosi Mittermaier verbunden ist, jedoch auch in der Gegenwart mit sport-

lichen Größen aufwarten kann. Kein Wunder, denn hier stecken schon die Kleinsten in den Skiern und üben für ihren späteren Siegeslauf. Mit der auf 1500 Metern hoch gelegenen Winklmoosalm verfügt der Ort über ein sehr gutes Skigebiet. Das nahe Österreich sichert dem Wintersportler weitere schnittige Pistenfahrten.
Einst war die südliche Chiemgauregion vom Handel mit dem Salz – dem weißen Gold des Mittelalters – geprägt. Das Salzbergwerk Bad Reichenhall sorgte für Wohlstand in der gesamten Region. Abgebaut wurde das Salz, indem man die Bergwerke flutete. Das so ausgelöste Salz floss als Sole in Holzrohren – eine frühe Form der Pipelines – in die Salinen, wo sie in Behältnissen gesammelt und erhitzt wurde. Das Wasser verdampfte, zurück blieb das kostbare Gut Salz. Um Holz für das Anfeuern zu erhalten, wurden ganze Wälder abgeholzt. Stand kein Brennmaterial mehr zur Verfügung, leitete man die Sole schlichtweg weiter, verlagerte die Saline zunächst nach Traunstein, als auch dort der Holzvorrat nachließ über Siegsdorf und Grassau bis nach Rosenheim. Auf den Wegen musste die Sole etlichen Höhenmeter überwinden, was nur mit Hilfe von Pumpen und Wasserrädern möglich war. Auf dem Weg von Bad Reichenhall nach Inzell waren beispielsweise bei Weißbach 250 Höhenmeter zu bezwingen. Die Soleleitungen von Bad Reichenhall standen bis Ende der 50er Jahre im Betrieb. Teilweise sind sie noch zu sehen. Das Museum Salz und Moor im Klauslhäusl zwischen Grassau und Rottau im Chiemgau gelegen, zeigt die einzige noch vollständig erhaltene und in ihrer Inneneinrichtung weitgehend wiederhergestellte Pumpstation, die von 1810 bis 1958 aktiv war.

FORSTHAUS ADLGASS

Ein Kleinod erwartet den Reisenden, der sich von Inzell aus in Richtung Adlgaß aufmacht. Zu Füßen der Berge Gamskogel, Zwiesel und Staufen liegt das ehemalige Forsthaus Adlgaß. 1308 erstmals urkundlich erwähnt, wurde es von 1854 bis 1964 als Forstwartei genutzt, zu der schon früh eine Einkehr gehörte. Als das Forstamt nach Inzell zog, pachteten Hans und Thekla Maier das Anwesen und führten die Gaststätte bis zu ihrem Ruhestand. Als das Haus ein Jahr später zum Verkauf stand und Gefahr lief, abgerissen zu werden, rauften sich die drei Mädels zusammen und erstanden es. „Das Bewährte bewahren, das war unser Anliegen", so Uschi Pastötter. Sie führen das Forsthaus im Prinzip wie die Eltern, allerdings in „etwas verfeinerter Form".
In der Küche werden nur Butter oder kalt gepresste Öle verwendet, das Rindfleisch stammt von Naturlandhöfen, das Wild aus heimischer Jagd, das Obst und Gemüse fast ausschließlich von Biobauern. „Die Region kann nur mit der Region überleben", so Uschi Pastötter. Täglich wird frisch gekocht, die Karte ist mit zehn bis 15 Gerichten überschaubar und bietet dennoch bayerische Leckerbissen, die kaum noch zu bekommen sind. So die Butternudeln, die Gamsnocken- oder Brennesselsuppe. Der typische Schweinsbraten und die frischen Forellen sind stets auf der Karte zu finden wie auch ein Vollwertgericht und die hausgemachten Obstkuchen. Daneben servieren die Forsthäuslerinnen auch Wild wie Rehsteak oder Wildleber. Die Kräuter, die vor dem Haus wachsen, werden zu Tees getrocknet oder zu Limonaden verarbeitet wie der Waldmeister und die Melisse. Beim Betreten der Gaststuben wird einem ganz warm ums Herz - sie sind genau so, wie man sich ein Forsthaus vorstellt. Allerorten ausgestopfte Tiere, Geweihe und in jeder der zwei Gaststuben bollert im Winter ein urgemütlicher Kachelofen. Dann lockt auch die am Haus endende Rodelbahn, die zweimal pro Woche mit Flutlicht beleuchtet wird. Im Sommer stehen im großen Garten die Tische und Stühle einfach in der Wiese. Man fühlt sich irgendwie daheim. Die feschen Dirndl im Service verstärken diese Stimmung noch – was durchaus beabsichtigt ist, denn das Wohlfühlen wurde zum ausgewiesenen Motto des Hauses erklärt.

Gaststätte Forsthaus Adlgaß
Familien Maier, Pastötter und Waldherr

Adlgaß 1
83334 Inzell

Telefon 0 86 65 / 4 83
Telefax 0 86 65 / 92 86 44

LANDHOTEL BINDERHÄUSL

Landhotel Binderhäusl
Familie Keller

Bichlstr. 43
83334 Inzell

Telefon 0 86 65 / 4 61
Telefax 09 41 / 5 99 24 61 46

In Inzell, dem bekannten Zentrum für Eisschnelllauf, waren immer schon Sportler aus aller Welt zu Gast. Im Landhotel Binderhäusl, unserer heutigen Station, haben die Küchen der Welt ein Zuhause gefunden. Der Inzeller Hansjörg Keller kam beruflich viel herum. In Tokio lernte er seine spätere Frau Reiko kennen, die ihm in den heimischen Chiemgau folgte. Mitte der 1960er Jahre kauften sie das aus dem Jahr 1734 stammende Bauernhaus und bauten es zum Gasthof um. Die Küche war innovativ und bot mit Speisen wie Schnecken, flambierten Gerichten, Fondues und asiatischen Spezialitäten eher Ungewöhnliches an. Seit 2004 führen Sohn Yoshi und seine Frau Karo die Tradition des Hauses fort. Als gelernte Hotel- und Restaurantfachleute kamen auch sie viel in der Welt herum: Aufenthalte in Spanien, Japan, Argentinien, China und Japan prägten das weltoffene Paar und hinterließen kulinarische Spuren, denen der neugierige Gast nun in Inzell folgen kann. Das Paar inszeniert eine bayerisch-exotische Küche, die es in dieser Art wohl nirgendwo sonst gibt. In Karo Kellers Kochkunst fließen neben japanischen Rezepten der Schwiegermutter südafrikanische und argentinische Akzente ein, die sie wiederum mit der traditionellen bayerischen Küche verbindet. Daraus entwickelt sie wahre Köstlichkeiten, die in bester Weise harmonieren und vorzüglich schmecken. Neben der Bayerischen Festtagssuppe findet der Schlemmer auf der Karte Shu-Mei-Suppe mit Sojasprossen und Krebsfleisch-Teigtaschen. Unbedingt probieren sollte man die Yakitori, japanische Hühnerfleischspießchen, die in Sojasauce mariniert mit Lauch und eingelegtem Ingwer serviert werden. Bayerisch-asiatisch interpretiert zeigen sich die Schweinelendchen in Honig-Sesam-Sauce, das Kalbswangerl mit Koriander-Nudeln und der Schweinsbraten in Stachelbeersauce mit Salbei-Schupfnudeln. Natürlich sind mit Kässpätzle und Rahmschnitzel auch traditionelle Gerichte im Angebot. Doch der Mut, Neues zu probieren, wird im Binderhäusl mit einem überwältigenden Geschmackserlebnis belohnt. Bereits ein Klassiker ist das Schokotörtchen „Nemesis", das mit einer trüffelähnlichen Fülle aufwartet. Sehr beliebt sind auch die Spezialitätenwochen, in denen landestypische Delikatessen z.B. aus Südafrika auf der Karte stehen. An jedem ersten Donnerstag im Monat zelebrieren die Kellers mit ihrem „JapanEss-Day" ausgiebig die japanische Küchenkunst. Auch der Weinfreund kann wahre Kostbarkeiten entdecken. Yoshi Keller ist als Liebhaber edler Tropfen ständig auf der Suche nach neuen Winzern, die er auch in einer Schnäppchenkiste anbietet. Nächtigen kann der Gast in zehn individuell gestalteten Räumen wie der Safari-Suite mit Bambusbett, der Sunset-Suite, deren Panoramafenster einen herrlichen Blick auf das Inzeller Tal freigibt, sowie der mit einem Himmelbett ausstaffierten Honeymoon-Suite. Im Binderhäusl verbindet sich bayerische Gemütlichkeit mit perfekter japanischer Gastlichkeit. Beim Blick von der Sommerterrasse auf das Farbenspiel der untergehenden Sonne fragt man sich, was den Reisenden in die weite Welt treibt – wo es sich doch in Inzell so himmlisch schlemmen und schlummern lässt.

Asiatischer Lachs

Zutaten

4 frische Lachsfilets
12 Garnelen, gehäutet und entdarmt
2 frische Lauchzwiebeln, in Scheiben geschnitten

Lachssauce:
8 EL Sojasauce
4 EL Zitronensaft
2 EL Wasser
1 EL Zucker
2 EL frischer Ingwer, gehackt
1 frische rote Chilischote, entkernt und in Scheiben geschnitten

Erdnuss-Spinatsalat:
500 g frischer Blattspinat
3 EL Erdnussbutter
3 EL Sojasauce (evtl. mehr)
3 TL Mirin (japanische Sake-Würzsauce)
3 TL Zucker
Sesamkörner

Zubereitung

Für die Lachssauce alle Zutaten miteinander vermischen. Den Spinat in kochendem Salzwasser kurz blanchieren, in Eiswasser abschrecken. Restliche Zutaten (bis auf die Sesamkörner) verrühren und mit dem Spinat vermischen. In Schalen verteilen und mit Sesamkörnern bestreuen. Lachsfilet und Garnelen in wenig Öl von beiden Seiten bei mittlerer Hitze braten. Wenn die Lachsfilets fast gar sind, Lauchzwiebeln dazugeben und die Sauce über den Lachs und die Garnelen gießen. Die Pfanne vom Herd nehmen und alles 1 bis 2 Min. ziehen lassen. Mit japanischem Reis servieren.

Tipp: Die Erdnusscreme und die Lachssauce lassen sich gut am Vortag vorbereiten.

BRENNEREISTÜBERL NAGL STADL

Nagl am Sulzbach
Bernhard und Susanne Strehhuber

Sulzbacher Str. 7
83334 Inzell

Telefon und Telefax 0 86 65 / 73 99

Eigentlich wollten die Strehhubers nur einen gemütlichen Platz schaffen, an dem ihre köstlichen selbstgebrannten Schnäpse in stimmiger Atmosphäre verkostet werden können. In der Planungsphase kristallierte sich jedoch schon bald die Idee heraus, das Probierstüberl in Form einer typischen Almhütte zu gestalten. So kam eins zum anderen – entstanden ist eine urgemütliche, liebevoll rustikal ausstaffierte „Almhütte", die allein zum Schnapsprobieren viel zu schade ist. Alles ist bis ins Detail durchdacht, selbst die Türklinken sind Unikate, die Fenster 100 Jahre alt und die Tische aus Kirsch- und Eschenholz Spezialanfertigungen.

Bernhard Strehhuber übernahm gemeinsam mit seiner Frau Susanne 1999 den elterlichen Hof, der bis dahin mit Milchvieh bewirtschaftet wurde. Heute weiden auf der Wiese zehn Angusrinder und im Stall stehen zwei Pferde, die die passionierte Reiterin für Dressurvorführungen sowie Brauchtumsfeste sattelt und hoch zu Ross präsentiert. Das Brennen faszinierte den gelernten

Heizungsbauer Bernhard Strehhuber schon immer, doch es dauerte einige Zeit, bis er das Brennrecht 2003 bekam. Mit seiner nagelneuen Brennanlage hat er sich einen lang gehegten Traum erfüllt und so ziemlich das Beste erstanden, was derzeit auf dem Markt erhältlich ist. Der Brenner ist zudem ein wunderschönes, kupfernes Gerät, das seinen zentralen Platz inmitten der Hütte verdient hat. Die innen beleuchtete Anlage verfügt über einen so genannten Aromaten, eine patentierte Funktion, die es ermöglicht, die Aromen der Frucht in intensiver Weise dem Schnaps zugänglich zu machen. Anschauen und es sich in der kleinen Hütte gemütlich machen können vorbeikommende Wanderer, Langläufer oder Interessierte an den Wochenenden. Susanne Strehhuber serviert den Hungrigen, die eine kleine Rast einlegen und sich mit deftigen Brotzeiten stärken möchten, kleine Schmankerln wie das Almkäsebrot, das Inzeller Bergspeckbrot mit eingelegtem Kürbis und Zucchini, den hausgemachten Leberkäse oder die Kaminwurz vom eigenen Bio-Rind sowie im Sommer Rindfleischsülze oder gegrillte Steckerlfische. Auch Kaffee und hausgemachte Kuchen werden serviert. Natürlich sollte es der Gast nicht versäumen, von den edlen Hausmacher Bränden zu probieren: Williams-, und Mirabellenbrand stehen bereit wie auch Liköre von der Holunder- oder Himbeere. Besonders zu empfehlen ist der Nagl Kräuterlikör, der aus 27 Kräutern wie Koriander, Salbei, Hopfen und Zimt nach einem alten Klosterrezept hergestellt wird. Die gemütliche Hütte eignet sich auch ideal für Veranstaltungen, seien dies private Anlässe oder betriebliche wie z.B. Weihnachtsfeiern. Dazu organisiert die gelernte Hotelfachfrau auch ein feines warmes Menü, beispielsweise den Rinderbraten in Burgundersauce mit Blaukraut und Semmelknödeln, den ein befreundeter Gastwirt zubereitet. Aber auch italienische oder anders orientierte Büffets werden gern ausgerichtet. Eine besondere Attraktion ist sicherlich das Schaubrennen, bei dem Bernhard Strehhuber angemeldeten Gruppen anschaulich die einzelnen Schritte von der Obstmaische zum destillierten Brand vorführt. Beim anschließenden Verkosten können sich die Teilnehmer gleich selbst von der hervorragenden Qualität der Destillate überzeugen. Die Strehhubers organisieren aber auch immer wieder kleine Veranstaltungen wie die zur Adventszeit stattfindenden Abende am offenen Lagerfeuer, an denen im Stall bei Glühwein und warmen Getränken Weihnachtsgeschichten vorgelesen werden, oder im Herbst das interessante Schauhufbeschlagen bei Kaffee und Kuchen.

Es gibt also immer einen Grund, bei den Strehhubers vorbeizuschauen. Das am Ortsende von Inzell direkt an der Sulzbachloipe gelegene Nagl-Stadl ist ein echter Geheimtipp für Liebhaber uriger Almhütten, die ohne beschwerlichen Aufstieg den Charme des ungezwungenen Beisammenseins bei einer zünftigen Brotzeit erleben möchten: Wer Hüttenzauber mit Musik und dem einen oder anderen feinen Stamperl liebt, ist im Nagl-Stadl gut aufgehoben.

Walter Angerer d.J.
Künstler

Dr.-Klieglstr. 9
83313 Siegsdorf

Telefon 0 86 62 / 96 96
Telefax 0 86 62 / 66 89 73

Rauschbergbahn GmbH

Knogl 12
83324 Ruhpolding

Der Chiemgau ist reich an lohnenden Ausflugszielen und kulturhistorischen Stätten. Dennoch zieht es Reisende wie auch Einheimische immer wieder hinauf in die Höhen der Berge. Die Kunstmeile auf dem Rauschberg, mit 1645 Metern die höchste Deutschlands, sorgt seit 1997 dafür, dass Gipfelstürmer dabei nicht völlig auf Kunstgenuss verzichten müssen. Auf architektonisch gelungene Weise wurde die kleine Galerie an die Bergstation angebaut. Der Kunstliebhaber findet hier einen kleinen Querschnitt durch das künstlerische Schaffen des Bad Reichenhaller Malers, Bildhauers und Komponisten Walter Angerer d. J. Drei großformatige Ölgemälde aus seiner frühen Schaffensphase begrüßen den Gast mit Schilderungen des Ruhpoldinger Brauchtums; dargestellt ist etwa die Erlegung des letzten bayerischen Bären oder der „Kraxenbacher Loder“, eine Sagenfigur der Region. Ausgestellt ist weiterhin eine Auswahl seiner beeindruckenden „haptischen Schattenskulpturen“ sowie seiner typischen „Fraßbilder“. Der Begriff stammt von Angerer, denn er entdeckte im Rahmen seiner Magisterarbeit die Spuren, die die Borkenkäfer in der Baumrinde hinterlassen, neu. Er kopierte sie zunächst, malte die Zwischenräume aus. Dann entwickelte er sie weiter, ergänzte und kolorierte, um neue Motive entstehen zu lassen – eine sehr eigenwillige Technik, aber beeindruckend im Ergebnis. Der visualisierte Fraß der Käfer erinnert an Schriftzeichen, an asiatische Kalligraphien. Und auch der Betrach-

ter beginnt zunehmend mehr zu entdecken, kann immer neue Bilder sehen. Walter Angerers weiteres Schaffen ist geprägt von diesen bizarren Linien und Flächen; sie finden sich in vielen seiner Bilder im Detail wieder, mal in den Konturen der Berge, mal in den Wolken.
Die Kunstmeile setzt sich nach dem Verlassen der Galerie im Freien fort. So bemalte Walter Angerer d. J. mit seiner Fraßbildtechnik Baumrinden in leuchtenden Farben, die so zu Zauberbäumen wurden. Damit offenbart er einerseits die vom Borkenkäfer verursachten Spuren und lässt andererseits ein modernes Bild entstehen, das sich in attraktiver Weise in die Natur eingliedert. Schon ist das Berggasthaus zu erkennen und man erhascht einen ersten Blick auf das Glanzstück der Kunstmeile, das auf dem Gipfel des Berges thront: Adams Hand – angelehnt an Michelangelos berühmtes Bild in der Sixtinischen Kapelle. Die siebeneinhalb Meter hohe Stahlkonstruktion zeigt nach Rom, was als Wegweiser zu Gott verstanden werden soll. Beeindruckend auch hier, wie sich die Kunst in die grandiose Naturlandschaft einfügt, sie in idealer Weise ergänzt. Ein ganz besonderes Schauspiel bietet sich dem Betrachter bei Sonnenuntergang.

Der Weg führt zurück zum Berggasthof, wo man auf die „drei Masken" stößt – ein kubistisches Baumgemälde, das sich von unterschiedlichen Standpunkten aus immer wieder zu einem neuen Ganzen zusammenfügt. Der Gasthof selbst wartet mit in Fraßbildtechnik erstellten Porträts von Reinhold Messner und den Huber-Brüdern auf, den weltbekannten Chiemgauer Extremkletterern.
Walter Angerer findet seine Inspiration in der Natur, bei langen Spaziergängen und in stillen, ruhenden Augenblicken am See oder auf dem Berg. Seine Gemälde charakterisiert ein altmeisterlich geprägter Surrealismus; im Detail sind immer wieder Fraßspuren zu finden – desgleichen in seinen haptischen Schattenbildern, die gekonnt mit Hell-Dunkel-Effekten spielen. Mittlerweile komponiert Walter Angerer d.J. am Flügel auch klassische Musik – nicht zu modern, eher meditativ. In seiner Schaffenskraft und Kreativität ist er nach vor ungebremst – auf dem Rauschberg gibt es schon bald eine neue Attraktion. Im Sommer 2006 installiert die Bergbahn die von Angerer entworfene drei Meter hohe Papstsäule – ein weiteres Kunstwerk auf dem Rauschberg, das wie seine Vorgänger sicherlich viele Betrachter faszinieren wird.

LANDGASTHOF ZUR HOCHPLATTE

Landgasthof zur Hochplatte
Daniel und Denise Klees

Altweg 2
83250 Marquartstein

Telefon 0 86 41 / 6 13 17
Telefax 0 86 41 / 69 58 94

Folgt man in Marquartstein den Schildern in Richtung der Hochplattenbahn, stößt man auf den etwas versteckt gelegenen Landgasthof zur Hochplatte. Das alte, 1836 erbaute Haus wurde schon früh als Gaststube genutzt, stand in den vergangenen Jahren jedoch leer, bis es von Daniel und Denise Klees aus dem Dornröschenschlaf erweckt wurde. Der schmucke Gasthof mit seinen unterschiedlichen Stuben faszinierte die beiden Gastronomen. Im Februar 2004 öffnete der Landgasthof seine Pforten und erstrahlte in neuem Glanz. Daniel Klees war bis dahin in vielen Küchen der Welt zu Hause; zu namhaften Adressen in Deutschland, Österreich und der Schweiz gesellten sich renommierte Häuser auf den Kanarischen Inseln, in der Türkei, in Ägypten und in Indien. Die Erfahrung des vielgereisten Kochs spiegelt sich in der Kombination seiner Gerichte wider. Gerne verfeinert der Küchenchef seine Kreationen mit indischen Gewürzen und Pasten; oft finden sich Fisch und Meeresgetier auf der Schiefertafel, die als aktuelle Tageskarte fungiert. Mediterrane und asiatische Einflüsse runden das vielseitige Angebot ab: Zackenbarsch auf mediterranem Gemüse mit bunten Pestonudeln, mediterrane Fischsuppe mit Pernod und Safran, geschmorte Lammeule in Rosmarinjus mit Gratinkartoffeln, Steinbutt auf Vanille-Ingwerschaum, aber auch der Kalbstafelspitz auf Rahmwirsing mit Meerrettichsauce sowie eine Ingwer-Karottensuppe mit Morcheln sind Variationen der Klees-schen Küchenkunst. Die Standardkarte bietet auch rustikalere Gerichte, allen voran die beliebten Rösti-Spezialitäten, die Daniel Klees mit Züricher Geschnetzeltem, zur bayerischen Kalbsleber mit Apfelspalten in Calvadosrahm, zum norwegischen Lachsmedaillon sowie mit Blattspinat und Schafskäse überbacken serviert. Mit seinem Landgasthaus will das junge Paar einen Platz schaffen, der sowohl den Ansprüchen eines Feinschmeckers gerecht wird als auch den Einheimischen einen Ort zur Einkehr bietet. Dieser Spagat gelingt den beiden aufs Vorzüglichste. Der Gast kann im Landgasthof mit Lust und Lebensfreude in ungezwungener Atmosphäre genießen, ohne dabei auf einen sehr feinen Geschmack und beste Qualität verzichten zu müssen. Die Garmerstube verbreitet die Atmosphäre einer bayerischen Wirtschaft mit Stammtisch, die fein eingedeckte holzgetäfelte Kaminstube das gediegene Ambiente eines eleganten Restaurants. Die große, rund 100 Positionen umfassende Weinkarte rundet das ansprechende Angebot ab. Im Sommer steht ein idyllischer Biergarten für rund 80 Gäste bereit. Der Gast kann hier mit schönem Blick auf Hochgern und Hochplatte den Abend bei feinsten Gaumenfreuden ausklingen lassen.

Zanderfilet unter der Pilzkruste an Rotweinbutter mit Röstkartoffeln

Zutaten

4 Zanderfilets ohne Haut à 180 g
Olivenöl, Salz, Pfeffer
40 g frische Weißbrotbrösel

350 g frische, gemischte Pilze (Pfifferlinge, Egerlinge, Steinpilze), in Scheiben geschnitten
1 Schalotte, fein gewürfelt
40 g frische Weißbrotbrösel
Butter
Salz, etwas Zitronensaft
150 g Pilze als Garnitur

0,25 l kräftiger Rotwein
Zucker
2 EL Crème Fraîche
Butter

8 cl trockener Weißwein
4 cl Noilly Prat
0,125 l Fischfond
4 EL Crème Fraîche
Salz, Pfeffer

Zubereitung

Zanderfilet würzen, in Öl beidseitig kurz anbraten (nicht durchbraten). Pilze mit Schalotten in Butter anschwitzen, salzen, pfeffern, mit Zitronensaft abschmecken, herausnehmen. Pilze leicht hacken, mit Brösel und Butterflocken vermischen. Für die Sauce den Rotwein auf drei Viertel reduzieren, etwas Zucker und Crème Fraîche dazugeben, nochmals um die Hälfte reduzieren, einige Butterflocken unterrühren.
Weißwein, Noilly Prat und Fischfond um die Hälfte reduzieren, Crème Fraîche hinzufügen. Rühren, bis eine leichte Bindung entsteht, abschmecken, mit etwas Butter montieren. Die angebratenen Zanderfilets mit der Pilzmasse bestreichen, Weißbrotbrösel darauf streuen. Den Fisch im vorgeheizten Backofen bei 180 °C rund 12 Min. backen, bis die Brösel Farbe annehmen. Den Fisch anrichten, beide Saucen um den Fisch arrangieren. Mit den restlichen, leicht sautierten Pilzen anrichten und mit angerösteten Kartoffeln servieren.

HOTEL BERGGASTHOF ADERSBERG

Hotel Berggasthof Adersberg
Sandra Mayer und Dirk Haase

Adersberg 2
84224 Rottau im Chiemgau

Telefon 0 86 41 / 69 93 60
Telefax 0 86 41 / 59 85 12

Wie idyllisch sitzt es sich doch in einer romantischen Berghütte, wenn abends die Sonne hinter den Bergen verschwindet, die Steinadler ihre letzten Kreise ziehen, die ersten kleinen Kaninchen in der Abendstimmung über die Wiese hoppeln und im Inneren der Stube bereits das Kaminfeuer knistert. Sie meinen, dafür müsste man die Strapazen eines mehrstündigen Bergaufstiegs auf sich nehmen? Weit gefehlt: Wenige Kilometer vom Seeufer entfernt führt zwischen Bernau und Grassau eine Straße hinauf zum Flairhotel Berggasthof Adersberg – steil, doch gut befahrbar. Auf 815 Metern Höhe erwartet den Gast ein rustikales Hotelrestaurant, das den Komfort eines Flair-Hotels besitzt, sich dabei aber den Charme und die Gemütlichkeit einer Hütte bewahrt hat.

Einst waren der Adersberg und der Rudersberg zwei Raubritterburgen. Später führte der Urgroßvater der heutigen Besitzer den damaligen Bergbauernhof auch als Almwirtschaft, danach fungierte er als Jagdsitz der Familie. Im Laufe der Jahre wurde das Haus ständig vergrößert, heute führt Sandra Mayer, gelernte Hotelfachfrau, gemeinsam mit dem Küchenchef Dirk Haase das Hotel mit seinen 32 Zimmern. Ein Aufenthalt in dem gemütlichen Haus

verheißt Ruhe und Erholung. Viele Wanderwege führen durch die Wälder, vorbei an Kräuterwiesen und seltenen Pflanzen, hoch zum Gipfel von Kampenwand oder Hochplatte. Von der schön gelegenen Südwest-Sonnenterrasse hat man einen eindrucksvollen Blick auf die umliegenden Berge sowie eine atemberaubende Sicht ins Tal und zum Chiemsee, die bei klarem Wetter bis zum Bayerischen Wald reicht.
Das heimelige Restaurant ist in hellem sowie dunklem Holz gehalten. Von allen Plätzen kann der Gast die einzigartige Aussicht genießen. Die Küche verwöhnt den rastenden Wanderer wie auch den anspruchsvollen Schlemmer mit guter internationaler und bayerischer Küche. Neben ofenfrischem Schweinsbraten mit Semmelknödln stehen Reh- und Hirschgulasch mit Kartoffelkroketten oder Dinkelspätzle sowie frische Gebirgsforelle auf der Karte. Abends sowie an Sonn- und Feiertagen werden die Tische elegant eingedeckt und die Küche fährt zusätzlich feine Speisen wie das Wilderer Pfandl, das Rehschnitzel, das Lammfilet mit Speckbohnen oder das Wildlachsfilet auf Staudenselleriegemüse in Safransauce mit Parmesanrisotto auf. Bekannt ist der Adersberg auch für seine hausgemachten Kuchen, allen voran die Käsesahnetorte und die Schwarzwälder Kirschtorte.
Für Feste aller Art ist das Flairhotel gut gerüstet; im Saal lässt es vorzüglich feiern, in den freundlichen Gästezimmern dann selig schlummern. Am Morgen erwartet den Gast ein Frühstück bei Sonnenaufgang unter vielstimmigem Vogelgezwitscher. Im Herbst liegen oft noch Nebelschwaden im Tal, während oben auf dem Berg bereits die Sonne lacht – was den Eindruck erweckt, als säße man über den Wolken. Ob Sie nun den Tag auf dem Adersberg beginnen, ihn bei Sonnenuntergang auf der Terrasse beenden oder im Winter den Abend am flakkernden Kaminfeuer verbringen – das Hotel Berggasthof Adersberg bietet immer das richtige Ambiente.

Rehrücken auf Estragon-Holunderjus

Zutaten für 6 Personen

2 kg Rehrücken
5 Wacholderbeeren
1 Zwiebel, gewürfelt
Holunderbeeren
Frischer Estragon
0,5 l Rotwein
500 g frische Champignons
125 g Speck
Salz, Pfeffer
1 EL Preiselbeeren
1 Bund Suppengrün, gewürfelt
1 EL Cognac
1 EL Mehl oder Speisestärke

Zubereitung

Den Rehrücken waschen und trocknen. Wacholder- und Holunderbeeren im Mörser zerstoßen, den Rehrücken damit einreiben. Mit Speckscheiben belegen, salzen und pfeffern. Das Suppengemüse mit den Pfefferkörnern und der Hälfte der Zwiebeln in den Bräter geben, den Rehrücken darauf legen. Im vorgeheizten Backofen bei 200 °C ca. 55 Min. schmoren. Nach 20 Min. etwas Rotwein darüber gießen, in Abständen wiederholen. Vom fertig gegarten Braten den Speck entfernen, warm stellen. Bratenfond durchsieben, aufkochen, restlichen Rotwein, Estragon sowie Holunderbeeren zugeben, mit Mehl oder Speisestärke (vorher mit Wasser vermengen) abbinden. Die Sauce mit Cognac, Preiselbeeren und evtl. mit etwas Crème Fraîche verfeinern. Frische Champignons in Butter mit Zwiebeln anbraten, salzen und pfeffern. Den Rehrücken mit Estragon-Holunderjus und Champignons anrichten, dazu Spätzle und frischen Brokkoli servieren.

BILDHAUER ANDREAS KUHNLEIN

Andreas Kuhnlein
Bildhauer

Am Lindenbichl 1
83246 Unterwössen

Telefon 0 86 41 / 80 27
Telefax 0 86 41 / 6 33 99

Die Arbeiten von Andreas Kuhnlein faszinieren – sie beeindrucken in ihrer Ausdrucksstärke und Intensität, sie gehen unter die Haut. Imponierend dabei auch, dass diese markanten Skulpturen mit der Motorsäge geformt wurden.
Andreas Kuhnleins Lebensweg verlief zunächst in herkömmlichen Bahnen. Nach der Schreinerausbildung folgte von 1972 bis 1981 der Dienst beim Bundesgrenzschutz. Kuhnlein wurde u.a. an der innerdeutschen Grenze eingesetzt, weit weg von der heilen Welt, die ihn bis dahin umgeben hatte. Das Bild vom mit Stacheldraht durchzogenen Heimatland, an dem Menschen ihr Leben ließen, nur weil sie von Ost nach West wollten, ließ ihn nicht mehr los. Einsätze bei Anti-Atomkraft-Demonstrationen sowie beim Objektschutz des Stuttgarter Gefängnisses in Stammheim, in dem RAF-Häftlinge untergebracht waren, konfrontierten ihn mit Menschen in Extremsituationen, die unkontrollierbar und unberechenbar sind – auf beiden Seiten. Diese Eindrücke gruben sich tief in sein Bewusstsein ein und brachten ihn zusehends in Gewissenskonflikte. Nach dieser Zeit fand er nicht mehr in sein früheres, unbekümmertes Leben zurück. Er begann Holz zu schnitzen und stellte dabei fest, dass er ein Talent für leichte und spielerische Formen hatte. 1983 beschloss er,

sich als Bildhauer selbständig zu machen. Von der Ornamentik wechselte er zum figurativen Bereich, der ein Gespür für Anatomie und Proportionen erfordert. Ein alter Tisch im Elternhaus gab den Impuls für abstrakte Tischbildnisse, mit denen Andreas Kuhnlein Begriffe wie „Kompromiss" oder „Einsicht" visualisieren wollte. Damit entfernte er sich von seinem bisherigen Tun, spürte aber, dass er auf dem richtigen Weg war.

Da diese Objekte nicht mehr auf Anhieb verständlich waren, sondern eine gewisse Auseinandersetzung erforderten, erkannte er, dass Kunst nicht nur dekorativ ist, sondern einen Sinn und die Aufgabe hat, Bewegung in die Köpfe der Menschen zu bringen. Das Thema packte ihn, in zehn Wochen schuf er 76 Tische. Doch ein weiteres Mal kehrte er zur klassischen Bildhauerei zurück. Er fertigte Porträts aus Bronze bzw. Stein und arbeitete mit ganzen Stämmen von kranken oder vom Sturm gefällten Harthölzern wie Ulmen, Eschen und Eichen, aus denen er mit dem Eisen überdimensionierte Skulpturen schlug. Die für ihn typische Motorsäge nutzte er anfangs nur, um große Teilstücke zu entfernen. Erst ein Interview mit dem heutigen Papst und damaligen Kardinal Ratzinger zum Thema Inquisition löste die Initialzündung aus. Die Argumentation erregte den Bildhauer derart, dass er sich nur mit der Motorsäge Luft verschaffen konnte: Die Figur des Großinquisitors entstand - seine erste, komplett mit der Säge geformte Skulptur war geschaffen. Andreas Kuhnlein hatte gefunden, wonach er zwölf Jahre gesucht hatte. Seine innere Zerrissenheit, die aus den Erfahrungen der 1970er Jahre resultiert, findet in den zerklüfteten expressiven Skulpturen ihren Ausdruck - sie symbolisieren die Brutalität, die Zerbrechlichkeit und die Verletzlichkeit des Menschen sowie seine Vergänglichkeit und damit letztlich die Wahrheit menschlicher Existenz. Holz ist dafür das ideale Medium, befindet es sich doch selbst in einem Zustand, der im Übergang zur Auflösung steht. Das Arbeiten mit der Säge kommt einem radikalen, unmittelbaren Eingriff gleich; Korrekturen sind nicht mehr möglich. Zudem muss sich der Künstler auf das Wesentliche beschränken; diese Technik schließt das Herausarbeiten von Einzelheiten aus. Doch für Kuhnlein ist die Haltung eines Menschen grundlegend; Details sind für ihn unwesentlich. Um die Grate zu schwärzen und ihre Tiefenwirkung zu verstärken, flammt der Künstler die Figuren zuletzt mit der Gasflamme ab.

Die Zerklüftung der Oberfläche seiner Skulpturen bedeutete für den Künstler Andreas Kuhnlein den Durchbruch. Viele seiner Arbeiten befinden sich heute im öffentlichen Raum, u.a. in der Bayerischen Staatsgemäldesammlung, im Skulpturenmuseum Den Haag und in der Dresdner Kathedrale. Seit 1990 präsentierte er seine Skulpturen in über 100 Einzelausstellungen und in ebenso vielen Beteiligungen in Deutschland, Österreich, Schweiz, Italien, Holland, England, Südkorea, USA und China, wo ihm durch die Kunstakademie von Luoyang sogar eine Professur verliehen wurde.

GASTHOF ZELLERWAND „BEIM BIRNER"

Gasthof Zellerwand
„Beim Birner"
Familie Müller

Raitener Str. 46
83259 Schleching-Mettenham

Telefon 0 86 49 / 2 17
Telefax 0 86 49 / 8 16

Die Zellerwand, zu Füßen des gleichnamigen Berges gelegen, gilt als das älteste in Familienbesitz stehende Gasthaus des Chiemgaus. Das Gebäude wurde 1853 erbaut, die liebenswerte Gaststube blieb im Originalzustand erhalten und bezaubert mit ihrem ganz besonderen Charme. Heute wird das Haus in der vierten Generation von Evi Müller geführt, gemeinsam mit Sohn Dominik und dessen Frau Angelika, die ihre Erfahrungen auch in besternten Restaurants in Deutschland und Österreich sammelten. Seit 2001 serviert der Junior hier eine alpenländische bayerische Küche, die Ausflüge ins Schwäbische wie auch ins Österreichische unternimmt. Das Rindfleisch stammt aus Demeter-Betrieben und wird zu feinem Rindsgulasch, zu gekochtem Rindfleisch oder zu Rindsrouladen mit hausgemachten Frischkäsespätzle verfeinert. Daneben findet der Gast auch typisch bayerische Schmankerl wie das Topfenblattl auf Sauerkraut – eine in Schmalz ausgebackene Mehlspeise, die vor allem im Winter zubereitet wird –, und natürlich den Krustenschweinsbraten, der von Natursauce umrahmt wird. Gerichte aus der gehobenen Küche wie die mit Gorgonzola überbackene Rinderlende oder das Saiblingsfilet in Rieslingsschaum runden das vielseitige Angebot ab. Besonders begehrt sind die österreichischen Desserts der aus Kärnten stammenden Juniorchefin und gelernten Patissière: der Topfenknödel mit Zwetschgenröster – ein in Butterbröseln mit Zucker und Zimt gewälzter Quarkknödel, der mit in Rotwein geschmorten Zwetschgen serviert wird – ist bei den Gästen ein Dauerbrenner, genauso wie das ausgezeichnete Pralinenparfait auf Beerenragout. Bekannt sind auch die Fischgerichte an kirchlichen Feiertagen, an denen Dominik Müller und seine Frau mit einem Loup de Mer auf Safran-Fenchelgemüse oder einem lauwarmen Tintenfischsalat auf Orangen-Fenchel-Salat aufwarten. Das Publikum ist gemischt und setzt sich aus Einheimischen, Urlaubern und vielen Stammgästen auch aus der weiteren Umgebung zusammen. Reservierungen für die alte Stube werden nur mittags angenommen, abends sitzt man je nach Eintreffen an den fünf großen, blank gescheuerten Holztischen zusammen. Im Winter verströmt der alte Kachelofen behagliche Wärme, im Sommer genießt man im großen Biergarten unter Kastanien die Ruhe und den schönen Blick auf den Breitenstein und die Zwillingswand – die Zellerwand, ein Ort, an dem es sich in bester Wirtshaustradition hervorragend schlemmen und genießen lässt.

KLAUSER'S CAFE-RESTAURANT

In Reit im Winkl kehren wir heute in das schmucke, im alpenländischen Stil gehaltene Cafe-Restaurant ein. Das Haus zeigt sich bescheiden und lässt nicht gleich darauf schließen, welch sensible Hand hier den Kochlöffel führt und welch feiner Gaumen den Geschmack besiegelt.
Das Kochen hat Wolfgang Klauser quasi von seinen Eltern mit in die Wiege bekommen. Die Mutter kochte einst im Restaurant, der Vater war auf das Backen spezialisiert. So trat der Junior in die vorgegebenen Spuren, lernte Koch im heimischen Reit im Winkl und entdeckte während seiner Wanderjahre die feine Küche in Münchner Restaurants sowie die große weite Welt: Mit einem Luxusliner schipperte er durch die Meere, von Skandinavien bis nach Amerika und Westindien. Dabei faszinierte ihn vor allem die Vielfalt in Neptuns Reich sowie ihre mannigfaltigen Zubereitungsarten. Als die Eltern 1982 ans Aufhören dachten, kehrte Wolfgang Klauser zurück, um daheim eine regionale Küche mit französischen sowie mediterranen Einflüssen anzubieten, die hin und wieder von Exotischem heimgesucht wird. Die äußerst umfangreiche Karte wartet mit Köstlichkeiten wie Jakobsmuscheln in Curry-Fond, Kaninchenrücken-Medaillons in würziger Basilikum-Nage, Kabeljaurücken im Tomaten-Estragon-Fond, Hirschmedaillons mit Nusskruste sowie dem ausgelösten Lammrücken in Rosmarin-Thymian-Kruste auf. Wolfgang Klausers Art zu kochen ist aufwendig und akribisch, er verwendet nur Zutaten in bester Qualität, lässt seine Fonds stundenlang köcheln. Was letztlich seine Küche verlässt ist dementsprechend köstlich und delikat. Der ausgelöste Lammrücken duftet intensiv nach Kräutern, die sich sanft mit den Aromen des Fleischsaftes verbinden und im Gaumen ein wahres Geschmacksfeuerwerk entzünden. Das Fleisch ist derart zart, dass es auf der Zunge nur so zergeht. Die Thymian-Kruste hält locker der Kraft des Messers stand und das herrlich fruchtige Ratatouille hat genau die richtige Konsistenz und ist zudem dank der enthäuteten Paprika äußerst bekömmlich. Die anderen Kreationen stehen dem in nichts nach. Alles ist wunderschön drapiert, ohne überladen zu sein und schmeckt einfach himmlisch. Auch die Weinbegleitung lässt keine Wünsche offen. Wolfgang Klauser und seine Frau Brigitte sind bekennende Weinlieb-

Klauser's Cafe-Restaurant
Wolfgang und Brigitte Klauser

Birnbacherstr. 8
83242 Reit im Winkl

Telefon 0 86 40 / 84 24
Telefax 0 86 40 / 84 64

haber und so finden sich auf der Karte auch im offenen Ausschank edelste Tropfen, die die feinen Kompositionen des Hauses in bester Weise untermalen. Die Gaststube weckt trotz ihrer elegant eingedeckten Tische Erinnerungen an eine gemütliche Weinstube und schafft ein wohlig heimeliges Gefühl. Ein Abend im Klauser´s Restaurant verspricht somit höchsten Genuss in allen Belangen. Und auch wenn Bescheidenheit den Hausherrn auszeichnet – wir können dem an dieser Stelle nicht folgen, denn seiner Küche gebührt höchste Anerkennung.

Pochierte Waller-Medaillons auf Rote-Beete-Meerrettichschaum

Zutaten

600 g Wallerfilet (12 Medaillons à 50 g)

Pochier-Fond
1 l Wasser
gemischtes Gemüse (Schalotten, Karotte, Staudensellerie, weißer Lauch)
Gewürze (5 Pfefferkörner, 1 Lorbeerblatt, je 2 Wacholderbeeren und Pimentkörner)
Meersalz

Fischfond für die Grundsauce
Gräten des Wallers und
2 Saiblingsgräten
1 El Butter, 2 Schalotten
gemischtes Gemüse (Staudensellerie, Karotte, Petersilienwurzel, weißer Lauch), in Streifen, 2 Champignons,
0,125 l trockener Riesling
Gewürze (5 Pfefferkörner, 3 Wacholderbeeren, 3 Pimentkörner, 1 Lorbeerblatt), je 1 Knoblauchzehe, Thymian- und Rosmarinzweig

Meerrettichschaum
4 cl Riesling, 4 cl Noilly Prat
0,3 l Fischfond, 0,2 l Sahne
2 El Meerrettich aus dem Glas
4 El Rote Beete-Saft konzentriert
50 g eiskalte Butterflöckchen
1 El geschlagene Sahne

Zubereitung

Für Pochierfond alles 30 Min. köcheln, salzen, abpassieren. Für die Soße Gemüse in Butter mit Gewürzen und Fischgräten angehen lassen, mit Weißwein und Wasser bedeckt auffüllen, 30 Min. köcheln, Schaum dabei abnehmen, abpassieren. Für den Meerrettichschaum Riesling und Noilly Prat im Topf reduzieren, Fischfond auffüllen, auf 1/3 reduzieren, Sahne angießen, reduzieren, salzen, pfeffern, mit Prise Zucker, Meerrettich und Rote-Beete-Saft pikant abschmecken, Butterflöckchen unterrühren, mit Mixstab aufschäumen, geschlagene Sahne leicht einmarmorieren. Wallerstücke salzen, im Pochierfond bei 80 °C ca. 10 Min. ziehen lassen. Meerrettichschaum auf Teller gießen, Waller abgetropft darauf anrichten.

BERGGASTHOF SONNENALM

Berggasthof Sonnenalm
Dagmar Schönhuber

Winklmoosalm
Klammweg 2
83242 Reit im Winkl

Telefon 0 86 40 / 79 72-0
Telefax 0 86 40 / 79 72-22

Die Winklmoosalm ist vor allem bekannt als Heimat der berühmten Ski-Olympiasiegerin Rosi Mittermaier. Doch die sehenswerte Hochalm ist auch für sich einen Besuch wert, sei es zum Wandern, Mountainbiken, Skifahren oder einfach nur zum Einkehren. Die Auffahrt ist etwas abenteuerlich – im Winter fährt ausschließlich ein Pendelbus - und bietet bereits unterwegs reizvolle Ausblicke. Steil schlängelt sich die Straße vom Parkplatz Seegatterl zur 1200 Meter hoch gelegenen Alm hinauf. Dort erwartet den Gast ein Bergpanorama wie es schöner nicht sein könnte. Der Berggasthof Sonnenalm steht hier genau richtig. Mit seinen liebevollen Dekorationen heißt das rustikal im Hüttenstil gehaltene Anwesen uns gleich willkommen. Im Inneren findet der Gast aus Altholz gestaltete, heimelige Stuben, die mit offenem Kamin oder Kachelofen Gemütlichkeit und Wärme ausstrahlen. Alle Stuben sind bis ins kleinste Detail gekonnt in Szene gesetzt, das Auge fände stets etwas zum Schauen, würde nicht der atemberaubende Panoramablick in die Bergwelt der Loferer Steinberge alle Aufmerksamkeit auf sich ziehen. Von der großen Terrasse aus kann der Gast diese Szenerie unter dem Licht der auf- bzw. untergehenden Sonne bestaunen – schon allein dieses Schauspiel ist die Auffahrt wert.
Dagmar Schönhuber, Inhaberin der Alm, hat mit ihrem Berggasthaus eine Stätte

geschaffen, an der sich Wanderer, Skifahrer und Schlemmer gleichermaßen wohl fühlen können. Im Dreiländereck zwischen Bayern, Tirol und Salzburgerland finden sich entsprechende regionale Schmankerln auf der Speisekarte. Knuspriges Tiroler Gröstl und hausgemachte Kaspressknödel sind ebenso zu finden wie würziges Saftgulasch vom heimischen Rind, ofenfrischer Krustenbraten mit Blaukraut und Bayerischer Tafelspitz mit Meerrettichsauce. Alles wird frisch zubereitet und schmeckt in der luftigen Höhe besonders hervorragend. Natürlich darf auch der Kaiserschmarrn nicht fehlen, genauso wenig wie die gemischte Speckplatte und der hausgemachte Apfelstrudel.

Wer gleich einen ganzen Abend in dem stimmungsvollen Berggasthof mit Hüttenatmosphäre verbringen möchte, sollte bei einer der Veranstaltungen mit Folklore oder Blasmusik zugegen sein. Die Nacht kann er dann in einer der acht stilvollen, großzügig gestalteten Suiten oder im Doppelzimmer verbringen, die alle mit massiven Möbeln im Vogelauer Stil sowie mit neuester Technik ausgestattet sind.

Höhepunkt des Jahres ist die im August in der kleinen Kapelle „Mariä Himmelfahrt" stattfindende Winklmooser Bergmesse mit Kräuterweihe, zu der die Gebirgsschützenkompanie aufmarschiert. Bei der anschließenden Einkehr in der Sonnenalm kommt garantiert echte Almstimmung auf.

In der Winklmoos-Sonnenalm kann sich der Gast rundum wohl fühlen; es ist an alles gedacht, was man sich für einen erholsamen und erlebnisreichen Aufenthalt wünscht. Dabei setzt das sympathische Wirtspaar auf Kommunikation, ist immer für einen Plausch zu haben. Hier oben ist der Alltag ohnehin schnell vergessen. Man träumt beim Blick auf die grandiose Bergwelt vor sich hin – wer für einige Stunden abschalten sowie Leib und Seele etwas Gutes tun will, der sollte unbedingt einen Tag auf der Winklmoosalm mit abschließender Einkehr in der Sonnenalm verbringen.

Grießflammeri mit Erdbeeren

Zutaten für 5 Personen

0,25 l Milch
1 Vanilleschote
Zesten von 1 Zitrone
40 g Hartweizengrieß
2 Blatt Gelatine
2 Eigelbe
60 g Grießzucker
0,2 l Sahne
200 g Erdbeeren
2 cl Cognac
Zitronenmelisse als Garnitur

Zubereitung

Gelatine in kaltem Wasser einweichen, Sahne schlagen, die Erdbeeren waschen, dabei 5 Stück für die Garnitur zurücklegen. Halbierte Vanilleschote mit Milch und Zitronenzesten aufkochen, durch ein feines Sieb passieren. Grieß in die Milch geben, auf kleiner Flamme etwa 10 Min. unter ständigem Rühren köcheln. Ausgedrückte Gelatine beigeben. Eigelb und Grießzucker schaumig rühren, unter die Grießmasse ziehen, auf Eis kalt rühren. Wenn die Masse zu stocken beginnt, den Schlagrahm unterheben. In eine große Schüssel füllen und mindestens 3 Stunden kalt stellen. Erdbeeren mit Cognac und Zucker pürieren. Die Grießmasse in eine Spritztüte füllen und durch eine große Sterntülle auf Teller dressieren. Mit Erdbeeren, Erdbeer-Cognacsauce und Zitronenmelisse garnieren.

KULINARISCHE EMPFEHLUNGEN

Adelholzener
Alpenquellen GmbH 166
St.-Primus-Str. 1–5
83313 Bad Adelholzen
Telefon 0 86 62 / 62-0
Telefax 0 86 62 / 62-3 20
info@adelholzener.de
www.adelholzener.de

Hotel Berggasthof Adersberg 186
Sandra Mayer und Dirk Haase
Adersberg 2
84224 Rottau im Chiemgau
Telefon 0 86 41 / 6 99 36-0
Telefax 0 86 41 / 59 85 12
kontakt@hotel-am-chiemsee.de
www.hotel-am-chiemsee.de

Forsthaus Adlgaß 176
Familien Maier, Pastötter und Waldherr
Adlgaß 1
83334 Inzell
Telefon 0 86 65 / 4 83
Telefax 0 86 65 / 92 86 44
kontakt@forsthaus-adlgass.de
www.forsthaus-adlgass.de

Hotel Gasthof Alpenblick 164
Dirk und Jutta Saß
Schönblickstr. 6
83346 Bergen-Holzhausen
Telefon 0 86 61 / 3 18
Telefax 0 86 61 / 80 56
info@gasthofalpenblick.de
www.gasthofalpenblick.de

Gasthof Alpenhof
Cafe Pension 46
Familie Martin Bachmann
Westerbuchberg
83236 Übersee
Telefon 0 86 42 / 89 40-0
Telefax 0 86 42 / 89 40-33
info@alpenhof-chiemgau.de
www.alpenhof-chiemgau.de

Gasthof Alpenrose 64
Familie Lerche
Kirchplatz 2
83122 Grainbach / Samerberg
Telefon 0 80 32 / 82 63
Telefax 0 80 32 / 82 63
(folgt noch)t-online.de
www.(folgt noch)

Gemeinde Amerang 112
Bahnhofstr. 3
83123 Amerang
Telefon 0 80 75 / 91 97-0
Telefax 0 80 75 / 91 97-19
info@amerang.de
www.amerang.de

Walter Angerer der Jüngere 182
Dr.-Kleiglstr. 9
83313 Siegsdorf
Telefon 0 86 62 / 96 96
Telefax 0 86 62 / 66 89 73
Angerer_dj@web.de

Auers Schlosswirtschaft 70
Astrid Hilse
Rosenheimer Str. 8
83115 Neubeuern
Telefon 0 80 35 / 26 69
Telefax 0 80 35 / 35 34
info@auers-schlosswirtschaft.de
www.auers-schlosswirtschaft.de

EFA Museum für Deutsche
Automobilgeschichte 118
Jakob Maier
Wasserburger Str. 38
83123 Amerang
Telefon 0 80 75 / 81 41
Telefax 0 80 75 / 15 49
info@efa-automuseum.de
www.efa-automuseum.de

Bauernhausmuseum Amerang 120
des Bezirks Oberbayern
Im Hopfgarten 2
83123 Amerang
Telefon 0 80 75 / 9 15 09-0
Telefax 0 80 75 / 9 15 09-30
verwaltung@bhm-amerang.de
www.bhm-amerang.de

Museumsstüberl im
Bauernhausmuseum Amerang 121
Annette Hertreiter
Im Hopfgarten 2
83123 Amerang
Telefon 0 80 75 / 91 37 89
Telefax 0 80 75 / 91 33 63

Hotel Bayerischer Hof 16
Familie Estermann
Bernauer Str. 3
83209 Prien am Chiemsee
Telefon 0 80 51 / 6 03-0
Telefax 0 80 51 / 6 29 17
info@bayerischerhof-prien.de
www.bayerischerhof-prien.de

Tourist-Information Bergen 162
Wolfgang Helldobler
Raiffeisenplatz 4
83346 Bergen
Telefon 0 86 62 / 83 21
Telefax 0 86 62 / 58 55
verkehrsamt-bergen@t-online.de
www.bergen-chiemgau.de

Landhotel Binderhäusl 178
Familie Keller
Bichlstr. 43
83334 Inzell
Telefon 0 86 65 / 4 61
Telefax 09 41 / 599 24 61 46
mail@familie-keller.de
www.familie-keller.de

Trachten-Design Angelika Böhm 142
Karin Böhm
Porschestr. 1
84478 Waldkraiburg
Telefon 0 86 38 / 8 54 24
Telefax 0 86 38 / 8 54 21

Burghotel Aschau 58
Restaurant zur Burg
Heribert Lang
Kampenwandstr. 94
83229 Aschau im Chiemgau
Telefon 0 80 52 / 9 08-0
Telefax 0 80 52 / 9 08-200
info@burghotel-aschau.de
www.burghotel-aschau.de

Hotel Chiemgauhof 42
Christof und Sabine Imdahl
Julius-Exter-Promenade 21
83236 Übersee
Telefon 0 86 42 / 89 87-0
Telefax 0 86 42 / 89 87-99
info@chiemgauhof.com
www.chiemgauhof.com

Patrick Coudert 88
Kochschule Romanicum
Hochstrass 2
83064 Raubling
Telefon 0 80 35 / 90 34-0
Telefax 0 80 35 / 90 34-10
info@kochen-mit-patrick.de
www.kochen-mit-patrick.de

Gasthof Dannerwirt 72
Familie Schweinsteiger
Kirchplatz 4
83126 Flintsbach am Inn
Telefon 0 80 34 / 90 60-0
Telefax 0 80 34 / 90 60-50
info@dannerwirt.de
www.dannerwirt.de

Dinzler Kaffeerösterei GmbH 84
Isolde und Franz Richter
Kunstmühlstr. 12
83026 Rosenheim
Telefon 0 80 31 / 4 08 25 31
Telefax 0 80 31 / 4 08 26 43
info@dinzler.de
www.dinzler.de

D´Feldwies 44
Wirtshaus AG
Vorstand W. Gschwendner
Greimelstr. 30
83236 Übersee-Feldwies
Telefon 0 86 42 / 59 57 15
Telefax 0 86 42 / 59 57 20
info@wirtshaus-feldwies.de
www.wirtshaus-feldwies.de

Fischerei 55
Anton Lackerschmid
Birkenallee 43
83233 Bernau am Chiemsee
Telefon 0 80 51 / 74 37

Gasthof Fischerstüberl 136
Restaurant Pension Cafe
Familie Fischer
Attel-Elend 1
83512 Wasserburg
Telefon 0 80 71 / 25 98
Telefax 0 80 71 / 5 11 35
info@fischerstueberl-attel.de
www.fischerstueberl-attel.de

Fischräucherei Reiter 28
Michael und Brigitte Reiter
Karpfenweg 5
83209 Prien am Chiemsee
Telefon 0 80 51 / 41 39 oder 63 431
Telefax 0 80 51 / 41 39
Fischerei-reiter@t-online.de

KULINARISCHE EMPFEHLUNGEN

Hotel Fletzinger 134
Restaurant Hotel Bar
Andreas Mayer
Fletzinger Gasse 1
83512 Wasserburg
Telefon 0 80 71 / 90 89-0
Telefax 0 80 71 / 90 89-177
info@hotel-fletzinger.de
www.hotel-fletzinger.de

Glockenwirt 113
Familie Peter Traubinger
Bahnhofstr. 23
83123 Amerang
Telefon 0 80 75 / 82 63
Telefax 0 80 75 / 97 99
info@glockenwirt.de
www.glockenwirt.de

Gotzinger Trommel 98
Hans Triebel
Gotzing
83629 Weyarn
Telefon 0 80 20 / 17 28
Telefax 0 80 20 / 90 47 83
wirt@gotzinger-trommel.de
www.gotzinger-trommel.de

Ristorante Grissini 156
Freddy Schaffer
Stadtplatz 25a/Jacklturm
83278 Traunstein
Telefon 08 61 / 2 09 70 55
Telefax 08 61 / 2 09 70 54
www.grissini-traunstein.de

Chiemgauer Schnaps-Spezialitäten 62
Johann Guggenbichler
Oberacherting 1
83112 Frasdorf
Telefon 0 80 32 / 7 07 99 47
Telefax 0 80 32 / 7 07 99 48
info@chiemsee-edelbrand.de
www.chiemsee-edelbrand.de

Landgasthof Gut Apfelkam 68
Stephan Brandl und Madlen Plato
Unterapfelkam 3
83101 Rohrdorf-Apfelkam
Telefon 0 80 32 / 53 21
Telefax 0 80 32 / 70 76 38
info@gut-apfelkam.de
www.gut-apfelkam.de

Naturlandhof Hamberger Hof 52
Sebastian und Angela Pertl
Mühlhörndlweg 5
83229 Sachrang
Telefon 0 80 57 / 4 66
Hamberger_hof@t-online.de

Gasthof Hörterer „Der Hammerwirt" 170
Fritz und Annemarie Hörterer
Schmiedstr. 1
83313 Hammer-Siegsdorf
Telefon 0 86 62 / 66 70
Telefax 0 86 62 / 71 46
hammerwirt@hoerterer.de
www.der-hammerwirt.de

Restaurant Hardthaus 144
Marc Vermetten
Marktplatz 31
84539 Kraiburg am Inn
Telefon 0 86 38 / 7 30 67
Telefax 0 86 38 / 7 30 68
mail@hardthaus.com
www.hardthaus.com

Sennerei Hatzenstädt 53
Wolfgang Schwaiger
Gränzing 24
A-6342 Niederndorferberg
Telefon 00 43 / 53 73 / 6 17 46

Hofbräuhaus Traunstein 154
Josef Sailer KG
Hofgasse 6
83278 Traunstein
Telefon 08 61 / 9 88 66-0
Telefax 08 61 / 9 88 66-66
info@hb-ts.de
www.hb-ts.de

Obstanbau Annemarie Hofstetter 54
Mitterbichl 1
83112 Frasdorf
Telefon 0 80 52 / 22 49

Cafe Juliana 26
Juliane Brenner
Hochriesstr. 20
83209 Prien am Chiemsee
Telefon 0 80 51 / 96 18 98

Landhaus Kalteis 100
Peppi Kalteis
Rotterstr. 2
83104 Ostermünchen
Telefon 0 80 67 / 90 80-0
Telefax 0 80 67 / 90 80-20
peppi@peppi-kalteis.de
www.peppi-kalteis.de

Klauser's Cafe-Restaurant 192
Wolfgang und Brigitte Klauser
Birnbacherstr. 8
83242 Reit im Winkl
Telefon 0 86 40 / 84 24
Telefax 0 86 40 / 84 64
klauser.restaurant@t-online.de
www.klausers.de

Kloster Seeon 40
Kultur- und Bildungszentrum
des Bezirks Oberbayern
Klosterweg 1
83370 Seeon
Telefon 0 86 24 / 8 97-0
Telefax 0 86 24 / 8 97-4 20
kontakt@kloster-seeon.de
www.kloster-seeon.de

Koslowski's Kochen & Kunst 60
im Alpenhof
Werner Koslowski
Hauptstr. 31
83112 Frasdorf
Telefon 0 80 52 / 22 95
Telefax 0 80 52 / 51 18
AlpenhofKK@aol.com
www.koslowskis.de

Andreas Kuhnlein 188
Bildhauer
Am Lindenbichl 1
83246 Unterwössen
Telefon 0 86 41 / 80 27
Telefax 0 86 41 / 6 33 99
info@kuhnlein-bildhauer.de
www.kuhnlein-bildhauer.de

Kunstmühle 27
Andreas Schuster
Kumpfmühle 12
83209 Prien am Chiemsee
Telefon 0 80 51 / 15 68
Telefax 0 80 51 / 15 24

Landgasthof zur Hochplatte 184
Daniel und Denise Klees
Altweg 2
83250 Marquartstein
Telefon 0 86 41 / 6 13 17
Telefax 0 86 41 / 69 58 94
landgasthof@online.de
www.landgasthof-zur-hochplatte.de

Ute Lechner 128
Mühle
83562 Rechtmehring
Telefon 0 80 76 / 97 83
Telefax 0 80 76 / 88 74 46
utelechner@web.de
www.utelechner.de

Käserei Lerchenmüller 138
Inntaler Ziegen- und
Schafmilchprodukte GmbH
Josef und Margarete Lerchenmüller
Anton-Woger-Str. 10
83512 Wasserburg a. I.
Telefon 0 80 71 / 10 43-3
Telefax 0 80 71 / 10 43-41
info@kaeserei-lerchenmueller.de
www.kaeserei-lerchenmueller.de

Romantik Hotel Lindner 92
Familie Lindner-Jung
Marienplatz 5
83043 Bad Aibling
Telefon 0 80 61 / 90 63-0
Telefax 0 80 61 / 3 05 35
lindner@romantikhotels.com
www.romantikhotel-lindner.de

Hotel Malerwinkel 36
Cafe Restaurant
Anni Loh
83358 Seebruck-Lambach
Telefon 0 86 67 / 88 80-0
Telefax 0 86 67 / 88 80-44
malerwinkel@info-seebruck.de
www.malerwinkel-seebruck.de

Schlossbrauerei Maxlrain 97
Aiblinger Str. 1
83104 Maxlrain-Tuntenhausen
Telefon 0 80 61 / 90 79-0
Telefax 0 80 61 / 90 79-80
info@maxlrain.de
www.maxlrain.de

KULINARISCHE EMPFEHLUNGEN

Schlosswirtschaft Maxlrain 96
Hubert Impler
Freiung 1
83104 Maxlrain
Telefon 0 80 61 / 83 42
Telefax 0 80 61 / 68 57
www.schlosswirtschaft-maxlrain.de

Mühlberger, Restaurant 20
Bernauer Str. 40
83209 Prien am Chiemsee
Telefon 0 80 51 / 96 68 88
Telefax 0 80 51 / 30 92 74
info@muehlberger-restaurant.de
www.muehlberger-restaurant.de

Brennereistüberl
Nagl am Sulzbach 180
Bernhard und Susanne Strehhuber
Sulzbacher Str. 7
83334 Inzell
Telefon und Telefax 0 86 65 / 73 99
info@nagl-am-sulzbach.de
www.nagl-am-sulzbach.de

Hotel Neuer am See 22
Cafe Konditorei Restaurant
Familie Neuer
Seestr. 104
83209 Prien am Chiemsee
Telefon 0 80 51 / 6 09 96-0
Telefax 0 80 51 / 6 09 96-44
info@neuer-am-see.de
www.neuer-am-see.de

Schnapsbrennerei 55
Lorenz Obermüller
Leiten 3
8329 Prien am Chiemsee
Telefon 0 80 51 / 6 39 88

Gemeinde Obing 124
Hans Thurner
Kienberger Str. 5
83119 Obing
Telefon 0 86 24 / 89 86-0
Telefax 0 86 24 / 89 86-33
rathaus@vg-obing.de
www.vg-obing.de

Osteria vini e cucina 86
Irmi Huber
Innstr. 8
83022 Rosenheim
Telefon/Telefax 0 80 31 / 3 30 92

PASTAVINO 82
Gerti Heck
Salinstr. 1
83022 Rosenheim
Telefon/Telefax 0 80 31 / 39 66 77

Priener Regionalmarkt 24
Familie Kollmannsberger
Bernauer Str. 85
83209 Prien am Chiemsee
Telefon 0 80 51 / 96 63 26
Telefax 0 80 51 / 96 63 25
martin.kollmannsberger@t-online.de
www.priener-regional-markt.de

Prientaler Bergbauernladen 52
Hans-Clarin-Platz 5
83229 Aschau im Chiemgau
Telefon/Telefax 0 80 52 / 95 89 17

Rauschbergbahn GmbH 182
Knogl 12
83324 Ruhpolding
www.ruhpolding.de

Landwirtschaft 54
Maria und Johann Reichhold
Bachgraben 2
83112 Frasdorf
Telefon 0 80 52 / 51 33

RIZZ eat & drink 80
Drago Lovric
Menderes Tümay
Weinstr. 12
83022 Rosenheim
Telefon 0 80 31 / 23 17 31
Telefax 0 80 31 / 23 17 32

Landgasthof Schalchenhof 34
Justina und Georg Bichler
Schalchen 1
83257 Gstadt
Telefon 0 80 54 / 2 30
Telefax 0 80 54 / 79 32
landgasthof-schalchenhof@t-online.de
www.schalchenhof.de

Schloss Amerang 114
Ortholf Freiherr von Crailsheim
Giulia Freifrau von Crailsheim-Larisch
Schloss
83123 Amerang
Telefon 0 80 75 / 91 92-0
Telefax 0 80 75 / 91 92-33
info@schlossamerang.de
www.schlossamerang.de

Restaurant im Schloss Hart 140
Peter Ingwersen
Hart 6
83533 Edling bei Wasserburg
Telefon 0 80 39 / 17 74
Telefax 0 80 39 / 90 92 70
info@schlosshart.de
www.schlosshart.de

Schlossbrauerei Stein Wiskott GmbH & Co KG 150
Helmut A. Mühleisen
Schlosshof 2
83371 Stein a. d. Traun
Telefon 0 86 21 / 98 32-0
Telefax 0 86 21 / 98 32-40
info@steiner-bier.de
www.steiner-bier.de

Gasthaus Schmidmayer 102
Sebastian und Renate Schmidmayer
Dorfstr. 6
83139 Schwabering
Telefon 0 80 53 / 93 53
Telefax 0 80 53 / 20 82 78
gasthaus-schmidmayer@t-online.de

Seewirt Ecking 107
Eva Fischer
Am See 27
83083 Ecking / Riedering
Telefon 0 80 36 / 12 89
Telefax 0 80 36 / 13 92
info@seewirt.de
www.seewirt.de

Tourist-Information Siegsdorf 168
Hans Klauser
Rathausplatz 2
83313 Siegsdorf
Telefon 0 86 62 / 49 87-45
Telefax 0 86 62 / 49 87-50
info@siegsdorf.de
www.siegsdorf.de

Berggasthof Sonnenalm 194
Dagmar Schönhuber
Winklmoos
Klammweg 2
83242 Reit im Winkl
Telefon 0 86 40 / 79 72-0
Telefax 0 86 40 / 79 72-22
info@sonnenalm.biz
www.sonnenalm.biz

Familienhotel Zum Steinbauer 122
Renate und Sepp Stein
Forellenweg 14
83123 Amerang
Telefon 0 80 75 / 2 11
Telefax 0 80 75 / 14 86
unser@familienurlaub.by
www.familienurlaub.by

Hans Thurner 128
Landertsham 3
83119 Obing
Telefon 0 86 24 / 24 39
Telefax 0 86 24 / 87 66 48
Hans.thurner@gmx.de
www.hansthurner.de

Fisch Wild Geflügel Feinkost 94
Familie Tomschiczek
Bahnhofstr. 24
83043 Bad Aibling
Telefon 0 80 61 / 26 89
Telefax 0 80 61 / 37 09 97

Traunwalchener Goaßlschnalzer 152
Pößmoos Nr. 2
83361 Kienberg
Telefon 0 86 28 / 5 87
Anderl_th@hotmail.com
www.traunwalchen.net/goasslschnalzer/index.html

Cafe Restaurant Vivarium 110
Brigitte Buchner
Schönbrunner Str. 1
83129 Höslwang
Telefon 0 80 55 / 82 70
Brigitte.buchner@gmx.de
www.cafe-vivarium.de

Weißbräustüberl 126
Familie Müller
Bräugasse 10
83119 Obing
Telefon 0 86 24 / 22 38
Telefax 0 86 24 / 82 99 69

Residenz Heinz Winkler 56
Kirchplatz 1
83229 Aschau im Chiemgau
Telefon 0 80 52 / 17 99-0
Telefax 0 80 52 / 17 99-66
info@residenz-heinz-winkler.de
www.residenz-heinz-winkler.de

Wirth von Amerang 116
Bernhard Weber
Postweg 4
83123 Amerang
Telefon 0 80 75 / 18 59 18
Telefax 0 80 75 / 18 59 17
wirth-von-amerang@web.de
www.wirth-von-amerang.de

Wirtshaus am See 32
Familie Nußbaum
Seeplatz 3
83257 Gstadt am Chiemsee
Telefon 0 80 54 / 2 24
Telefax 0 80 54 / 90 89 72
Wirtshaus-am-see@t-online.de
www.wirtshaus-am-see.com

Privatbrauerei Wochinger 158
Rudi und Theo Wochinger
St.-Oswald-Str. 4
83278 Traunstein
Telefon 08 61 / 9 86 06-0
Telefax 08 61 / 9 86 06-99
wochingerbraeu@t-online.de
www.wochingerbraeu.de

Wochinger Brauhaus 160
Metze Baur GmbH
St.-Oswald-Str. 4
83278 Traunstein
Telefon 08 61 / 30 45
Telefax 08 61 / 1 49 76

Gasthof Zellerwand 190
„Beim Birner"
Familie Müller
Raitener Str. 46
83259 Schleching-Mettenham
Telefon 0 86 49 / 2 17
Telefax 0 86 49 / 8 16

Zum Entenwirt 66
Peter Schrödl
Samerstr. 5
83122 Samerberg
Telefon 0 80 32 / 88 15
Telefax 0 80 32 / 84 79
info@entenwirt.de
www.entenwirt.de

Zum Fischer am See 18
Manfred Beer
Harrasserstr. 145
83209 Prien am Chiemsee
Telefon 0 80 51 / 90 76-0
Telefax 0 80 51 / 6 29 40
info@fischeramsee.de
www.fischeramsee.de

Weinhaus zum Santa 78
Menderes Tümay
Drago Lovric
Max-Josefs-Platz 20
83022 Rosenheim
Telefon 0 80 31 / 4 00 00-79
Telefax 0 80 31 / 4 00 00-87
santa@cablenet.de

Gasthof zur Post 38
Franz Posch und Elisabeth Fassnauer
Chiemseestr. 2
83376 Truchtlaching
Telefon 0 86 67 / 80 92 36
Telefax 0 86 67 / 80 92 37
poschGzP@aol.com
www.gasthof-zur-post-truchtlaching.de

Hotel zur Post 67
Familie Albrecht
Dorfplatz 14
83101 Rohrdorf
Telefon 0 80 32 / 18 30
Telefax 0 80 32 / 58 44
hotel@post-rohrdorf.de
www.post-rohrdorf.de

Bayerisches Traditionswirtshaus 108
Zur schönen Aussicht
Hans und Birgit Gehrlein
Kirchplatz 9
83129 Höslwang
Telefon 0 80 55 / 4 83
Telefax 0 80 55 / 80 31
gehrlein-hans@t-online.de
www.gasthaus-gehrlein.de

REZEPTEVERZEICHNIS

Vorspeisen

Hauptgerichte

Dessert

ISBN 3-86528-313-6

ISBN 3-86528-314-4

ISBN 3-86528-315-2

ISBN 3-86528-327-6

KULINARISCHE ENTDECKUNGSREISEN ...

... DURCH DIE SCHÖNSTEN URLAUBSREGIONEN

ISBN-13: 978-3-86528-343-6
ISBN-10: 3-86528-343-8

ISBN-13: 978-3-86528-341-2
ISBN-10: 3-86528-341-1

ISBN-13: 978-3-86528-322-1
ISBN-10: 3-86528-322-5

ISBN 3-86528-311-X

ISBN 3-86528-328-4

ISBN-13: 978-3-86528-321-4
ISBN-10: 3-86528-321-7

ISBN 3-86528-303-9
23,5 cm x 27 cm

ISBN-13: 978-3-86528-323-8
ISBN-10: 3-86528-323-3

IMPRESSUM

Gestaltung, Satz und Reproduktion
Lithotronic Media GmbH, Frankfurt/Main

Covergestaltung
Posi.tiff Dienstleistungen GmbH, Frankfurt/Main

Texte
Petra Wagner, Prien/Chiemsee

Fotos
André Chales de Beaulieu, Hannover

Lektorat
Monika Stumpf
Stefanie Simon

Karte
Thorsten Trantow, Kenzingen

Herausgeberin
Katharina Többen, Neckargemünd

Druck und Verarbeitung
Nino Druck GmbH, Neustadt/Lachen-Speyerdorf

Printed in Germany
ISBN-13: 978-86528-333-7
ISBN-10: 3-86528-333-0

Die Ratschläge in diesem Buch sind vom Autor und dem Verlag sorgfältig erwogen und geprüft, dennoch kann eine Garantie nicht übernommen werden. Eine Haftung der Autoren und des Verlages für Personen-, Sach- und Vermögensschäden ist ausgeschlossen.
Die Rezepte sind üblicherweise für 4 Personen ausgerichtet. Bei Fragen zu den Rezepten geben Ihnen die hier aufgeführten Gastronomen gerne Auskunft.
Die im Text verwendete Bezeichnung "Stern" bezieht sich auf die Bewertung des Gourmet-Führers Michelin, gemäß dem Stand bei Redaktionsschluss, ohne Gewähr.

Besuchen Sie uns im Internet
www.umschau-buchverlag.de

Titelfotografie
Rehrücken auf Estragon-Holunderjus, zubereitet im Hotel Berggasthof Adersberg und fotografiert von André Chales de Beaulieu.

Wir bedanken uns für die uns freundlicherweise zur Verfügung gestellten Fotos bei:
Chiemsee Tourismus e.V.& Co. KG (S.14, linke Spalte; S.30, links oben; S.31); Veranstaltungs + Kongress GmbH, Kufsteiner Str. 4, 83022 Rosenheim (S.74 – 76; S.77, links oben); AIB-KUR GmbH & Co. KG, Bad Aibling (S.77, rechts oben, unteres Bild); Weinhaus zum Santa, Rosenheim (S.79, Food); RIZZ eat & drink, Rosenheim (S.81, Food); Kur- und Tourismusservice Bad Endorf (S.105); Gemeinde Amerang (S.111 – 112); Schloss Amerang (S.114; S.115, Bild oben und links unten); Stadt Wasserburg (Fotografie: Alex Heck: S.130; Fotografie: Andreas Hiebl: S.131 – 133); © Stadt Traunstein (S.146, 147, 149); Tourist-Information Bergen (S.162; S.163, rechte Spalte); Inzeller Touristik GmbH (S.172); Ruhpolding Tourismus GmbH (S.173; S.174, 3. Bild, linke Spalte); Tourist-Info Reit im Winkl (S.174, 1.+2. Bild, linke Spalte, Bild rechts oben); ServiceCenter Veranstaltungen Kur-GmbH, Bad Reichenhall (S.175); Martina Berg (S.177), Walter Angerer d. J., Siegsdorf (S.183, links unten).